新媒
头条学院指定培训教材

内容电商
运营实战

唐铮 / 编著

人民邮电出版社
北 京

图书在版编目（CIP）数据

内容电商运营实战 / 唐铮编著. -- 北京 ：人民邮
电出版社，2021.5（2024.1重印）
（新媒体创新人才培养系列丛书）
ISBN 978-7-115-55783-4

Ⅰ．①内… Ⅱ．①唐… Ⅲ．①电子商务—运营管理
Ⅳ．①F713.365.1

中国版本图书馆CIP数据核字(2020)第266588号

内 容 提 要

本书主要以今日头条、抖音、西瓜视频等平台为例，全面介绍内容电商运营的各个环节。全书共6章，主要包括认识内容电商、三大内容电商表现形式、店铺开通与商品选择、内容打造与内容运营、内容电商的推广与营销、客户服务等内容。

本书逻辑清晰、条理分明，采用知识与案例相结合的讲解方式，将内容电商的运营知识融入新的案例中，读者能够通过这些案例学习内容电商的运营之道。此外，本书在讲解中专门针对今日头条、抖音、西瓜视频等平台上的内容运营提供了大量实用性较强的运营技能，并穿插了"行家点拨""注意"以及"知识链接"等小栏目，可以使读者更加全面地掌握相关知识。

本书适合作为普通高等院校、高等职业院校电子商务、网络与新媒体等专业的教材，也可作为电商创业者、传统电商转型人员以及有意愿从事内容电商运营的有志之士的入门工具书。

◆ 编　著　唐　铮
　　责任编辑　刘　尉
　　责任印制　王　郁　焦志炜
◆ 人民邮电出版社出版发行　　　北京市丰台区成寿寺路 11 号
　　邮编　100164　电子邮件　315@ptpress.com.cn
　　网址　https://www.ptpress.com.cn
　　北京捷迅佳彩印刷有限公司印刷
◆ 开本：787×1092　1/16
　　印张：16.25　　　　　　　　　2021 年 5 月第 1 版
　　字数：374 千字　　　　　　　2024 年 1 月北京第 3 次印刷

定价：69.80 元

读者服务热线：(010)81055256　印装质量热线：(010)81055316
反盗版热线：(010)81055315
广告经营许可证：京东市监广登字 20170147 号

前言 PREFACE

　　在传统交易型电商的发展进入"流量瓶颈"、流量的获取方式越来越单一后，内容运营为电商从业者提供了新的流量通道，可以说，内容重构了电商产业，将消费者带入内容消费的新场景中。此外，新媒体的不断发展和成熟，催生出很多内容创作者，他们拥有大量的流量和忠实的粉丝，在为流量寻求转化渠道时找到了内容与电商的链接方式，开拓出有助于内容变现的电商之路。

　　内容是电商的核心抓手，电商则是内容的落地和转化平台。优质的内容可以实现商品的快速引流，实现商品收益的最大化，让消费者主动"付费"，甚至持续"付费"。因此，无论是电商从业者还是内容创作者，都应该掌握内容电商运营的相关知识，用优质的内容实现电商的精准变现。

　　本书立足于今日头条、抖音、西瓜视频等内容电商平台，全面介绍内容打造、内容运营的相关知识与技巧。通过对本书的学习，读者可以充分理解内容电商运营的基本内容和方式，更好地将内容与电商结合起来，实现内容的引流、流量的变现。

　　本书共6章，各章分别包括如下主要内容。

　　第1章：认识内容电商。主要介绍了内容电商的基础知识，包括认识内容电商、内容电商的产业环境、内容电商的商业模式、内容电商的优势与缺陷等。

　　第2章：三大内容电商表现形式。主要介绍了三大内容电商的表现形式，包括图文电商、视频电商、直播带货等，同时对每一种内容电商表现形式的变现途径、创作技巧等进行了介绍。

　　第3章：店铺开通与商品选择。主要介绍了店铺的开通与装修、商品的展现、商品的选择和商品质量管理的相关知识。

　　第4章：内容打造与内容运营。主要介绍了内容策划、内容制作和内容运营的相关知识。

　　第5章：内容电商的推广与营销。主要介绍了内容电商的流量推广、内容电商的营销思路和常见的营销工具的使用等相关知识。

第6章：客户服务。主要介绍了客户服务中的售前服务、售中服务和售后服务等相关知识。

本书内容主要具有以下特点。

1. 知识系统，结构清晰

本书循序渐进地介绍了内容电商运营过程中所涉及的知识，由浅入深，层层深入。同时，本书还搭配了"行家点拨""注意""知识链接"等小栏目，对重要知识进行补充。每章结尾还安排了思考与练习，以便读者对所学知识进行实践练习，加强读者对知识的理解与运用。

2. 案例新颖、丰富，实战性强

本书在正文的知识讲解中穿插了对应的案例，结合案例对知识进行讲解和说明。针对比较典型的知识，还特别采用了案例分析的方式进行辅助分析。

本书由中国人民大学新闻学院副教授唐铮编著，黎宜鹏、邓武杰、蔡宇智、朱华艺、朱宇、曾令豪、顾荣、骆幸、贾培垚参与了部分章节的写作。在本书编写过程中，编者参考了国内多位专家、学者的著作或译著，也参考了许多同行的相关教材和案例资料，在此对他们表示崇高的敬意和衷心的感谢！虽然编者在编写本书的过程中倾注了大量心血，但由于编者水平有限，书中难免存在不足之处，敬请广大读者批评指正。

本书中所有数据与功能说明截至2020年7月，如有不符请以平台最新规则为准。

编者

2021年2月

目录

第3章
店铺开通与商品选择

第4章

内容打造与内容运营

第5章

内容电商的推广与营销

第6章

客户服务

第 1 章

认识内容电商

【学习目标】
- 了解内容电商的定义、运作模式及核心。
- 熟悉内容电商的产业环境。
- 熟悉内容电商的商业模式。
- 了解内容电商的优势与缺陷。

互联网的发展改变了消费者的生活方式和消费行为，培养了消费者通过网络购买商品的消费习惯。在这种形势下，越来越多的商家进入电商行业，促成了电商行业的繁荣，但也使电商行业的竞争逐渐变得激烈，商家的营销难度随之增加。而社交媒体时代的来临，则促使一种新的营销模式得以诞生——内容电商。本章将从内容电商的定义、运作模式及核心，内容电商的产业环境、商业模式及优势与缺陷等方面，对内容电商进行介绍。

1.1 内容电商：改变流量获取方式

内容电商是继传统交易型电商陷入瓶颈期后，发展起来的新的营销模式，这种模式改变了电商商家获取流量的方式和途径，成为线上店铺的新流量渠道。商家在利用内容电商营销模式前，应该先了解内容电商的定义、运作模式、核心，以及内容电商与传统电商的区别，便于后期营销工作的开展。

1.1.1 内容电商概述

内容电商（Content E-Commerce）是以优质内容为核心，通过图文、音视频、直播等形式，将销售场景内嵌到信息阅读过程中，与核心目标群体建立情感连接，实现商品随内容同步转换的营销模式。内容电商是电子商务的一个分支，其本质是一种"内容营销"，即通过"内容营销"的模式销售商品。因此，不论是什么模式的内容营销，只要是通过内容使消费者产生购买行为的商业模式，均可称为广义上的"内容电商"。

图 1-1 所示的文章就是通过图文结合的方式对哈尔滨红肠商品进行了推广。该文章从菜品本身讲起，向消费者介绍了每一道菜的风味、成本，然后向消费者介绍哈尔滨红肠，并通过表达自己和婆婆对红肠的喜爱，引起消费者对哈尔滨红肠商品的兴趣，最后在文章末尾通过商品链接，引导消费者购买该商品。

行家点拨： 内容电商是顺应新媒体发展趋势的一种电商营销模式，也是"内容营销"和"电商"的结合。内容电商运用新兴技术，其营销方式更加精细化，但内容电商的载体并没有发生变化，仍然是依托互联网电子平台进行的商品交易。

图 1-1　通过图文结合的方式引导消费者购买商品

1.1.2　内容电商的运作模式

现在的内容电商平台大多是由已有的电商平台或媒体平台转化而来的，转化形式主要分为内容平台电商化和电商平台内容化两种。其中，内容平台电商化的代表有今日头条、抖音等，图 1-2 所示为在抖音短视频中添加电商链接；电商平台内容化的代表是淘宝，淘宝头条、微淘、淘宝直播等都是较受消费者欢迎的，图 1-3 所示为手机淘宝 App 中微淘的页面。

图 1-2　在抖音短视频中添加电商链接

图 1-3　手机淘宝 App 中微淘的页面

不论是内容平台电商化还是电商平台内容化，内容电商的运作都基于内容驱动逻辑，以优质的内容，不断吸引更多的消费群体成为内容的忠实粉丝、拥护者、支持者，再将其进一步转化为商品或服务的消费者。通过内容电商进行消费者运营还会促进粉丝社群的形成，进一步扩大流量规模、促成转化，形成二次推广。

内容电商的运作模式如图1-4所示。

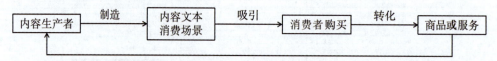

图1-4 内容电商的运作模式

从本质上来看，内容电商运作模式的价值主要包括交易型电商的价值链升级、商家的转化率提高、内容生产者的价值转化及消费者的体验升级等方面。对于传统交易型电商平台来说，内容电商能够打通流量入口，是激发电商平台活力的新方式。对于商品销售者来说，内容电商可以触达核心目标群体，提高转化率。对于内容生产者来说，内容电商的变现方式更加多样，更易实现价值补偿。对于消费者来说，内容电商能够帮助消费者在获取实用资讯时购买相关商品，并且精准化的投放也减少了消费者寻找商品需要花费的时间成本，优化消费者的消费体验。

1.1.3 内容电商的核心

在内容电商中，优质的内容才能吸引消费者注意，提高商品的销售率。而内容则是内容生产者或平台运营者创作出来的，因此，内容电商的核心可以分为内容生产者和优质内容两部分，下面分别进行介绍。

1. 内容生产者

内容生产者即创作内容的主体。在内容电商中，内容生产者的身份、专业化程度、人格魅力等，都能够对消费者的消费行为产生影响，内容生产者可以依靠展现出来的人设，吸引消费者的注意，并通过评论、转发等互动方式，将消费者转化成粉丝，增强粉丝的信任度，提高内容的转化率。

（1）内容生产者类型及其内容生产模式。

根据创作内容主体的不同，可以将内容生产者分为消费者、行业专家、职业内容创作者3种类型，这3种类型的内容生产者分别表现出3种不同的内容生产模式：消费者生产内容（User Generated Content，UGC）、专业生产内容（Professional Generated Content，PGC）和职业生产内容（Occupationally Generated Content，OGC）。

- **UGC**。UGC的内容生产者主要是消费者，该群体规模庞大，注重内容的体验感与真实感。
- **PGC**。PGC的内容生产者往往具有专业的学识和资质，生产出的内容质量更高。
- **OGC**。OGC的生产模式与PGC相比，共同点是内容生产者同样具有专业素养，内容质量也很高；不同点是 OGC 的内容生产者主要出于获得报酬的目的生产内容，而 PGC 的内容生产者可能出于爱好或其他目的生产内容。

在目前的内容电商市场中，这 3 种内容生产方式存在一定的交叉，而且随着内容电商模式的完善，内容电商生产的专业化与职业化程度也会越来越高。

（2）内容生产者的转变趋势。

随着内容电商的发展，越来越多的人成为内容生产者，整个行业逐渐趋于完善，内容生产者方面也发生了一些转变，主要表现为专业化、再中心化和团队化 3 种趋势，下面分别进行介绍。

① 专业化。

短视频平台中的内容生产模式逐渐由 UGC 向 PUGC（Professional User Generated Content，专业用户生产内容或专家生产内容，指以 UGC 形式产出的相对接近 PGC 的专业内容）模式转变，内容生产者的专业化程度越来越高，生产与运营变得更加精细化。

目前，抖音、快手等短视频平台纷纷开通电商功能，商家可以将商品链接添加到短视频中，消费者在观看短视频时，可以直接点击视频页面右下方的链接，查看商品的相关信息，并进行购买。而能够在抖音短视频页面上展示相关商品链接的内容生产者，一般是专业或职业化运作的关键意见领袖（Key Opinion Leader, KOL），他们往往拥有专业的内容生产团队、流程化的内容生产方式以及日常的运营团队，不仅能够生产吸引消费者兴趣的优质内容，还能够维持与消费者之间的关联，不断加深消费者的黏性，发掘消费者的实际需求。

② 再中心化。

随着关键意见领袖逐渐成为内容电商内容生产的主力军，内容生产者群体也呈现出一种再中心化的趋势，即 KOL 和 KOC（Key Opinion Consumer，关键意见消费者）既能够影响消费者决策及名人或社群领袖对商品的良好评价，又能够提高商品的销售效果。其中，KOL 的粉丝基数大、影响力广，头部 KOL 拥有更多的资源以及粉丝，带动商品销售的能力也更强；KOC 一般指能影响自己的朋友、粉丝等产生消费行为的消费者，他们的粉丝虽然较少，影响力也不如 KOL，但是更具有垂直性。

KOL 或许具备快速且显著扩大品牌知名度的能力，但是他们与消费者的互动并不多。相比之下，KOC 的粉丝数量或许与 KOL 相差甚远，但是他们与消费者的互动却更为频繁，是双向且平等的，因此更具有说服力，对商品销量的影响也更大。

③ 团队化。

内容生产与消费者运营是内容电商管理团队的两个命题，一般来说，专业的内容生产团队不仅要参与内容生产过程，还要通过消费者运营增强消费者的黏性，与消费者建立情感连接。随着内容电商行业的发展，专业的内容运营团队逐渐出现，这些 MCN（Multi-Channel Network）机构已经能够很好地接管电商平台与内容生产者之间的沟通、运营工作。

MCN 机构能够为 KOL 提供"三方服务"，帮助内容生产者实现商业变现。很多内容生产者擅长创作内容，但对消费者运营、品牌商沟通等不了解，而 MCN 机构作为专业化的机构，就可以为内容生产者提供服务与管理。

> **行家点拨：** 内容电商领域下的内容生产者要顺应该领域专业化的发展趋势，以生产高质量内容为核心，将运营模式由粗犷式运营调整为精细化运营，了解消费者特点，加强消费者运营与流量导入。同时，内容电商的生产者呈现再中心化的趋势，头部KOL要争取保持优势，增强消费者黏性；中部及尾部的内容生产者要力争上游，扩大目标受众群体，抢占消费者市场。

2. 优质内容

内容电商运营逻辑的基点在于通过优质内容引起核心消费群体的消费欲望，促进消费行为。因此，优质内容是内容电商的核心，也是其相对于低价营销的竞争力所在。下面将分别从优质内容文本和内容电商的形式两个方面进行介绍。

（1）优质内容文本。

优质内容文本是指内容生产者通过对商品的整体把握与评估，生产出包含消费场景、商品性能等基本信息在内的、可读性与趣味性较强的、能够使消费者最终完成购买的内容文本，文本类型包括但不限于图文、直播、短视频等。内容文本的基本要素包括购物场景与商品使用场景的构建、商品性能与优点的详细介绍以及核心目标群体最关注的领域信息。

内容电商的文本内容不同于资讯类信息，内容电商最终目的是售卖商品，因此信息增量与可读性、趣味性同样重要。内容文本的信息增量不仅包括商品的性能、使用场景、亮点等介绍性信息，还包含附加价值，并以场景化的方式直击消费者需求，使消费者在阅读资讯的过程中自然而然地被带入消费场景中，降低消费者的心理防备，刺激消费者的购物欲望。

内容生产者生产的内容文本不能过分局限于消费者的性别、地域和消费能力，不能盲目跟风、只追热点而不考虑自己的风格。内容电商平台能够容纳大量的内容生产者和接受者，因此，内容生产者应明确形成自己的风格定位，精准对接自己的核心目标群体的兴趣点，再通过平台的精准推送机制，真正实现"千人千面"，发挥内容电商的优势。

> **行家点拨：** 内容电商对建立品牌和商品知名度十分重要，但并非所有的商品品类与品牌都适合，如水泥、木材等工业产品主要是由企业采购的，普通消费者较少购买。因此，内容生产者在生产内容时，需要结合商品的情况进行综合考虑。

（2）内容电商的形式。

内容电商的文本类别包括商品知识、生活经验、购物窍门、深度文章、时事评说、热点观察、精彩故事等，而这些文本类别均可以使用图文、直播、视频等形式进行呈现，目前已形成了以下几种主流的内容电商形式。

- **图文电商。** 在内容电商中，图文电商是较为原始的一种形式，商家可以通过图文对商品性能进行描述、构建使用场景，吸引消费者注意，使其对商品产生兴趣，提高图文内容的转化率，增加商品的销售量。
- **直播带货。** 直播带货是2019年之后比较热门的内容电商形式。作为内容电商的主流形式之一，直播带货很好地融合了内容和场景，更容易触达消费者的需求。我们通过观察目前较为知名主播的直播可以发现，这些主播在直播中会着重突出商品的特点与亮点，并且将商品的使用场景描述出来，方便消费者根据自己的需求进行购买。

例如，李佳琦经常运用一些夸张的比喻描述商品的使用体验，如"小精灵在嘴巴上跳舞"等，构建形象的使用场景，使消费者在心理上产生美好的感觉，提高消费者对商品的使用期待，增加消费者的购买意愿。同时，主播们往往语气亲和，像身边的朋友一样真心推荐某种好用的商品，拉近了自己与消费者的距离，让消费者愿意接受主播的推荐。

- **视频电商**。视频电商模式的代表性平台有快手、抖音等短视频平台以及芒果 TV 等传统视频平台。抖音平台可以在短视频中添加来源于电商平台的商品链接，方便消费者对感兴趣的商品进行查看、购买。芒果 TV 则通过"电视＋电商"的模式售卖商品，即快乐购模式。

- **节日营销**。节日营销同样是内容电商的形式之一，商家可以通过塑造节日的气氛激发消费者的购买欲望。一方面，购物节可以在网络上构建节日的氛围，刺激消费者的消费冲动；另一方面，通过微博等社交平台的宣传，可以促进消费者之间的讨论，为消费者提供更多的消费选择。例如，"双十一"购物节的"全民狂欢"场景就是营销情景塑造的典范，在整个"双十一"的预热过程中，消费者在浏览电商平台、新媒体平台时，会经常看到津贴、满减、抢红包等相关信息，这些信息充分调动了消费者的参与热情，从而增加了"双十一"活动的参与人数。

- **社交分享＋电商**。"社交分享＋电商"是 UGC 类型的内容电商形式。在社交媒体时代，消费者对其他消费者的商品使用反馈越来越重视，当消费者对某一商品产生疑惑时，往往会寻求他人的评价作为参考。例如在小红书平台上，消费者之间能够互相分享商品的使用体验，同时小红书本身还拥有电商入口，消费者可以直接在小红书的电商页面完成购买。

1.1.4　内容电商与传统电商的区别

传统电商通常指传统交易型电商，是以仓储、物流、配送为基础的电商模式，天猫、淘宝、京东等电商平台都属于传统交易型电商。商家在进行内容生产前，对内容电商与传统电商之间的区别进行辨析将有助于更加透彻地理解内容电商的定义，并理解其运作模式的创新之处。下面将从运营逻辑、流量来源、消费心理和消费场景 4 个方面，对传统电商与内容电商之间的区别进行介绍，其主要内容如表 1-1 所示。

表 1-1　内容电商与传统电商的区别

电商类型	运营逻辑	流量来源	消费心理	消费场景
传统电商	产品逻辑、流量逻辑	广告投放	综合评估、主动搜索、挑剔心理	购物平台
内容电商	用户逻辑、服务逻辑	内容与用户运营	单独评估、被动接受宣传、亮点心理	观看或阅读的过程

1. 运营逻辑的区别

传统电商与内容电商的运营逻辑不同，传统电商平台的运营相对粗放，主要基于流量逻辑，市场存量越大，商品购买率就越高。而内容电商则更加精细，主要基于服务逻辑，通过内容上的情感连接，精准定位垂直目标消费群体，提高转化率。

传统电商的流量逻辑简单来说就是靠"人海战术"，只要消费者规模足够大，总会有人购买商品，而且消费者越多，售出商品的可能性就越大。而内容电商则是打通了流量入口，通过优质的内容和精准定位，提高核心目标群体购买商品的概率。简单来说，内容电商就是通过内容打动消费者，提高消费者对商品的兴趣，并通过核心目标群体的精准划定，尽可能提高商品的转化率。

2. 流量来源的区别

传统电商与内容电商在流量来源上也有所区别，下面分别从传统电商流量来源和内容电商流量来源两个方面介绍二者之间的区别。

（1）传统电商流量来源。

传统电商秉持商品主导逻辑（Product Dominant Logic），即以商品为中心，商家选择适合销售的商品，满足目标市场的需求，并且通过促销手段刺激消费者产生持续的购买行为。传统电商平台吸引流量的方式主要是运营商品，导入流量，创造销量，因此传统电商也可以被称为流量电商或搜索电商。

传统电商运营的主要目的是保住现有流量，以价格优势和商品营销活动培养消费者网上购物的习惯，吸引商家入驻；而商家需要考虑如何让消费者看到并选择自己在电商平台上的商品。在导入流量的运营过程中，电商平台和商家通常会更重视与商品价格、性能相关的因素，并通过优惠券、大减价、打造爆款等营销行为促进销售。这种以价格、商品功能为重心的营销方式，难以让传统电商的商家与消费者之间产生除买卖之外的关联，更难以让消费者产生分享的欲望，对新消费者的引流作用也较小。

（2）内容电商流量来源。

内容电商的运营逻辑是服务主导逻辑（Service Dominant Logic），即以消费者为导向，注重商家和消费者共创价值的运营逻辑。服务主导逻辑驱动下的内容电商平台从消费者兴趣出发，通过创造富有感染力的内容，与消费者达成情感或行为上的对话与沟通，保持长期的联系，形成及时反馈，加深情感羁绊。消费者能够从更高层次理解商品理念与品牌价值，形成与平台、商家之间的情感连接，从而产生购买动机与分享欲望，进而引入更多新流量。

在这些互动中，平台、商家、KOL加深了与消费者在情感、行为与关系上的黏性。平台获得了新的流量，商家获得了价值转化，消费者获得了信息增量，三者实现了价值共创，形成了一个相互依存的良好生态系统。

同时，社交媒体、视频平台、直播平台、新媒体写作平台、电商平台中的内容营销模块等渠道都可以成为内容营销的"阵地"，消费者可能被各种内容吸引，进而产生购买行为，流量入口更加多元化，流量市场也更为广阔。

知识链接

内容电商的服务主导逻辑充分体现了互联网的分享思维，消费者在营销活动中从被动方变为主动方。在内容电商中，KOL 往往已经具备一定的消费者基础，形成了认可内容生产者风格的粉丝社群。这类粉丝社群中的成员拥有共同的兴趣、爱好，对内容生产者的认可度较高，具有一定的情感基础。因此，在内容电商这种感性的互动环境下，内容生产者与运营者会将重点放在消费者的需求、情感上，而尽量弱化商品的性价比等理性因素。例如，在"双十一"全球狂欢节上，为了营造、烘托节日狂欢的氛围，满足消费者的娱乐需求，天猫商城邀请了一些知名人士，在狂欢节晚会上表演各种节目，与消费者展开沟通交流。晚会上的商品则作为天猫商城与消费者进行娱乐与狂欢的互动道具。

综上所述，传统电商主要是通过运营商品，以价格优势吸引消费者完成购买；而内容电商的重心则是内容与消费者运营，通过内容说服、场景渲染等感性的方式刺激消费者的购买欲望，使消费者发现商品的亮点，刺激消费者购买商品的需求，从而完成商品或服务的转化。传统电商的流量获取方式主要依靠商品吸引流量，而内容电商的流量则来自对内容感兴趣的消费者。

3. 消费心理的区别

传统电商平台由于形式的限制，无法为消费者提供信息增量，与消费者缺乏深层次的情感互动交流。因此，消费者往往只有在需要购买商品的时候才会进入传统电商平台。此时，消费者带有主动的消费心理，消费目的性较强。

而在内容电商环境下，消费者往往处于浏览信息的场景中，没有强烈的消费心理，只有当内容能够触及消费者的性能需求或情感需求时，消费者才会产生购买行为。例如，消费者在观看电商直播时，可能并没有购买商品的打算，但是在观看直播的过程中，却不知不觉地被主播的话语吸引，产生了购物需求和购买行为。之所以能产生这样的营销效果，关键在于主播为消费者营造了一种具有亲近性的氛围，消费者会觉得主播就是自己身边的朋友，是站在自己的立场为自己推荐商品的，从而更容易发现商品的亮点。

4. 消费场景的区别

消费者在淘宝、京东等传统电商平台中浏览、购买商品的行为基本都是在电子商城的购物场景中进行的，此时消费者带有一定的购买预期，其行为容易受到商品相关因素的理性对比结果的影响，如价格、消费者评价、功能特征、外观等。消费者很可能会货比三家，对商品价格、性能等因素进行理性判断，并可能会以挑剔的心理对商品进行评判，放大商品缺陷。

而内容电商为消费者营造的则是感性的消费环境，内容生产者可以通过内容与消费者建立情感连接，使消费者对商品产生认同，从而触发购买行为，此时，消费者对商品价格的考量会更少，而更愿意为"情感"买单。在内容电商环境下，消费者进入内容生产者构建的情景中，对商品信息的接收处于被动的状态。此时，消费者更容易发现商品的亮点及符合自己需求的功能，较少对商品进行挑剔。

例如，某美妆博主在抖音推荐某品牌的美妆商品时，一般会从商品的性能、使用场景、使用方法等方面进行介绍，引起消费者的兴趣。消费者被其功能、描述场景所吸引，就可能点击进入购买页面，而较少考虑价格因素。

此外，内容电商还常借助节日营造热闹的消费场景，消费者在这样的场景下，消费行为容易受到场景氛围的影响与感染，"玩乐"的动机大于"消费"的动机。例如，在"双十一"购物节中，参与的部分消费者其实并没有购买需求，只是在观望的过程中受到身边的朋友、KOL的感染，产生了消费冲动。

1.2 内容电商的产业环境

内容电商是在传统电商市场竞争逐渐激烈、流量成本上升、社交媒体改变了消费者获取信息的方式、消费者对生活品质要求提升的大环境下产生的。要想了解内容电商的产业环境，商家就必须了解以下几点。

1.2.1 传统电商的瓶颈

传统电商依托于 Web 1.0 时代的流量逻辑，通过大规模的流量市场吸引商家入驻，然而发展至今，流量市场逐渐趋于饱和，获取流量的成本越来越高，行业竞争逐渐激烈，传统电商发展遇到了瓶颈。

1. 传统电商发展初期

在互联网发展早期，电商平台是将线下的商品放到线上售卖，省去中间商、租金、人力等成本，从而实现利润最大化的目标。创办于 1994 年的国际知名电商平台亚马逊，就采用了将商品放到线上售卖的运营模式，即企业对消费者（Business to Customer，B2C）模式。这种模式的优点在于能够节约时间和销售成本，消费者可以直接在网上选择并购买商品，节约了线下奔波的时间，而供应商则减少了仓库和售卖场所的成本。

亚马逊最早是依靠买进卖出赚取差价而实现盈利的，但随着互联网消费者的增长及物流等相关产业的发展，它逐渐转型成为平台型交易电商，不仅打通了消费者与商家之间的沟通渠道，为供应商与消费者搭建交易平台，还提供仓储物流、商品定制、云计算等服务。目前，亚马逊的利润增长主要依靠云计算和广告业务的增长，而国际零售业务则处于亏损状态，这从侧面反映出传统电商的发展遇到了瓶颈。

我国电商的发展轨迹与亚马孙的发展轨迹大体相似，都是依靠互联网打通线上与线下的渠道、连接消费者与供应商，提供平台服务。

2. 传统电商成熟期

随着 Web 2.0 时代的到来，4G 技术的发展与大数据营销模式的应用，电商平台的营销方式已经发生了改变，精准营销成为电商平台的选择。在这一阶段，电商平台秩序逐渐成形，通过把控商家品质、广告精准投放满足消费者的品质需求。

如今，传统电商平台已经发展到成熟期，消费者增长率和留存率的增长速度趋于缓慢，流量市场趋于饱和。同时，随着多家电商平台加入竞争，传统电商依靠流量完成转化的商业模式也陷入发展瓶颈。在该模式下，商家购买竞价排名，通过发放优惠券、低价折扣、满减等促销活动引导消费者购买商品，价格战不断升级，但是消费者规模已逐渐触达互联网用户规模的"天花板"，互联网消费者增长率放缓，流量获取成本也越来越高，这一切都说明互联网的流量红利期即将结束。

图 1-5 所示为 2011—2019 年我国网络购物市场交易规模图。

图 1-5　2011—2019 年我国网络购物市场交易规模图

（数据来源：2019 年艾瑞咨询《中国电子商务行业数据发布报告》）

为了解决交易增速放缓的问题，传统电商平台开始引入多种资源，开辟细分市场，整合优质资源，创造生态价值。电商行业的主要推动力量也变成电商巨头和高科技信息服务公司。

随着互联网的发展，电商实现了由线下到线上的商业模式转换，培养了消费者线上购物的消费习惯，引发了传统的商业模式和消费方式的改变。电商平台也开始通过智能推荐技术为商家与消费者提供精准化、个性化的推送服务，并以此提高营销效率。但在流量市场逐渐趋于饱和的背景下，内容电商仍是传统电商瓶颈期适宜开辟的新流量入口。

1.2.2　社交媒体平台广泛覆盖

社交媒体平台的发展为内容电商提供了土壤，Web 2.0 时代最突出的特征是消费者的高度参与和消费者之间的分享交互。随着微博、微信等社交媒体平台的发展，人们获取信息的方式、消费方式和思维方式都发生了改变。消费者在消费行为中的判断标准不再只是商品的价格和性能，推荐商品的主体以及该主体所构建的使用场景也会对消费者的消费行为产生影响。

例如，身边的朋友、营销人员、美妆博主推荐同样的美妆商品，消费者会觉得朋友是基于自身使用情况进行推荐的，可信度很高；营销人员是基于营销商品的目的进行推荐的，可信度较为一般；而美妆博主的推荐效果则与其人格魅力等因素相关。

内容电商的内容生产者分布在社交媒体平台和传统电商平台上，打通了个体与品牌之间的通道。不同于以"流量"为主导的传统电商平台，"交互"是内容电商的关键。内容生产者需要触动消费者的兴趣点与需求，才能通过优质的内容打动垂直领域的消费者，促成购买与分享行为。

与此同时，各大传统电商平台也从商品的运营转向内容的运营。自媒体的兴起与传统媒体经营方式的转型也促成了内容电商的形成。例如"罗辑思维"等自媒体，通过内容吸引消费者，当消费者对自媒体的话题、风格产生兴趣后，就会对内容创作者保持一定的兴趣与关注，并对自媒体平台通过内容所附带的场景价值、情感价值、体验价值产生兴趣，进而产生购买欲望。这种依托于内容的情感连接促成购买的销售模式，就是内容电商的运营逻辑。

麦肯锡调查数据显示，社交媒体交互，如与KOL互动、发布UGC、查看好友推荐的商品等，促成了40%受访者的冲动购物。新兴社交电商平台就是这股风潮的"领头羊"，例如拼多多、小红书等。这些模式的成功正是社交媒体时代自媒体、传统媒体拓展变现方式，转向内容电商领域的体现。

1.2.3　消费者对美好生活的需求提升

随着社会的发展，消费者对实现美好生活的愿望逐渐强烈，精神需求与情感满足成为刺激消费者的增长点，而传统电商举办的低价、折扣、满减等优惠活动的刺激作用则逐渐减弱。随着社交媒体的兴起，消费者的购物行为也发生了改变，消费者在购物前往往会根据其他使用过商品的消费者对商品客观公正的评价，了解商品的相关信息，对商品使用场景形成想象与预期。而这种想象与预期促使消费者不断提出对美好生活的需求，使得消费者对于新奇有趣的事物的接受程度更高。其中，KOL与KOC等内容生产者，就是消费者了解商品的常用渠道，内容生产者可以与消费者建立情感连接，通过消费者对其的亲近度与信任感，以第三方的视角，从朋友的角度向消费者推荐商品，将消费者的注意力放在商品的亮点与自己的需求上，弱化消费者对价格的敏感度，提升消费者的购买意愿。

从电商平台来看，随着人工智能技术、大数据、5G等技术的发展，传统交易型电商平台在精准营销层面开始发力，应用大数据技术与算法分析群体画像，通过大数据整合营销实现供应商、中间商、消费者终端的连通，做到对消费者生活的全渠道覆盖。通过算法推动精准营销，提高商品的投放效率与购买率，但精准投放存在人群限制的问题，往往只有平台现有的消费者才能看到，而潜在消费者却无法看到，对潜在消费者的吸引力度并不大。

从企业品牌的角度来看，大数据精准营销难以形成整体的品牌印象，因此，电商平台与品牌方开始将目光转向与消费者建立情感连接，满足消费者的购物心理和购物需求，优化消费者的购物场景和购物体验。

1.2.4　传统媒体寻求变现方式转化

传统媒体产业经济下滑，近年来通过嵌入互联网技术寻求发展动力，进行产业转型升级。传统媒体优质内容生产能力、流程化的生产方式以及原有的消费者基础，都是传统媒体的优势。利用这一优势，传统媒体产业以内容为基石，打通价值链的上下两端，并将目光转向内容电商。

传统媒体电商是移动互联网与传统媒体相结合的产物，这一趋势从2014年开始兴起。

传统媒体电商的目标是打造传统媒体与电子商务融合共生的营销平台。这一模式使媒体服务兼具资讯和消费两项功能，典型代表是"温都猫"和芒果 TV。传统媒体电商依托传统媒体的内容创作优势及影响力优势，实现了媒体的价值转化与消费者需求的满足，使品牌商销售价值得以实现。

　　传统媒体电商的主要优势在于专业采编团队的优质产出能力以及自有的流量基础。例如，"温都猫"电商平台是温州都市报的转型产物，其借助传统媒体的品牌影响力走上创新融合转型之路。"温都猫"依靠纸媒发行的优势，在本土电商支持下，推出"上午 11 时前下单、当天送达"的配送服务，并依托媒体优势，挖掘文化故事，进行电商宣传。图 1-6 所示为"温都猫"电商平台首页。

图 1-6　"温都猫"电商平台首页

　　同样实现传统媒体电商化转变的还有芒果 TV。芒果 TV 通过构建"（1+N）X"的新商业模式，以湖南广播电视台的全力支持为倚仗，大胆创新，实现了网络视听新媒体的资源整合与格局重构。芒果 TV 依托台网联动（湖南广播电视台和网络视听新媒体的融合），在内容生产的基础上，对营销服务及商业模式不断地进行探索，以内容带动营收，在传统媒体电商层面进行了多次实践。

1.3　内容电商的商业模式

　　简单来说，内容电商就是通过优质的内容，促使消费者购买商品，进而产生利润。但在实际操作过程中，为了更好地运营内容电商，商家还应该对内容电商的商业模式进行了解。本节将从内容电商的产业链、经营主体以及运营监管 3 个方面进行介绍。

1.3.1　内容电商的产业链

内容电商的产业链与传统电商有相似之处，可以分为上游、中游和下游，下面分别进行介绍。

1. 产业链上游

位于产业链上游的主要是以商品供应链为核心的生产主体，包括品牌商、批发商等。品牌商等商家通过内容电商，可以提高商品的销售转化效率，降低运营的难度与成本，扩大粉丝群体，增加粉丝黏性。品牌商通过直播、短视频、图文等表现形式，将商品以娱乐化、专业化的内容形式呈现给消费者，有助于提升品牌的知名度与美誉度，提高销售转化及复购率。

2. 产业链中游

位于产业链中游的生产主体包括内容生产者、服务商、MCN机构等，可以统称为内容生产者与运营者，他们通过提供专业服务，依靠对消费者需求的精准把握，向内容电商平台输送内容，吸引消费者完成购买。内容生产者可以根据消费者对内容和商品的反馈，从消费者群体中收集意见，并有针对性地调整内容风格。

行家点拨： 对于内容生产者来说，给消费者发放"福利"也是增加与消费者的互动、了解消费者的兴趣喜好、实现精准分发、优化消费者的体验、增强自身的影响力与消费者黏性的有效手段。

3. 产业链下游

位于产业链下游的则是内容电商平台，能够触达消费者。消费者可以根据自己的兴趣与购买体验，对内容文本和商品的使用感受进行反馈，参与互动。消费者在内容电商平台所构建的场景中，可以获得更好的购物体验，缩短购物决策路径。优质内容还能够给消费者提供更好的消费环境与消费体验，并从情感方面与消费者建立深层连接，打造核心竞争力。

此外，内容电商平台中人格化的内容可以实现商品与消费者之间的连接，向消费者传递更多的价值，增加消费者黏性。同时，内容电商能够在多个平台上同时进行，触发消费者群体的分享行为，触达潜在消费者群体，传递品牌价值。

1.3.2　内容电商的经营主体

互联网成为传统电商与传媒产业相结合的黏合剂，形成了内容电商盈利模式，通过商品交易、知识付费等方式实现变现。而内容电商的核心仍旧是"内容营销"，根据现有的内容电商，可以将经营主体分为电商平台和内容平台，下面分别从电商平台内容化和内容平台电商化两个方向介绍两种经营主体的模式和对比。

1. 电商平台内容化

电商平台内容化是指传统的电商平台通过增加内容分享的入口，吸引内容创作者入驻，通过内容营销的方法吸引粉丝、提升品牌形象，从而扩大销量。这种模式下的电商平台会继续深耕内容品类，凭借优质内容或KOL自带流量吸引潜在消费者。平台往往会将图文、直播等内容靠前展示，或者通过在微信公众号推文等社交媒体平台内容中植入链接，实现对潜在消费者的引流。电商平台内容化可以通过内容对传统电商进行赋能，打通新的流量入口，增加消费者黏性。

近年来，传统的电商平台（如淘宝、京东等）呈现出内容化的发展趋势。以淘宝为例，淘宝从 2015 年开始开展了一系列的电商内容化操作。2015 年，淘宝上线了在线消费类媒体平台"淘宝头条"，通过生产与购物相关的媒体资讯推送，进行精准投放，增加消费者黏性。此外，淘宝还在自有平台上推出商品推荐分享类内容，以 UGC 和 PGC 内容生产形式为主，入口包括手机淘宝 App 中的买家秀、有好货等；淘宝还积极扩展第三方内容领域，如联动微博、优酷土豆等，打通了内容生产、传播、消费的链条，形成了良好的内容电商生态体系。

目前淘宝的内容电商入口为"微淘"。"微淘"是手机淘宝 App 中的一个页面入口，消费者在关注店铺、主播之后，可以从"微淘"页面接收商家以及主播的内容类资讯，包括图文、视频、直播等，掌握商家上新的一手资讯，了解相关商品性能、使用场景等，同时还能够通过观看直播获取商品的相关信息。2019 年，淘宝将直播业务分离出来，通过"淘宝直播"App 继续深耕内容电商领域。

2. 内容平台电商化

内容平台是指聚集了一定数量的内容生产者与消费者，以提供互联网信息为主要功能的平台，如今日头条、抖音、微信公众号等。这类平台自身具备粉丝流量，但变现方式亟待拓宽。

内容平台电商化是指原本生产某一垂直品类资讯内容的运营主体，在积累了一定的粉丝量后，引入电商模块，通过售卖商品盈利。这种模式一般需要依靠知名人士和"网络红人"等 KOL 的影响力提高关注度，通过他们在社交平台对商品进行推广，再以发布商品链接或插入电商入口页面的形式，将流量引向电商平台。内容电商发挥了内容平台流量精准的优势，又延伸了内容平台的价值链。

例如，"罗辑思维"最初主打知识付费，通过优质内容售卖课程，逐渐形成了粉丝社群，开发了"得到"App，并通过专栏订阅、电子书与课程销售、实体书和其他物品的销售以及承接广告获利。

2016 年，今日头条与京东商城达成了战略合作，推出"京条计划"，化解了阅读场景和消费场景之间的隔阂，为自媒体人提供了内容变现的渠道。从 2018 年起，今日头条推出内容电商、内容付费、直播等多种变现工具，助力内容创作者转化消费者、增加收益。入驻头条号的内容创作者可以在内容中插入商品链接，使消费者在浏览内容的过程中直接跳转到购买页面购买商品。

内容平台电商化的优点在于内容平台能够为消费者提供信息增量，对其消费群体兴趣点的把握更佳。但从目前来看，内容平台电商化也不是一帆风顺的，内容平台缺乏传统电商平台成熟的产业链运作模式，需要等待品牌商的对接，相对比较被动。

3. 两种经营主体的对比

电商平台与内容平台可以从转化方式、典型平台、运营方式、内容形式和驱动类型 5 个方面进行对比，其结果如表 1-2 所示。

表 1-2 电商平台与内容平台的对比

经营主体	转化方式	典型平台	运营方式	内容形式	驱动类型
电商平台	传统的电商平台通过增加内容分享的入口，吸引内容创作者入驻，通过内容营销的方法吸引粉丝、提升品牌形象，从而扩大销量	综合类电商平台：京东、淘宝、苏宁易购等 垂直类电商平台：唯品会、聚美优品等	多为平台方连接分散的内容创作者及MCN机构的方式	图文、短视频、直播	商品驱动型
内容平台	原本生产某一垂直品类资讯内容的运营主体，在积累了一定的粉丝量后，引入电商模块，通过售卖商品盈利	社交平台：蘑菇街、小红书、今日头条等	多为自建内容团队产出内容并进行内容分发，或联合网络红人及MCN机构进行创作及分发的方式	图文、短视频、直播	内容驱动型

1.3.3 内容电商的运营监管

在内容生产的过程中，生产者需要遵守互联网信息发布的相关规定与政策，自觉接受法律法规的监管与约束。内容生产者如果要提供互联网新闻信息服务，需要依法取得互联网新闻信息服务资质，并在许可范围内开展互联网新闻信息服务。同时，平台运营者也同样需遵循相关法律法规，营造良好的内容创作与推广生态。同样，消费者的评论行为也受到内容生产者或运营平台的管控。

近年来，我国网络信息服务管理规定不断完善，已经形成了以《中华人民共和国网络安全法》为核心，涵盖互联网直播服务、博客信息服务、网络音视频等多领域的制度体系。目前，我国已经发布的网络信息服务管理相关规定有《互联网用户公众账号信息服务管理规定》《网络信息内容生态治理规定》《网络音视频信息服务管理规定》《互联网直播服务管理规定》等。

针对内容电商中的文本、图文、音视频、直播等形式的内容，国家互联网信息办公室（以下简称"网信办"）等相关单位已经出台了相应的规定，现梳理如下。

- **内容生产与消费者运营主体。**2017 年 10 月 8 日，网信办发布的《互联网用户公众账号信息服务管理规定》开始施行，该规定对互联网公众账号的信息服务进行了相关规定。2018 年 8 月 31 日，第十三届全国人民代表大会常务委员会第五次会议通过《中华人民共和国电子商务法》，自 2019 年 1 月 1 日起施行，该法规对于电子商务的运营主体、行为进行了规范。2020 年 3 月 1 日，《网络信息内容生态治理规定》正式施行，这一规定对网络信息内容生产主体、网络信息内容服务平台等主体的行为进行了规范，还对平台的算法推荐做出了规定。

- **音视频方面**。2020 年 1 月 1 日，《网络音视频信息服务管理规定》开始施行，该规定对网络音视频信息服务提供者的发布信息、技术使用以及消费者互动管理等行为做出了规定。其中特别强调了技术应用的管理规范，指出了技术在未来的应用场景。
- **直播方面**。2016 年 12 月 1 日，网信办发布的《互联网直播服务管理规定》开始施行，该规定对内容电商中的直播形式进行了规定，对互联网直播服务提供者和互联网直播发布者的职责与规范进行了界定。

综上所述，内容电商作为电商产业的一个领域，其内容生产者、运营者与分发平台受到相应法律法规的监管。在内容发布方面，内容生产主体不得发布违法违规信息，发布新闻信息服务需具备相应资质，同时遵守知识产权法的相应规定，不得有恶性竞争行为。在平台运营方面，平台运营者要对消费者言论审核、算法应用、技术应用等范畴做出明确规定。消费者的评论、浏览等互动行为也需遵守法律法规。除相关法律规定外，内容电商也应形成行业规范，自我改进、互相监督，形成良好的内容生产与运营生态。

1.4　内容电商的优势与缺陷

内容电商是近几年兴起的一种新型营销方式，仍旧处于发展阶段，就目前来看，内容电商虽然具有独特的优势，但也存在着一些缺陷，商家在利用内容电商进行营销前，应该对内容电商的优势与缺陷进行了解，以便能够更好地进行运营。

1.4.1　内容电商的优势

内容电商是通过优质的内容吸引消费者注意，为消费者展现商品的使用环境，引起消费者的购物需求的营销方式，具有激发消费者购物欲望和延伸电商领域价值链的优点。

1. 激发消费者购物欲望

内容电商不同于传统电商，其购物行为与购买行为是分离的。在内容电商模式下，消费者经历了从阅读内容到购买商品的心理跳转。消费者往往是在娱乐化的阅读过程中，被内容中有关商品的描述所吸引，甚至触动了消费需求，于是跳过了购物行为直接进入购买场景。内容营销可以细致地描绘商品的功能与使用场景，展现出商品的亮点，帮助消费者找到购物理由。

例如，消费者在浏览短视频放松心情时，看到一条介绍某品牌口红的短视频。在该短视频中，KOL 向消费者介绍了该口红为今年的流行色号、某个名人的同款色号，适合"春夏天用"，涂上后能够让人心情愉悦，最后 KOL 对口红的膏体、外壳、质地等进行展示并评价，如图 1-7 所示。那么，在价格适中的情况下，消费者就会很容易受到短视频内容的影响，对该口红商品产生兴趣，并点击页面中的商品链接直接进行购买。而在传统电商平台中，消费者即使有购买口红商品的需要，也会因为搜索结果过多，不知道该选择哪个品牌的口红商品，从而不断地进行比较，陷入选择困境。

图 1-7　描述口红商品的短视频截图

由于内容电商娱乐化、趣味化的表达方式，消费者更容易接受新奇商品的营销。相对于传统电商平台的页面展示，内容电商能够更细致地展示商品的使用方式、价格及性能，并描绘商品的使用场景。在这种细致的描绘中，消费者也更容易接受复杂的决策信息。也就是说，在内容电商环境下，商家更容易通过商品的设计感、悠久历史、情怀、故事等，推广有趣的、新奇的、高端的商品。

在内容电商塑造的场景下，消费者更能够理解品牌的价值与商品的背景故事，同时也更容易被商品概念打动。例如，内容生产者可以通过描绘和展示智能音响与智能家居的使用场景，创造智能生活的场景，实现对"未来"概念的展示，从而激发有精致生活需求的消费者的购物欲望。而在传统电商平台中，商品介绍多为智能设备参数的展示，并不能直观展示商品的使用场景，很难使消费者理解智能设备所代表的概念，也就无法使消费者产生购物欲望。

2.　延伸电商领域价值链

内容电商增强了消费者的沉浸式购物体验，使消费者对商品的理解更加深入，而且内容文本通常具有娱乐化、趣味性的特征，能够使消费者在愉快的阅读过程中，同时获得知识增量，并完成购物。如果内容文本能够具有专业的知识增量，还能优化消费者的阅读体验，使账号定位更偏向于垂直领域，消费者群体定位也会更加精准。

对于传统电商平台来说，从交易型电商过渡到内容电商，有助于内容生产者的价值转化，能够打通流量入口，引入新流量，其营销逻辑也由商品主导逻辑转变为服务主导逻辑。内容电商以消费者服务、消费者体验为先的运营方式，有利于增加消费者黏性，这也是一种对价值链的延伸。

1.4.2　内容电商的缺陷

虽然内容电商已经兴起了一段时间，并取得了不错的营销成绩，但在运营的过程中，我们不难发现，内容电商仍旧存在着一些缺陷，如内容控制规范尚未形成、消费者运营与商品质量管理有待改善等。

1. 内容控制规范尚未形成

商品定位、内容匹配是内容电商运作的重点，是内容电商区别于普通电商的重要方面，然而目前我国内容电商的运作还较为粗放，内容控制规范尚未形成，对商品定位、内容匹配等环节的把控力度还远远不够，存在内容阅读体验差和监管难度大的问题。

（1）内容阅读体验差。

内容电商是通过内容，使消费者获取商品或服务信息，产生购物行为的营销模式，但在营销的过程中，部分内容生产者却未能呈现出个性化的特点，只是将商品、服务生硬地展示出来，不注重商品、服务与内容的有机结合，使得营销意图过于明显，容易引起消费者的抵触情绪，使消费者产生审美疲劳。

而内容电商中流程化的内容不仅不能提供有价值的信息增量，难以带给消费者舒适的阅读体验，还会失去内容电商通过优质内容打动消费者的优势；不仅无法激发消费者的消费欲望，还有可能产生相反效果，造成消费者流失。

（2）内容监管难度大。

不可否认的是，内容电商领域的 KOL 已经占据了大量的消费者数量与注意力资源，内容也基本固化。很多内容生产者急于推销商品，使得内容创造过程模式化，一些内容创作者甚至开始盲目跟风。

虽然内容生产受到知识产权的保护，但内容电商的开放式特征也使得内容生产者"蹭热点"的成本较低，一些内容生产者甚至模仿、抄袭其他内容作品。这种现象对原创内容生产者造成一定的打击，形成内容电商市场的恶性竞争。

虽然近年来我国已出台了一些相关规定，但行业内部监管生态仍在建设之中。大部分的内容电商都设置了内容评估与反馈机制，虽然 KOL 的内容文本专业性和质量较高，但也不乏部分内容生产者为了提高效益，在并未充分了解商品特征的情况下，一味迎合消费者喜好。如果内容生产者不能做好内容质量把控，就会造成消费者的流失，失去内容电商的运营优势。

此外，消费者的兴趣是瞬息万变的，如果内容生产者不能及时把握消费者的喜好，提供具有专业性的信息增量，就势必会被市场与消费者淘汰。

2. 消费者运营与商品质量管理有待改善

内容电商在商品物流、消费者维护等环节，存在管理不当、服务体验不好等问题。在内容电商中，内容生产者与品牌商家往往是两个团队，这就造成了后续的物流、消费者维护环节，存在沟通不畅、口径不一等问题。

内容电商所带来的盈利转化，对于内容生产者来说是一把"双刃剑"，虽然内容生产者能够通过内容实现价值的转化，但是如果不能保持自己的核心竞争力，就会很容易跌出头部 KOL 的位置，造成消费者流失。一旦出现商品质量管理不合格的情况，对内容生产者的打击将是致命的。消费者出于情感体验与信任，愿意相信内容生产者才会产生购买行为。如果这种信任因商品质量问题被打破，那么内容生产者的根基也将被摧毁。因此，做好商品质量管理与售后的对接服务，谨慎挑选品牌，对消费者负责，是内容生产者应该承担的责任。

此外，内容生产者不能一味守成，更要思变，要通过长期的运营与互动，与消费者保持情感连接，了解消费者的喜好，满足消费者的需求。同时，内容生产者也要保持自己的一贯风格，不可随波逐流，人云亦云。

【思考与练习】

1. 谈谈你对内容电商的理解。
2. 请简单描述内容电商的运作模式。
3. 谈谈你对内容电商产业链的理解，简述其上游、中游、下游分别包括哪些主体。
4. 你认为目前的内容电商具有哪些优势和缺陷？
5. 分享两个你认为不错的内容电商运营案例，并详细讲讲它们的优点。
6. 如果你是一个生活服务类 KOL，在内容生产与消费者运营中，应当考虑哪些环节？
7. 选择一个内容电商平台，分析它的盈利模式和商业模式。
8. 谈谈你认为传统媒体转型新媒体做内容电商，会有怎样的优势与不足。
9. 作为一名普通消费者，谈谈你认为内容电商还有哪些可以完善的地方。

第 2 章

三大内容电商表现形式

【学习目标】
- 熟悉图文电商的变现途径、创作规范和写作技巧。
- 熟悉视频电商的变现途径、内容规范和创作指南。
- 熟悉直播带货的变现途径和直播技巧。

2016 年被称为"内容电商元年",在传统电商常用的促销方式难以激发消费者购物欲望时,内容电商强势崛起,创作者可通过文字、图片、视频、直播等表现形式,将以第一视角体验商品后的所见所感传递给消费者,以有价值的内容刺激消费者的消费冲动,从而促其购买。随着电商环境的飞速变化,内容电商也进入成熟期,变得越来越规范化、专业化。本章将对图文电商、视频电商和直播带货三大内容电商的表现形式进行介绍,帮助创作者了解内容电商的基本知识,以便更好地掌握内容电商的实际应用。

2.1 新媒体写作——图文电商

图文电商是以图片和文字两种呈现形式为主、结合图片与文字各自优势的内容电商，能够更简单明了地将商品外观、特征等信息展示给消费者，以促进商品销售。本节将以今日头条为例，从图文电商的变现途径、创作规范、带货型图文内容的选品、创作原则与要点，以及带货型图文内容的写作技巧4个方面介绍图文电商。

2.1.1 图文电商的变现途径

在今日头条中，要想通过图文电商实现变现，创作者就必须先了解相关的变现途径，掌握其基础知识，结合商品的特征，选择适合的变现途径，才能达到事半功倍的效果。一般来说，今日头条中的图文电商变现途径包括使用商品卡功能、借助电商工具箱和授权精选联盟账户。

1. 使用商品卡功能

商品卡是今日头条为创作者推出的多元化变现工具。开通了商品卡功能的创作者，在创作今日头条图文内容时，可以插入相应的商品卡，以促使消费者产生购买行为，从而获得流量和转化。

行家点拨： 除了用于图文形式的内容电商，商品卡功能还可以用于短视频、直播等不同呈现形式中，创作者可根据需要自主选择相应的商品卡，提高商品的销售量。

（1）商品卡功能申请条件。

在今日头条上，创作者开通商品卡功能需要满足以下3个条件。

注：平台功能与相关页面的设置会随着平台的发展与用户的需求不断进行优化更新，本书中的操作步骤与方法论仅供参考，实际功能或页面设置请读者以平台的最新内容为准。

- 加入创作者计划。
- 信用分为 100 分。
- 粉丝数（今日头条、西瓜视频粉丝总数）≥ 1 万人。

行家点拨： 创作者计划是今日头条推出的，为帮助创作者更好地创作，提供的一系列作者权益和成长体系，它能够帮助创作者更高效地获得并使用权益。目前，粉丝数不低于 1 万的创作者（今日头条和西瓜视频粉丝总数），会自动加入创作者计划，无须申请。

（2）商品卡功能申请入口。

根据登录的端口不同，商品卡功能的申请入口也有所不同，可以分为移动端和 PC（Personal Computer，个人计算机）端两种。

① 移动端申请入口。

创作者在打开今日头条 App 并登录账户后，点击右下角的"我的"按钮👤，打开"我的"页面，在"常用"栏中点击"创作中心"按钮💡（"创作中心"在 iOS 版本的今日头条 App 中位于"作者工具"中）；打开"创作中心"页面，点击页面右上角的"查看创作者权益"按钮；打开"权益中心"页面，选择"万粉权益"栏中的"商品卡"选项，即可打开商品卡功能的申请入口，如图 2-1 所示。

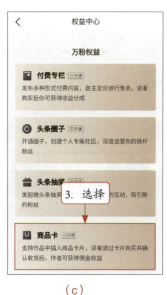

（a）　　　　　　　　　　（b）　　　　　　　　　　（c）

图 2-1　移动端商品卡功能申请入口

② PC 端申请入口。

创作者在登录今日头条账号后，单击页面左上角的"注册头条号"按钮，打开"头条号"页面，在左侧选项卡中单击"个人中心"栏中的"创作者计划"按钮，在打开的页面中选择"万粉权益"栏中的"商品卡"选项即可，如图 2-2 所示。

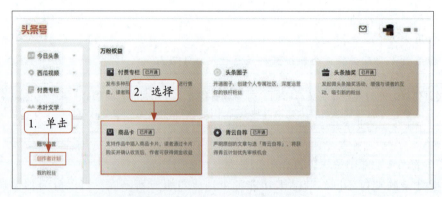

图 2-2　PC 端商品卡功能申请入口

（3）商品卡功能使用方法。

商品卡功能在不同端口的使用方法不同，可以分移动端和 PC 端进行介绍。

① 在移动端使用商品卡功能。

目前，今日头条移动端的商品卡功能，仅支持创作者在发布微头条和回答问题时使用。下面通过在今日头条 App 中回答问题并使用商品卡插入推广商品为例，介绍移动端商品卡功能的使用方法，其具体操作步骤如下。

步骤 1　打开今日头条 App，登录今日头条账号，点击下方"首页"按钮🏠，切换到"首页"页面，点击右上角的"发布"按钮📷，在打开的页面中，选择"回答问题"选项，如图 2-3 所示。

步骤 2　打开"回答问题"页面，浏览并选择想要回答的问题，此处选择"农民工能做'网红'吗？有什么办法？"这个问题，点击右侧的"去回答"按钮，打开该问题的回答页面，点击右下角的"写回答"按钮✏️，如图 2-4 所示。

图 2-3　选择"回答问题"选项

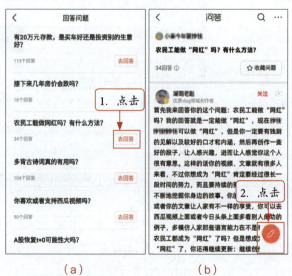

（a）　　　　　　　　（b）

图 2-4　选择要回答的问题

步骤 3 打开编辑页面，输入相应回答，点击功能选项卡中的⬜按钮，打开"添加商品"页面，在"我的橱窗"或"选品库"页面中，选择要添加的商品，此处选择"选品库"页面中的"沙地大紫薯"商品，点击其右侧的"添加"按钮，如图2-5所示。

步骤 4 打开"编辑商品"页面，在"商品短标题"文本框中输入相应文字内容，此处输入"沙地大紫薯"文本，点击"完成"按钮，即可看到商品卡已添加到回答页面下方，点击右上角的"发布"按钮，即可发布已编辑完成的回答，如图2-6所示。

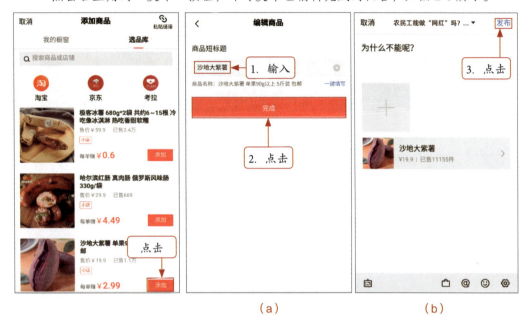

图 2-5　添加商品　　　　　　　　　图 2-6　添加商品卡

行家点拨： 在发布微头条时，要想添加商品卡，创作者可直接点击"发微头条"按钮📧，打开编辑页面，输入相应内容，然后点击功能选项卡中的⬜按钮，选择需要添加的商品卡，编辑相关内容。在选择商品时，除了从"我的橱窗"和"选品库"页面中选择，创作者还可以点击"粘贴链接"按钮🔗，通过粘贴第三方电商平台中的商品链接添加商品卡。

---

② 在 PC 端使用商品卡功能。

下面将介绍在 PC 端为一篇图文内容添加商品卡的方法，其具体操作步骤如下。

步骤 1 在 PC 端登录今日头条账号，进入"主页"页面，单击页面右上角的"发文"按钮，或打开"头条号"页面，在左侧选项卡中选择"今日头条"栏中的"发头条"选项，如图2-7所示，打开"图文"页面。

图 2-7　选择"发头条"选项

步骤 2 输入相关图文内容，将鼠标指针定位到需要添加商品卡的位置，单击功能选项卡中的⬚按钮，如图 2-8 所示。

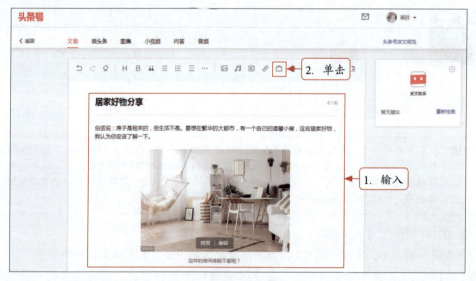

图 2-8　添加商品卡

步骤 3 打开"商品选择"页面，根据需要从"我的橱窗""精选联盟""淘宝商品"或"商品链接"选项卡中，选择需要推广的商品，选中所选商品前的单选项，这里选择"我的橱窗"选项卡，选择第一个商品，然后单击"确定"按钮，如图 2-9 所示。

图 2-9　选择需要推广的商品

步骤 4 商品卡自动添加到图文中，效果如图 2-10 所示。

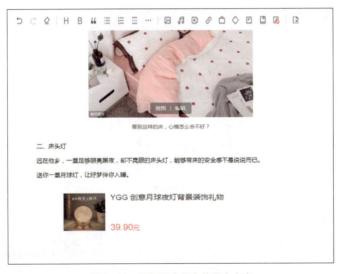

图 2-10　添加了商品卡的图文内容

步骤 5 单击页面下方的"发布"按钮，即可将图文内容发布到今日头条中。

行家点拨： 如果想删除已插入的商品卡，可直接选择已添加的商品卡，单击商品卡右上角的"删除"按钮●，直接删除该商品卡。在 PC 端发布微头条时，如果想要添加商品卡，也可直接单击页面下方的"商品推广"按钮，打开"商品选择"页面，选择想要推广的商品即可。

---

2. 借助电商工具箱

今日头条 App 中的电商工具箱为创作者提供了橱窗管理、佣金收入、账号绑定、个人主页展示内容等管理功能。如果创作者开通了商品卡功能，即可在今日头条 App 中进入"电商工具箱"，通过"电商工具箱"的"橱窗管理"功能展示商品。当消费者进入创作者今日头条账号的个人首页后，即可查看和购买商品，从而帮助创作者实现流量变现。

　　创作者可打开今日头条 App，登录今日头条账号，点击右下角的"我的"按钮👤，打开"我的"页面，点击"常用"栏右侧的 ＞ 按钮，打开"常用工具"页面，点击"作者工具"栏中的"电商工具箱"按钮🗐，即可打开"商品橱窗"页面，如图 2-11 所示。

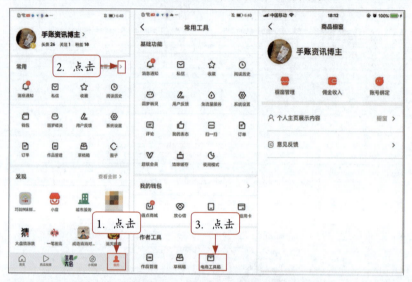

图 2-11　在今日头条 App 中点击"电商工具箱"按钮

（1）橱窗管理。

　　创作者可在"商品橱窗"页面中点击"橱窗管理"按钮🗄，打开"商品橱窗管理"页面，再点击"添加商品"按钮，打开"添加商品"页面，选择需要添加的商品，点击右侧的"加橱窗"按钮，即可将商品添加到橱窗中，以便创作者在添加商品时进行操作，如图 2-12 所示。

（a）　　　　　　　　（b）　　　　　　　　（c）

图 2-12　在"橱窗管理"中添加商品

（2）佣金收入。

创作者可在"佣金收入"页面中查看累计付款预估收入、结算规则、推广明细、数据统计和结算管理，图 2-13 所示为"佣金收入"页面，图 2-14 所示为"结算规则"页面。

"佣金收入"页面中各选项的作用介绍如下。

- **推广明细**。创作者可在推广明细中根据时间段、订单状态或平台，查看相应的推广数据。
- **数据统计**。创作者可在数据统计中根据时间段或平台，查看相应的统计数据。
- **结算管理**。创作者可在结算管理中查看头条号的入账记录、结算规则和提现记录，并对头条号中的收益进行提现。需注意，每个头条号每日仅能提现 5 次且单笔金额不能超过 2 万元。

图 2-13　"佣金收入"页面

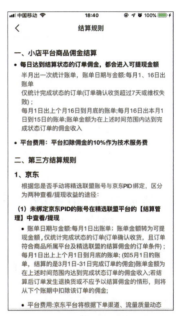

图 2-14　"结算规则"页面

（3）账号绑定。

创作者可通过"账号绑定"功能对淘宝 PID（淘宝联盟账号）、京东 PID（京东联盟账号）和洋码头 PID（洋码头联盟账号）进行绑定。完成账号的绑定后，创作者即可将发布在淘宝、京东等电商平台的商品插入今日头条的内容中，消费者在阅读内容时，即可点击和购买商品。

① 绑定淘宝 PID。

创作者只有绑定淘宝 PID 后，才能在图文内容中添加淘宝联盟的商品，否则将无法结算佣金。创作者要想绑定淘宝 PID，可以选择在移动端或 PC 端进行操作。

在移动端操作时，创作者可直接在"账号绑定"页面中选择"淘宝 PID"选项卡，打开"淘宝 PID"页面，点击"去淘宝获取"按钮，打开"淘宝账号绑定"提示框，点击"确认"按钮，打开"首页"页面，点击"同意协议并绑定"按钮即可，如图 2-15 所示。

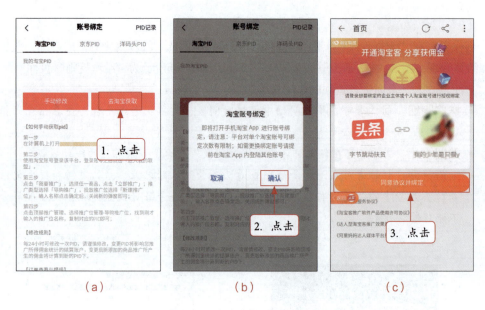

（a）　　　　　　　　（b）　　　　　　　　（c）

图 2-15　在移动端绑定淘宝 PID

注意： 如果需要修改淘宝 PID，可以在"淘宝 PID"页面中点击"手动修改"按钮，在文本框中输入新的淘宝 PID，点击"保存"按钮；或者点击"去淘宝获取"按钮重新授权淘宝账号，以修改淘宝 PID。

在 PC 端绑定淘宝 PID 则需在头条号的"个人中心"页面中进行，其具体操作步骤如下。

步骤1 在 PC 端登录头条号，单击"注册头条号"按钮，打开"头条号"页面，在左侧的工具栏中选择"个人中心"栏中的"账号设置"选项，在打开的页面中选择"功能设置"选项卡，打开"功能设置"页面，如图 2-16 所示。

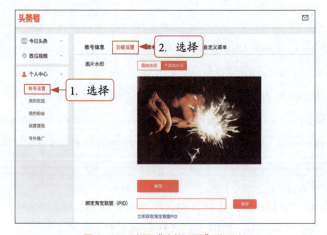

图 2-16　选择"功能设置"选项卡

步骤 2 进入阿里妈妈首页，使用手机淘宝 App 扫码或填写账号和密码的方式登录阿里妈妈。如果系统提示需要安全认证，请按照系统提示进行操作。完成安全认证后，可能需要一个工作日的时间进行人工审核，审核通过后，即可重新登录阿里妈妈并绑定淘宝 PID。单击"功能设置"页面下方的"立即获取淘宝联盟 PID"超链接，登录淘宝账号，在打开的页面中按照系统提示填写相关信息，然后单击"提交备案"按钮，如图 2-17 所示。

图 2-17　填写相关信息

步骤 3 备案成功后，单击"复制 PID"按钮，进入"个人中心"页面，在"绑定淘宝联盟（PID）"文本框中粘贴复制的内容，单击"保存"按钮，即可绑定淘宝 PID，如图 2-18 所示。

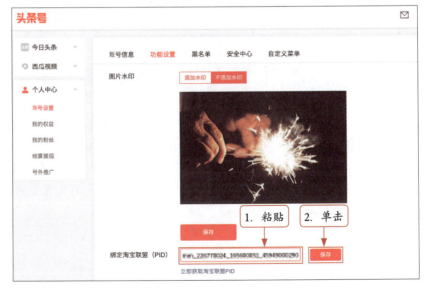

图 2-18　绑定淘宝 PID

②绑定京东PID。

无论是否绑定京东PID，创作者都可以在今日头条中销售商品并结算佣金，但绑定了京东PID，就可以到京东联盟查看订单数据、进行佣金结算等；如果没有绑定京东PID，创作者也可以直接在今日头条App的电商工具箱中查看订单数据、进行佣金结算等。

创作者要想绑定京东PID，可以直接在微信公众号中获取京东PID，然后复制粘贴到今日头条App账号绑定页面的"京东PID"页面中，并对其进行保存。要获取京东PID，需要在微信中搜索"京粉儿"微信公众号，并填写相关信息，其具体操作步骤如下。

步骤1 打开微信App，点击页面上方的"搜索"按钮🔍，在打开的"搜索"页面中选择"公众号"选项，在"搜索公众号"文本框中输入"京粉儿"文本，点击"搜索"按钮🔍，打开"公众号"页面，如图2-19所示。

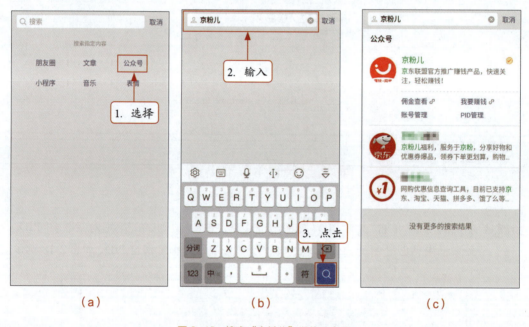

（a） （b） （c）

图2-19 搜索"京粉儿"微信公众号

步骤2 选择页面中的"京粉儿"选项，打开"京粉儿"公众号主页，点击"我的"按钮，在打开的页面中选择"PID管理"选项，如图2-20所示。

步骤3 打开"新建PID"页面，在"导购媒体名称"栏中选中"今日头条"单选项，在"推广位名称"文本框中输入今日头条账号名称，此处输入"手账资讯博主"文本，点击"提交"按钮，如图2-21所示，在弹出的"微信登录"对话框中点击"允许"按钮，如图2-22所示。

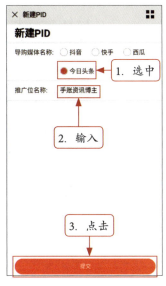
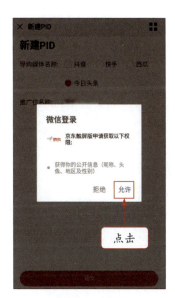

图 2-20　选择"PID 管理"选项	图 2-21　输入相关信息	图 2-22　允许微信登录

③ 绑定洋码头 PID。

创作者要想绑定洋码头 PID，需要将包含手机号码、抖音昵称、抖音号、银行账号和账户名的邮件，发送到洋码头指定的电子邮箱中，经洋码头审核通过后才可获得洋码头 PID，复制粘贴到今日头条 App 账号绑定页面即可。

绑定洋码头 PID 后，今日头条官方会以邮件的形式，将截至前一日的收入发送到创作者的注册邮箱中。

注意： 淘宝 PID、京东 PID 和洋码头 PID 在 24 小时内都只能修改一次，并且修改后推广所得佣金统计的结算账户将会受到影响，在修改 PID 后新添加的商品推广所产生的佣金将计算到新的 PID 下。

（4）个人主页展示内容。

创作者可以选择在个人账号首页展示"店铺"，或者展示"橱窗"，以供消费者查看。个人账号首页仅支持展示"店铺"或"橱窗"中的一个，一般默认展示"店铺"。创作者如果想要展示"橱窗"，则可以点击"个人主页展示内容"选项右侧的 › 按钮，在打开的对话框中选择"橱窗"选项即可进行修改，如图 2-23 所示。

3. 授权精选联盟账户

精选联盟用于展示来源于头条小店、京东、考拉海购等电商平台的商品，创作者可通过商品平台、商品分类、排序、24 小时爆款等维度筛选需要的商品。创作者在添加"精选联盟"选项卡中的商品时，需要开通精选联盟收款账户，才能够结算佣金。创作者首次插入精选联盟中的商品时，不论是 PC 端还是移动端，系统都会提醒创作者进行授权。

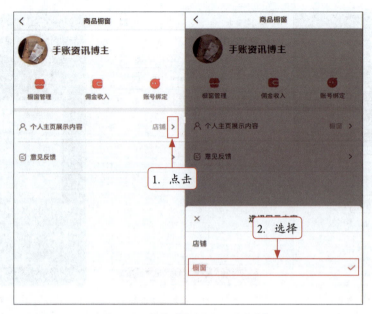

图 2-23 修改"个人主页展示内容"

● PC 端授权。在 PC 端系统会弹出"授权开通收款账户"对话框，此时创作者需输入相关信息，选中"我已阅读并同意"单选项，单击"同意授权"选项，即可开通精选联盟账户，如图 2-24 所示。

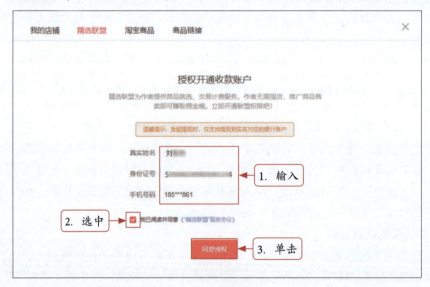

图 2-24 PC 端授权

● 移动端授权。在移动端系统会弹出"未开通联盟收款账户"对话框，此时创作者需点击"前往授权"按钮，打开"开通账户"页面，输入相关信息，选中"我已阅读并同意"单选项，点击"开通提现账户"按钮，即可开通精选联盟账户，如图 2-25 所示。

图 2-25　移动端授权

2.1.2　图文内容的创作规范

创作者在创作图文电商内容时，应该遵循一定的创作规范，以提升账号权重，扩大账号影响力。这就要求创作者了解并熟悉不符合规范的内容类型、关于内容发布方式的建议和图文电商内容创作的注意事项，以生产更多优质、原创、有价值的内容，更好地实现内容变现，构建健康、良好的内容电商生态。本节主要介绍今日头条平台的图文内容的创作规范。

1. 不符合规范的内容类型

根据今日头条内容电商创作管理规范，不符合规范的内容类型如下。

- 违反法律法规和相关政策的内容。
- 作弊行为的内容。
- 违反公序良俗的内容。
- 违规推广的内容。
- 侵权抄袭的内容。
- 无资质的情况下发布的专业领域内容。
- 引人不适或低质、易使人反感的内容。
- 攻击谩骂的内容。
- 标题夸张的内容。
- 题文不符的内容。
- 标题不规范的内容。
- 图片低质的内容。
- 低质量的内容。

- 已过时效的内容。
- 虚构故事。
- 夸大宣传。
- 前后关联性低的内容。

> **行家点拨：** 创作者可在今日头条官方网站或今日头条 App 上查看相关内容的具体规范。创作者可点击今日头条 App 中的"系统设置"按钮，选择"关于头条"选项，在"关于头条"页面中选择"社区规范"选项即可查看。

2. 关于内容发布方式的建议

在创作和发布内容时，创作者可参考以下 6 点建议。

- 单日发布各体裁带货型内容总数应不超过 10 篇，各体裁包括图文、微头条、问答、视频和音频。
- 除带货型内容外，应多发布优质的非带货型内容，并且每天发布的非带货型内容应多于带货型内容。
- 不应批量发布相似的内容，不应搬运、抄袭、模仿、洗稿（洗稿是指对别人的原创内容进行篡改、删减，使其看起来与原内容并不相同，但核心内容保持不变的行为）。
- 单篇图文插入的商品卡数量不应超过 3 个，不应连续插入商品卡，不应插入相同的商品卡。
- 内容的营销属性不宜过强，商品相关描述篇幅占比不宜过高。
- 应选择合适的商品，规避平台禁止分享的商品。

3. 图文电商内容创作的注意事项

创作者在创作图文电商内容时，应从商品本身的特征出发，创作与商品有关的内容，不能只关注内容的阅读量，而不关注消费者的看法。一篇优质的图文电商内容，应该避免欺骗消费者，并注意商品与内容的相关性。

（1）避免欺骗消费者。

在创作图文电商内容时，夸张、题不对文、恶意博取消费者的同情等方式都具有欺骗消费者的嫌疑，因此，创作者应该避开以下写作方式。

- 夸张。根据内容组成部分的不同，夸张可以分为标题夸张和内文夸张两种。标题夸张是指在标题中夸大商品功效、地位等以吸引消费者注意，例如《3 天瘦身 10 千克，我究竟是怎么做到的》。内文夸张是指在内文中夸大商品功效，暗示某商品可以在短时间内达到显著的效果等，以吸引消费者进行购买。
- 题不对文。题不对文是指图文电商内容的标题和内文无关，以引人注目的标题吸引消费者注意，内文描述的却是另一种商品。例如，标题为《这套衣服搭配法，包你一学就会》，内文却向消费者描述换装游戏。
- 恶意博取消费者的同情。恶意博取消费者的同情是指创作者利用消费者的同情心，通过编造故事、夸大生活中遭遇的挫折等，获取消费者关注并促使消费者购买商品。

（2）注意商品与内容的相关性。

在创作图文电商内容时，应该注意商品与内容之间的相关性，从商品的角度出发创作内容，或者从内容的角度出发营销商品，添加相应的商品卡。例如，服装类创作者想要推广卫衣，那么就可以从卫衣的搭配入手，挑选合适的卫衣商品，围绕其搭配方法创作内容；而一篇推荐钢笔的图文电商内容，则可以从钢笔的书写流畅度、价位、收藏价值等不同方面，向消费者推荐钢笔，并有选择性地添加钢笔的商品卡。

2.1.3 带货型图文内容的选品、创作原则与要点

内容是图文电商的核心，一篇优质的带货型图文内容，必须注重消费者的真实需求，从消费者的角度出发，选择符合消费者需求的商品。同时，创作者还要结合带货型图文内容的创作原则与要点，创作出符合消费者利益，能够获得高转化率的内容。下面将从带货型图文内容的选品、创作原则和创作要点 3 个方面进行介绍。

1. 带货型图文内容的选品

在选择带货型图文内容的商品时，创作者可以根据目标消费群体的定位选品，也可以根据消费者需求选品，当然还有其他选品方向，下面分别进行介绍。

（1）根据目标消费群体的定位选品。

创作者在创作带货型图文内容前，就必须进行目标消费群体定位，从目标消费群体的角度出发，考虑哪些商品更容易触动消费者的痛点，更容易吸引消费者注意，从而选出合适的商品。一般而言，创作者可通过以下 3 个步骤选择合适的商品。

① 根据创作者兴趣、经营范围等，选择合适的垂直领域，明确头条号的定位，如宠物用品创作者，就可以将图文内容定位为不同品牌宠物用品测评。

② 定位对该领域感兴趣的目标消费群体，推测该群体可能感兴趣的商品。例如，对宠物用品测评感兴趣的消费群体，一般为养宠物的消费者，其根据所养宠物的不同，可能会对猫抓板、遛狗绳、仓鼠笼等不同商品感兴趣。

③ 根据账号的目标消费群体分析细化商品属性、特点、价格等。即使是定位为同一个垂直领域的创作者，因为其风格的不同，目标消费群体也会有所不同。例如，创作者 A 账号的目标消费群体以大学生群体为主，那么建议创作者 A 选择高性价比、易收纳的宠物用品进行营销；创作者 B 账号的目标消费群体以职场人士为主，那么建议创作者 B 选择质量更高、省时省力的宠物用品进行营销。

例如，一个定位于健身领域的创作者，其消费群体就有可能是想要身材更健美或希望通过健身塑形的女性消费者。根据账号的目标消费群体分析，可以看出，该商品账号的消费者年龄集中在 20~30 岁、居住在一线城市、比较在意自己的体形、多为都市职场人士；其次，该商品账号消费者可能比较在意品牌的影响力，关注商品外形。对于这类消费者来说，包装精美、设计感强的商品更容易被他们接受。此外，商品的口碑也是影响消费者购物行为的重要因素之一。图 2-26 所示为定位于健身领域的创作者确定目标消费群体特征的流程。

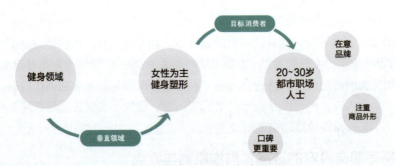

图 2-26 确定目标消费群体特征的流程

　　了解了目标消费群体特征后，创作者就需要根据场景（指目标消费者经常处于的某个具体情景）确定消费者的真实需求，即确定消费者在某种情况下，可能产生的需求类型。最后要抓住消费者的痛点、爽点，其中，痛点是指目前市面上的商品还不能满足目标消费者的地方；爽点是指商品的某个特性能够极大地满足目标消费者需求的特点。

　　一个定位于健身领域的创作者，如果将目标消费群体锁定为年轻都市职场人士，那么就需要确定消费群体的具体需求。假设，25 岁的互联网运营 A 小姐正是该创作者的目标消费者，她正在减肥中，但三餐需要在公司解决，那么 A 小姐的痛点可能有以下 3 个。

- 公司食堂饭菜偏油腻。
- 自制减脂沙拉费时费力。
- 点外卖开销太大。

　　那么，便宜、美味且能充饥，同时又能够减肥的食物就能很好地触达 A 小姐的爽点。

　　（2）根据消费者需求选品。

　　创作者在进行选品时，还可以根据消费者需求，从消费者角度出发，选择合适的商品，使内容更符合消费者的真实需求，更容易促进消费者的购物行为，从而提高图文内容的转化率。一般来说，消费者需求包括实用性需求、美观性需求、名利性需求和性价比需求 4 种。

- 实用性需求。实用性需求是指消费者追求商品的实际使用价值的需求，根据这种需求选择商品时，创作者应注意商品的使用价值，最好选择能够用于消费者日常生活的商品，从使用场景等切入。例如，家居用品创作者在选择商品时，就可以聚焦于消费者日常生活也能使用的置物架、床头灯、杯刷、鞋刷等。
- 美观性需求。美观性需求是指消费者追求商品能够带来视觉上美感的需求，根据这种需求选择商品时，创作者应该考虑商品本身的美观度，商品在使用过程中的美观度，商品与环境之间的协调性，甚至会考虑商品能否给消费者带来容貌与气质的变化等。例如，台灯创作者在选择商品时，可以先设定一个风格明显的使用环境，然后根据商品与环境的协调性，选择合适的商品，例如黑白色系、简约的卧室环境，就应该选择设计简约的黑白色系台灯。
- 名利性需求。名利性需求是指消费者追求商品能够带来身份、地位、价值观体现的需求，根据这种需求选择商品时，创作者应考虑商品的历史、内涵、代表的价值，以及能够体现的身份地位等。例如，服装创作者在选择商品时，就可以从服装的用料考究程度、版式的复古程度等方面进行考虑，例如在选择旗袍商品时，就可以选择以香云纱、留香缎作为面料织造的旗袍，并向用户介绍这些面料的珍贵之处，强调其蕴含的文化内涵以及代表的品位。

- 性价比需求。性价比需求是指消费者在取得相同收获时，追求付出更少代价的需求，根据这种需求选择商品时，创作者应考虑商品的性价比，选择质量不错但价格优惠的商品。例如，饰品创作者可以选择 925 银材质，价格在百元左右的高性价比饰品。

仍以 A 小姐为例，其对食物商品可能具有以下 3 点实用性需求。

- 食物要低脂低糖，吃了不会变胖。
- 互联网行业脑力消耗比较大，食物饱腹感要强。
- 食物口感、味道要好。

假设健身领域的创作者现在想选择一款鸡肉肠进行营销，那么根据 A 小姐的实用性需求，选择的鸡肉肠商品应该具有以下特点。

- 高蛋白无淀粉，满足低脂低糖、吃了不会变胖的需求。
- 口感比较好，吃起来很有嚼劲，饱腹感很强。
- 知名健身 App 旗下商品，有品牌背书。

图 2-27 所示为根据 A 小姐的需求确定商品特点。

图 2-27　根据 A 小姐的需求确定商品特点

（3）其他选品方向。

创作者在进行选品时，除了考虑目标消费群体定位和消费者需求两个方面外，还可以考虑图 2-28 所示的因素。

图 2-28　选品时的其他考虑因素

- 竞争度。竞争度是指创作者在选品时，可以先在热门内容电商平台中浏览同领域其他创作者发布的营销内容，综合选择近段时间的爆款商品、热门商品，降低选错商品的概率和风险。
- 性价比。性价比是指创作者在选品时，除了考虑商品的价格外，还应结合目标消费群体的消费能力进行选择。如果目标消费群体的消费能力较高，就可以适当选择高端商品进行营销；如果目标消费群体的消费能力较低，就应该以商品的性价比为主要考虑因素。
- 独特性。独特性是指创作者在选品时，应该选择富有自身特色的商品，与平台上其他创作者营销的商品相区别，形成自己的卖点与亮点，例如商品包装与众不同、商品由供货地直发等。

2. 带货型图文内容的创作原则

要想创作出优秀的带货型图文内容，创作者就应该了解、熟悉图文内容的创作原则，并将其始终贯彻到创作过程中，保证带货型图文内容的竞争力，提高商品的竞争力。带货型图文内容的创作原则包括定位原则、消费者原则和通俗原则。

- 定位原则。在选择好垂直领域、明确定位后，创作者在创作内容时，就应该以定位为中心，吸引目标消费群体，促使其转化为账号粉丝，使内容面向的消费群体的精准度更高，达到的营销效果更好。
- 消费者原则。在创作带货型图文内容时，创作者应从消费者角度出发，结合消费者的消费需求，选择合适的商品、合适的角度，创作图文内容，吸引消费者购买商品，提高商品销售量、图文内容的转化率。
- 通俗原则。带货型图文内容的目标是向消费者介绍商品的优点，使消费者对商品产生兴趣，进而产生消费行为。因此，其用语就不能太过专业化，如果文字内容晦涩难懂，既增加了消费者的阅读难度，又使消费者失去了阅读兴趣。创作者应使用通俗易懂的语言，向消费者展示商品，将专业化的概念、描述等，以口语化的形式或借助比喻等修辞手法，帮助消费者理解，给消费者留下良好印象，提高图文内容的转化率。

3. 带货型图文内容的创作要点

带货型图文内容一般由标题、文字部分和配图3个部分组成。在创作时，创作者需要掌握这3个部分的创作要点，进一步提高带货型图文内容的吸引力和可读性。

- 标题。标题是图文内容的高度概括，也是消费者对一篇完整图文内容的第一印象，决定了消费者是否查看正文，影响着消费者对完整图文内容、头条号的印象。创作者在创作带货型图文标题时，可以根据正文主题，拟定一个初步标题，然后根据目标消费群体需求，对标题进行优化，提高标题的吸引力，使图文内容能够快速吸引目标消费群体的注意力，提高图文内容阅读量。但切忌标题夸张、题不对文。
- 文字部分。文字部分是一篇带货型图文内容的主体，能够向消费者阐述商品的优缺点、卖点，是促使消费者产生消费行为的主要影响因素之一。因此，在创作文字部分时，创作者应注意激发消费者的购买欲望，利用文字内容，提高消费者的信任度，降低消费者对商品的顾虑，提高图文内容的转化率。

- 配图。配图能够展现商品的外观、细节等，是对文字内容的补充，能够增强图文内容的可读性、说服力，进一步提高消费者的信任度，使其产生消费行为。创作者在选择商品图片时，可以选择商品展示图、商品使用效果对比图、商品评价图等，从不同方面向消费者展示商品的实用性或美观度，提高带货型图文内容的说服力。

图 2-29 所示的带货型图文内容的标题就紧扣正文的主题"国货品牌的洗发水"，以"国货之光""无人问津"等关键词吸引消费者注意，引导其查看正文；文字部分先从消费者对洗发水的需求说起，包括"去屑""控油""留香"等，引起消费者的共鸣，进而向消费者介绍洗发水商品，再从洗发水的气味、价格、使用感受等不同方面谈起，将洗发水的特点展现出来，让消费者可以根据自己的实际需求进行选择；配图则直接选择了商品展示图，对文字内容进行补充，加深了消费者对所推荐商品的印象。

图 2-29　带货型图文内容

2.1.4　带货型图文内容的写作技巧

一般来说，创作者在写作带货型图文内容时，需要采取一定技巧，使消费者对商品产生兴趣，如图 2-30 所示。

图 2-30　带货型图文的写作步骤

以上带货型图文的 3 个写作步骤，实质上就是引导消费者购买的主要流程。为了吸引消费者阅读图文内容并促使其购买商品，创作者在写作时可采用不同的写作技巧。例如在激发购买欲望阶段，可以使用设定情景、认知对比等技巧；在赢得消费者信任阶段，可以采用借助权威、数据佐证、他人评价等技巧；在引导消费者下单阶段，可以采用价格锚点、限时限量等技巧。

1. 设定情景

在写作带货型图文内容时，创作者可以根据商品特点，设置一个特定情景，将商品置于该情景中，调动视觉、听觉、触觉等不同感官，描述商品的特点，然后将消费者带入该特定情景中，调动消费者的感官，使其对商品产生兴趣，促使其产生消费行为。

案例分析——《常年海上作业的疍家人才能吃到的海鲜酱，满勺都是北海干货》

这是一篇分享海鲜酱的带货型图文内容，文章一开头就指出了海鲜酱的使用情景——佐以三餐，介绍了海鲜酱的特点"地道的北海风味""鲜"，然后从"我"对酱的热爱讲起，引出海鲜酱的品牌，讲述海鲜酱的熬制方法、味觉感受、视觉感受，最后调动消费者的感官，引起其对商品的兴趣，如图 2-31 所示。

图 2-31 设定情景的带货型图文内容

分析： 该篇文章在介绍海鲜酱时，将其放置在"吃饭"这个特定的情景中，调动消费者的视觉、味觉，对海鲜酱进行描述，使消费者仿佛身临其境，更容易产生消费欲望。

2. 认知对比

对比能够加强消费者对信息的感官体验，对比强烈的事物甚至还能快速吸引消费者的注意力。因此，创作者在写作带货型图文内容时，可以利用对比的写作方式，使消费者更确切、直观地感受到商品的特点。常见的对比有使用前后对比和与同行业其他品牌对比两种。

（1）使用前后对比。

使用前后对比，能够突出显示商品或服务的卖点，增强带货型图文内容的说服力、可信度，提高商品的转化率。这种对比方式十分适合需要长期使用才能看到效果的商品或服务，如护肤品、线上课程、健身课程等。图 2-32 所示为某粉底液使用前后的效果对比。

图 2-32　某粉底液使用前后的效果对比

（2）与同行业其他品牌对比。

与同行业其他品牌对比，一般可以从商品材质、使用效果、性价比等不同方面进行，可以帮助目标消费群体了解当前推荐的商品或服务的优势，使消费者选择更适合自己的商品或服务，提高消费者的好感度。图 2-33 所示的带货型图文内容，就是通过从辣度、脂肪含量及钠含量 3 个方面对比不同品牌的辣椒酱，帮助消费者选择更适合自己的辣椒酱。

12款辣椒酱辣度测试结果

品牌	辣度	辣度
英潮虎帮 魔鬼特辣辣椒酱	143	特辣（>50度）
茂德公 南派香辣酱王	43	重辣（30~50度）
欣和 鲜椒酱（冒烟级）	22	中辣（17~30度）
吉香居 香辣酱	20	
坛坛香 精制剁辣椒	16	
笑厨 油泼辣子	15	
厨邦 蒜蓉辣椒酱	12	微辣（8~17度）
老干妈 香辣脆油辣椒	10	
李锦记 蒜蓉辣椒酱	10	
饭爷 鲜椒香辣酱	7	
海天 锦上鲜蒜蓉辣椒酱	7	轻辣（3~8度）
风球唛 蒜蓉辣椒酱	6	

注：1. 辣度级别参考《辣椒酱》新国标（把次测试样品含量）。
2.【特别声明】本报道中试验结果、结果及品牌仅对测试样品负责，不代表同一批次或其他型号产品的质量状况。

12款辣椒酱脂肪含量测试结果

	品牌	脂肪含量（g/100g）	每勺摄入的脂肪（g）
1	坛坛香 精制剁辣椒	0	0.0
2	李锦记 蒜蓉辣椒酱	0	0.0
3	厨邦 蒜蓉辣椒酱	0	0.0
4	海天 锦上鲜蒜蓉辣椒酱	0	0.0
5	风球唛 蒜蓉辣椒酱	0.8	0.2
6	吉香居 香辣酱	20.0	4.0
7	欣和 鲜椒酱（冒烟级）	27.3	5.5
8	英潮虎帮 魔鬼特辣辣椒酱	29.3	5.9
9	饭爷 鲜椒香辣酱	32.5	6.5
10	茂德公 南派香辣酱王	47.2	9.4
11	笑厨 油泼辣子	58.5	11.7
12	老干妈 香辣脆油辣椒	72.6	14.5
	成人每日脂肪建议限制量	≤60g	

注：1. 成人每日脂肪建议限制量参考GB28050-2011预包装食品营养标签通则。
2. 每勺辣椒酱按20g计算。
【特别声明】本报道中试验结果、结果及品牌仅对测试样品负责，不代表同一批次或其他型号产品的质量状况。

12款辣椒酱钠含量测试结果

	品牌	钠含量（g/100g）	食盐含量（g/100g）	每勺摄入的盐（g）
1	笑厨 油泼辣子	780	2.0	0.4
2	老干妈 香辣脆油辣椒	1552	3.9	0.8
3	英潮虎帮 魔鬼特辣辣椒酱	2607	6.6	1.3
4	茂德公 南派香辣酱王	2801	7.1	1.4
5	饭爷 鲜椒香辣酱	3254	8.3	1.7
6	坛坛香 精制剁辣椒	3500	8.9	1.8
7	李锦记 蒜蓉辣椒酱	3922	10.0	2.0
8	欣和 鲜椒酱（冒烟级）	3933	10.0	2.0
9	风球唛 蒜蓉辣椒酱	4086	10.4	2.1
10	厨邦 蒜蓉辣椒酱	4420	11.2	2.2
11	吉香居 香辣酱	5000	12.7	2.5
12	海天 锦上鲜蒜蓉辣椒酱	5233	13.3	2.7
	成人每日食盐建议限制量	≤6g		

注：1. 成人每日食盐建议限制量参考《中国居民膳食指南（2016版）》。
2. 每勺辣椒酱按20g计算。
【特别声明】本报道中试验结果、结果及品牌仅对测试样品负责，不代表同一批次或其他型号产品的质量状况。

图 2-33　从不同方面对比不同品牌的辣椒酱

3. 借助权威

权威指有威望、有支配作用的力量，人们对于权威往往采取服从、信任的态度。创作者在写作带货型图文内容时，利用权威的影响力，可以消除消费者对商品的疑惑，加强消费者对内容的信任感。下面将分别从权威个体及组织、权威标志、权威认证、权威附着和权威实际运用5个方面进行介绍。

（1）权威个体及组织。

权威个体及组织是指行业内具有发言权的个体或组织单位。例如，口腔科的权威个体可以是某位知名口腔科医生，而权威组织则可以是知名口腔医院。这类权威往往只专注于某一特定领域，并非所有消费者都了解这类权威在相应领域的贡献。

（2）权威标志。

权威标志是指达到了国家相关部门推出的行业标准，才能使用的对应标志。例如，食品行业的绿色食品认证标志、有机食品认证标志、无公害农产品认证标志等。

（3）权威认证。

权威认证是指由权威机构认证并颁发的相关证书、报告。权威机构是经过国家认可机构认可的，具有鉴定、颁发证书的能力，其颁发的相关证书具有权威效用。例如，中国地质大学颁发的珠宝鉴定证书、中国质量认证中心颁发的质量检测报告等就属于权威认证。

（4）权威附着。

权威附着是指商品或服务在刚推出时可能没有任何强有力的说服证据，但却能够得到某一行业权威企业的认可，那么其就可以拥有与权威相同的说服力。例如，某初创服装品牌，如果其能够与知名品牌合作，那么消费者也会认同该品牌，从而接受该品牌。

注意： 借助权威时，必须确认权威的真实性，不能借助或杜撰虚假权威。

（5）权威实际运用。

在利用权威时，创作者可以利用权威个体及组织、权威标志以及权威认证和权威附着来证实商品的权威性，也可以将自己的账号培养成相关领域的权威，增强账号的影响力，使消费者在特定方面依赖于专业权威的知识。

案例分析——《万物》杂志的"权威"推广

创作者在对《万物》杂志进行推广时，先是从"《万物》杂志是《环球科学》的少儿科普版杂志"讲起，以权威期刊《环球科学》证明《万物》杂志的权威，然后以我国知名物理学家杨振宁推荐《科学美国人》（即《环球科学》）的事例增强内容说服力，再列举了几位《环球科学》的撰稿人，以撰稿人知名科学家的身份说明《环球科学》的权威性，一步步向消费者证明《万物》杂志的专业性，如图2-34所示。

图 2-34　运用权威证明《万物》杂志的专业性

分析： 该篇文章借助《环球杂志》的权威性，证明其推荐的《万物》杂志的专业性，并利用了不同的权威人物，加强消费者对《环球杂志》的权威性的认可，进一步加强了内容的可信度。

4. 数据佐证

数据可以增强带货型图文内容的说服力，增强内容对消费者的说服力，加深消费者对商品的理解，还能更为理性地证明内容的真实性和可靠性。

创作者在利用数据佐证时，可以使用商品的销售量数据，向消费者展示商品的受欢迎程度，如图 2-35 所示。此外，创作者可以利用商品的好评率数据，向消费者展示商品的使用效果；利用商品的成分数据，向消费者展示商品的质量水平。创作者提供的数据越精准、越权威，就越容易获得消费者的信任，增加商品的销量。

> 对于 ▇▇▇ 的女孩子来说，能把一整罐护肤品用完，可以说是真爱，要是能回购十瓶以上，应该算是"死忠"粉了吧。
>
> 在护肤方面，我也是"神农尝百草"类型的，但是有些产品真是好用到忍不住回购。
> 关注我的"老粉"都知道，我一直都和国内的一个实验室药妆品牌合作，叫 HomeFacial Pro "简称 HFP"。
>
> 不用我说大家也知道它有多火，全网经常 ▇ 能看到它的身影，而且去年"双十一"，预售开局 72 小时，HFP 就拿下了全网国货护肤品的前 4 名，到了今天天猫"6·18"，HFP 更是成为国货销量排行榜 No.1，可见它的实力。

图 2-35　借数据证明内容的真实性

5. 他人评价

他人评价可以从较为中立的角度证实商品的特点，提高消费者对商品的信任度，增强商品竞争力。这种方法能够利用人们的从众心理，激发消费者的购买欲，获取消费者的信任。

创作者可以在带货型图文内容中，从众多消费者对商品的评价中，选择出合适的、与商品核心卖点契合的评价融入内容中，如图 2-36 所示，创作者借助他人评价打消消费者对商品使用效果的疑虑，促使消费者产生购买行为。

（a）   （b）

图 2-36   借助他人评价获取消费者信任

6. 价格锚点

价格锚点是指商品价格的对比标杆。创作者可以通过将商品原价与优惠价进行对比的方式，引起消费者的兴趣，促使消费者产生购买行为；还可以提供价格不菲的赠品，并将赠品的价值以"原价 ×× 元，现在买 ×× 商品就送"等形式展示出来，引导消费者下单。图 2-37 所示即将商品原价与优惠价进行对比的内容。

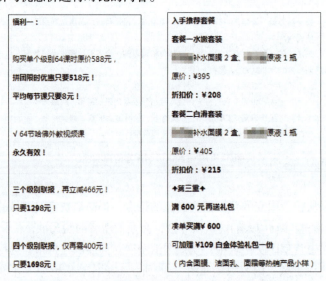

图 2-37   将商品原价与优惠价进行对比的内容

7. 限时限量

限时限量往往与价格锚点结合使用，即以优惠的价格引起消费者的兴趣，然后再告诉消费者，该价格只能在某一时间段供给某一部分人，使消费者产生紧迫感，促使消费者快速下单，提高商品的销量。图 2-38 所示的内容就采用了限时限量的技巧。

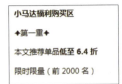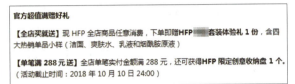

图 2-38　采用限时限量技巧

8. 其他技巧

创作者在写作带货型图文内容时还可以借助以下技巧丰富内容，增强内容对消费者的吸引力，提高内容的转化率。

（1）人设真实生动。

人设是指人物形象设定，一般指内在的、较为正面的、积极向上的形象。创作者在运营账号时，可以树立一个真实生动的人设，便于消费者记忆。在写作带货型图文内容时，创作者也可以从人设的角度出发，选择与人设相符的表达方式，向消费者营销相关商品。例如头条号 @ 科学钓鱼的人设为渔具测评达人，常借助数据测评不同品牌的渔具，向消费者分享、推荐钓鱼装备。图 2-39 所示为该账号的个人主页，图 2-40 所示为该账号发布的带货型图文内容。

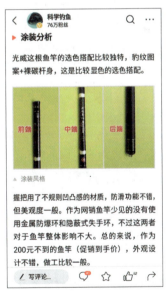

图 2-39　头条号 @ 科钓鱼的个人主页　　　图 2-40　带货型图文内容

注意： 在树立人设时，应树立正面的、符合主流价值观的人设。

（2）创造信息增量。

创造信息增量是指在写作带货型图文内容时，创作者可以向消费者介绍一些冷门知识、专业知识，让消费者在阅读后能够获取更多信息、知识。创作者通过介绍这些知识，引起消费者的注意，激发消费者的兴趣，以提高内容的转化率。在介绍知识时，创作者应注意保证知识的真实性、准确性、科学性和可信度，以降低差错率，避免带来负面效果。如果有不确定的知识，可以选择更改、删除该知识，或注明该知识点存在争议。

图2-41所示内容通过分享北京大学教育学院副教授关于北大新生家庭情况的统计结果，引出育儿方面的知识，告知消费者培养孩子自制力的重要性，向消费者营销育儿磁力贴；图2-42所示内容通过讲述一个与唐太宗有关的历史故事，建议消费者多读史书，从中获取知识，并向消费者营销《白话资治通鉴》套书商品。

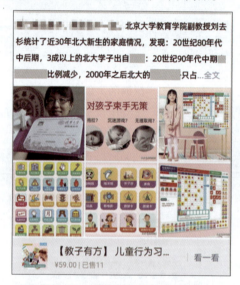

图2-41 营销育磁力贴的图文内容

图2-42 营销套书的图文内容

（3）配图精美。

图片可以对文字内容进行补充，增强内容的可读性，优化视觉效果，还能够起到快速吸引消费者目光，突出内容主题的作用。在写作带货型图文内容时，创作者应注意美化内容的配图。一般来说，美化配图可从统一和搭配两个方面进行考虑。

- **统一**。统一是指将配图的颜色、版式等进行统一，优化视觉效果，使消费者能够在第一时间获知内容的主题，图2-43所示为颜色统一的内容，图2-44所示为版式统一的内容。

- **搭配**。搭配是指将内容中不同图片的背景、颜色等进行调整，使其搭配起来更为和谐，甚至可以将一张完整的图片分为不同部分，按顺序将其设置为图文内容配图的背景，使配图背景成为一个整体，如图2-45所示。

图 2-43　颜色统一的内容　　　　图 2-44　版式统一的内容　　　　图 2-45　配图背景成为一个整体

行家点拨： 配图时不要选择重复的图片，一篇带货型图文内容的配图数量应以 3、6、9 张为宜。

2.2　新流量模式——视频电商

随着抖音等短视频平台的崛起，利用视频开展内容电商成为一种热门选择，同时抖音展现的带货能力已经越来越显著，抖音的商品分享功能和机制也越来越完善，抖音已成为视频电商的重要阵地。本节将基于抖音，从视频电商的变现途径、内容规范与创作指南 3 个方面介绍视频电商。

2.2.1　视频电商的变现途径

基于抖音的强带货能力，在抖音上流行起来的商品，通常能获得十分不错的销售成绩，如线下的答案奶茶、妖娆花等。创作者要想利用视频电商营销商品，就必须先了解视频电商的变现途径，通过将商品链接添加到抖音中，用具有吸引力的短视频吸引消费者点击查看商品信息，提高商品销售量。当然，这需要创作者先开通商品分享功能，才能通过该功能将商品链接分享到抖音中，实现流量变现。

1. 开通商品分享功能

商品分享功能是指创作者可以在自己发布的视频和主页中分享商品的功能。开通了商品分享功能的创作者可以在橱窗中添加想分享、销售的商品，消费者也可以通过查看创作者的抖音账号的"商品橱窗"，了解感兴趣的商品详情并进行购买。

（1）商品分享功能的申请要求。

创作者需要满足以下 3 个条件，才可以开通抖音的商品分享功能。

- 实名认证。
- 个人主页视频数（公开且审核通过）≥ 10 条。
- 账号粉丝量（绑定第三方粉丝量不计数）≥ 1000 人。

（2）商品分享功能的申请步骤。

创作者可以通过抖音 App 申请并开通抖音的商品分享功能，其具体操作步骤如下。

步骤 1 打开抖音 App，登录后点击右下角的"我"选项卡，打开"我"页面，点击右上角的 ▤ 按钮，在打开的页面中选择"创作者服务中心"选项，如图 2-46 所示。

步骤 2 在打开的页面中点击"商品分享"按钮 📇，打开"商品橱窗"页面，选择"商品分享权限"选项，如图 2-47 所示。

（a）　　　　　　　（b）

图 2-46　选择"创作者服务中心"选项　　　　图 2-47　选择"商品分享权限"选项

步骤 3 打开"商品分享功能申请"页面，点击"认证"按钮，打开"实名认证"页面，按照要求输入真实姓名和身份证号，点击"同意协议并认证"按钮，打开支付宝的"身份验证"页面，点击"同意并认证"按钮，完成实名认证，如图 2-48 所示。

步骤 4 返回"商品分享功能申请"页面，点击"立即申请"按钮，即可开通抖音的商品分享功能。

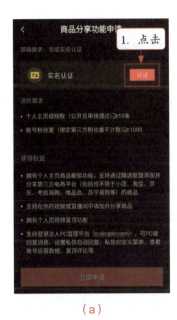
（a）

（b）

（c）

图 2-48　进行实名认证

（3）商品分享功能的功能权益。

商品分享功能的功能权益包括以下 4 点。

- 拥有个人主页商品橱窗功能，支持通过精选联盟添加并分享第三方电商平台（包括但不限于小店、淘宝、京东、考拉海购、唯品会、苏宁易购等）的商品。
- 支持在视频或直播间中添加并分享商品。
- 拥有个人视频置顶功能。
- 支持登录达人 PC 管理平台，可在 PC 端回复消息，设置私信自动回复、私信自定义菜单，查看账号运营数据、置顶评论等。

2. 将商品添加至抖音的商品橱窗

抖音支持添加淘宝、京东、考拉海购、唯品会、苏宁易购的商品，创作者可以通过绑定相关 PID 或复制粘贴商品链接，将商品添加到抖音的商品橱窗中；也可以开通小店店铺，将小店店铺与抖音账号绑定，直接将商品添加到抖音的商品橱窗中，供消费者浏览、查看、购买。

（1）将淘宝 PID 与抖音账号绑定。

在添加淘宝商品前，创作者需要将抖音账号与淘宝 PID 绑定，并确认淘宝店铺等级在一钻及以上，店铺评分不低于 2.7 分或行业平均且商品已成功加入淘宝联盟"内容商品库"，然后再将其添加到抖音的商品橱窗中。

一般来说，抖音账号绑定淘宝 PID 的方法有以下两种。

- 首次添加淘宝商品时，按照页面提示跳转手机淘宝 App 进行绑定。
- 点击商品橱窗页面个人头像，前往个人资料页面，自行绑定。

如果商品并未加入淘宝联盟"内容商品库"，创作者还可以自行将想要推广的商品添加到"内容商品库"中，下面介绍将商品添加到"内容商品库"的两种方式。

- 登录淘宝联盟创作者后台，将需要推广的商品在营销计划中设置为主推单品，佣金率根据不同类目而定。具体可前往淘宝联盟论坛查看内容商品库公告。
- 开通淘宝客推广且商品报名"内容招商"团长活动，佣金率满足内容选品库要求，商品审核通过即可。

（2）将小店店铺与抖音账号绑定。

小店是今日头条、西瓜视频、抖音等不同平台创作者提供的电商变现工具，能够帮助创作者拓宽内容变现渠道，提升流量价值。创作者可以在不同平台，直接将小店中的商品链接添加到内容电商中。创作者要绑定小店店铺，需要登录创作者后台，在"创作者后台"选项卡中的"店铺"选项卡中，选择"渠道管理"选项，打开"渠道管理"页面，为小店店铺申请抖音渠道权限，再将小店店铺与抖音账号绑定。

（3）添加商品。

创作者在添加商品时，可以通过商品橱窗进行操作，其具体操作步骤下。

步骤1 打开抖音 App，登录后点击右下角的"我"选项卡，打开"我"页面，点击页面中"商品橱窗"选项右侧的■按钮，打开"商品橱窗"页面，点击"橱窗管理"按钮 🛒，打开"商品橱窗管理"页面，点击页面左下角的"添加商品"按钮，如图 2-49 所示。

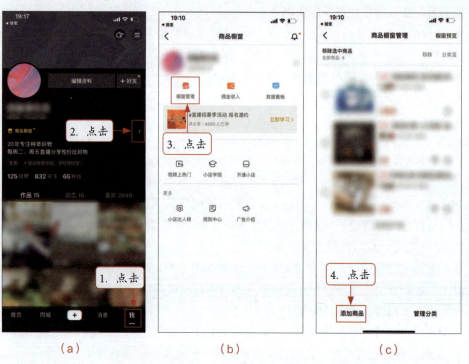

（a）　　　　　　　　　　（b）　　　　　　　　　　（c）

图 2-49　打开"商品橱窗管理"页面

步骤 2 打开"添加商品"页面，页面显示"我的店铺""精选联盟""我的收藏"选
项卡，这里选择"精选联盟"选项卡，选择合适的商品，点击"加橱窗"按钮，
打开"编辑商品"页面，输入商品短标题，这里输入"情侣装卫衣大码"文本；
点击"商品分类"右侧的 > 按钮，选择相应的分类，这里选择"服装"选项，保
持商品类型为"默认"，点击"完成编辑"按钮，完成橱窗商品的添加，如图 2-50
所示。

行家点拨： 创作者还可以在"添加商品"页面中点击 🔗 商品链接添加 按钮，在打开的页面中将不同平台的
商品链接粘贴在文本框中，编辑商品相关信息，添加相应商品。

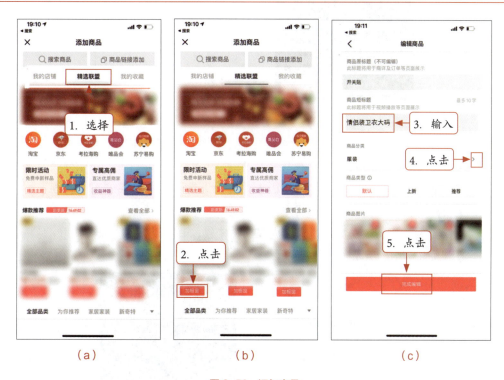

（a）　　　　　　　　　　（b）　　　　　　　　　　（c）

图 2-50　添加商品

3. 在短视频中添加商品

创作者将商品添加至短视频中后，消费者在观看短视频时就可以直接点击商品链接进行
购买，从而实现流量变现。在抖音短视频中添加商品的具体操作步骤如下。

步骤 1 打开抖音 App，点击页面底部的 ⊕ 钮，选择上传或拍摄选项，选择需要上传的
视频或拍摄视频，编辑完短视频效果、标题后，在"发布"页面中点击"添加标
签"右侧的 ▶ 钮，在打开的"添加标签"对话框中选择"商品"选项，如图 2-51
所示。

图 2-51　选择"商品"选项

步骤2 选择需要添加的商品，打开"编辑商品"页面，在"商品短标题"文本框中输入
商品标题，此处输入"舍利神枝制作首选工具"文本；点击"商品分类"右侧的
> 按钮，选择相应的分类，此处选择"盆景工具"选项；在"商品类型"栏中选
择相应的商品类型，此处选择"推荐"选项；点击"商品图片"栏中的 + 按钮，
上传商品图片，完成后点击"完成编辑"按钮；最后返回"发布"页面，点击"发
布"按钮即可，如图 2-52 所示。

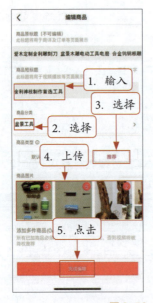

图 2-52　编辑商品资料

2.2.2　抖音短视频的内容规范

为了保障消费者权益，营造健康的商品分享环境，根据国家法律法规和平台的特征，抖音出台了《抖音购物车商品分享社区规范》，创作者可在抖音 App 的"商品橱窗"页面中"更多"栏中选择 "规则中心"选项，在打开的页面中查看具体内容。下面将从禁止分享的商品类目，标题、主图和商品信息发布规范，以及特殊类目的商品分享规范 3 个方面进行简单介绍。

1. 禁止分享的商品类目

根据《抖音平台禁止分享商品目录》相关规定，创作者不可分享的商品类目如下所示。

- 法律法规上进行限制的类目。
- 易燃易爆、有毒化学品等类目。
- 涉及人身安全、隐私类。
- 药品、医疗器械、保健品类。
- 非法服务、票证类。
- 动植物、动植物器官及动物捕杀工具类。
- 涉及盗取等非法所得及非法用途软件、工具或设备类。
- 未经允许、违反国家行政法规或不适合交易的商品。
- 虚拟类商品。
- 舆情重点监控类商品。
- 不符合平台风格的商品。

2. 标题、主图和商品信息的发布规范

创作者在分享商品时，除了要遵守《抖音平台禁止分享商品目录》的规定，还应该对标题、主图和商品信息的发布规范有所了解。

（1）标题的发布规范。

标题包括购物车标题、第三方平台商品标题和视频标题 3 种，其发布规范如下所示。

- 标题应以描述商品本身属性为目的，标题中各商品属性内容应客观真实且与实际商品和商品详情页相关联。
- 标题中禁止使用"国家级""最××""第一""绝无仅有""万能"等夸大或带有误导性的词汇。
- 标题不得重复关键词或出现与商品名称、品类无关的关键词。
- 禁止使用"点击领红包""点击参加抽奖""你的通讯录好友" "ta 正在关注你" "×× 万人看过"等引导点击的内容。
- 标题上不能出现售卖数量（如 20 片、5 包等），不能出现价格（如 20 元），以避免因促销活动致使售卖数量、价格发生变化，造成对消费者的误导。
- 不能出现活动、促销信息，如满减、特价、清仓、×× 元包邮、秒杀等，以避免促销信息发生变化，造成对消费者的误导。
- 分享的商品信息与视频内展示的商品必须一致，包括品牌、款式等。

图 2-53 所示为符合规范的标题,其使用简单的语句,将短视频中的商品名称展现出来,既能够让消费者了解短视频所介绍的商品,帮助消费者判断该短视频内容是不是自己感兴趣的内容,又能够吸引消费者点击查看商品的具体信息,促使购买行为的产生。

图 2-53　符合规范的标题

行家点拨: 创作者在编辑购物车标题时,可以将描述商品本身属性作为重点,使消费者看到购物车标题就能明白商品是什么。

---

(2)主图的发布规范。

主图是指购物车卡片所附的商品图片,其发布规范如下所示。

- 图片应能够清晰展示商品,便于消费者辨识,不能够使用大量文字进行覆盖。
- 第一张主图必须为商品主体正面实物图,其余辅图需呈现商品侧面、背面、平铺及细节等。
- 商品图片和详情中不得进行与商品信息无关的描述,例如出现外部网站的 Logo、联系账号、二维码等广告信息。
- 主图图片应符合抖音平台对内容的要求。
- 禁止展示拼图。
- 商品主图不能含有促销活动信息,例如买 3 送 3、限时包邮、领券满减、买即送等。

图 2-54 所示为符合规范的主图。

图 2-54 符合规范的主图

（3）商品信息的发布规范。

商品信息的发布规范如下所示。

- 在分享商品信息前，创作者应核实商家是否有相应的销售资质，商品详情页本身是否存在夸大宣传、虚假宣传的情况。
- 在分享商品信息前，创作者应基于商品详情、商品价格等因素综合考量，判断商品是否存在假冒侵权等情形，不得分享涉嫌假冒、盗版的商品信息。
- 购物车短视频应为抖音账号本人对商品或服务使用后的推荐行为，不得出现未经使用、不了解商品的虚假推荐内容；创作者分享商品前应当详细核对商品，不得分享三无商品（即无生产厂家、无生产日期、无质量合格证的商品），不得分享资质等不合规的商品。

3. 特殊类目的商品分享规范

抖音对特殊类目的商品分享内容进行了规范，包括美妆类、普通食品类、酒品类、生鲜类和教育培训类。

（1）美妆类。

创作者在发布分享美妆类商品的视频时，不能出现以下内容或情况。

- 使用美化过度的非原创图片或视频，包括但不限于口红试色、眼影盘试色等。
- 所售美妆类商品的品牌、功能、质地、产地等各类信息，与创作者在视频中所分享商品的信息不一致。
- 对化妆品名称、制法、成分、效果或性能进行虚假夸大。
- 以他人名义保证或以暗示方法使消费者误解商品效用，包括通过他人使用前后的效果对比表明化妆品的功效。

- 宣传医疗作用或使用医疗术语。
- 贬低同类商品。
- 使用"最新创造""最新发明""纯天然制品""无副作用"等绝对化语言。
- 非特殊用途化妆品宣传含有特殊用途、功效的，如育发、染发、烫发、脱毛、健美、除臭、祛斑、防晒、美白等。

（2）普通食品类。

抖音要求普通食品类视频的内容必须真实、合法、科学、准确，不能存在欺骗和误导消费者的情况。创作者在发布普通食品类视频时，应当遵循以下规则。

- 所售食品各类信息，包括但不限于商品的包装、规格、产地及加工地等，应与创作者在视频中所分享商品的信息一致。
- 不得通过平台分享、展示、售卖过期及变质食品。
- 不得在视频中表达出该商品为"自家产"及类似信息，包括但不限于口播、标题、视频字幕等；除非该商品属于符合国家法律法规要求的可自行生产的类目，符合平台要求，同时向平台提供相关承诺及材料，证明相关商品确实由其生产。
- 禁止出现与药品相混淆的用语，不得直接或间接地宣传治疗作用，也不得借助宣传某些成分的作用明示或暗示该食品的治疗作用。
- 对于婴幼儿乳制品，不得明示或暗示可以替代母乳。
- 不得利用医疗机构、医生、专家、消费者的名义或形象进行证明；视频中涉及特定功能的，不得利用专家、消费者的名义或形象进行证明。
- 分享普通食品的视频不得宣传保健功能，也不得借助宣传某些成分的作用明示或暗示保健功能。
- 分享普通食品的视频不得宣传含有新资源食品中的成分或特殊营养成分。

（3）酒品类。

创作者在发布分享酒类商品的视频时，应当遵循以下规则。

- 不得诱导、怂恿饮酒或宣传无节制饮酒。
- 不得出现饮酒的动作。
- 不得表现驾驶车、船、飞机等活动。
- 不得含有未成年人的形象，含未成年人的卡通形象。
- 不得含有诸如可以"消除紧张和焦虑、增加体力、强身健体、延年益寿、解除疲劳"等不科学的明示或暗示。
- 不得含有把个人、商业、社会、体育以及其他方面的成功归因于饮酒的明示或暗示。
- 不得在视频中表达出该商品为"自家产"及类似信息，包括但不限于口播、标题、视频字幕等。

（4）生鲜类。

创作者在发布分享生鲜类商品的视频时，应当遵循以下规则。

- 不得在视频中表达出该商品为"自家产"及类似信息，包括但不限于口播、标题、视频字幕等；除非该商品属于符合国家法律法规要求的可自行生产的类目，符合平台要求，同时向平台提供相关承诺及材料，证明相关商品确实由其生产。
- 保证所售商品的各项参数，包括但不限于产地、净含量、保质期、包装等，与视频中所宣传商品的各项参数一致。

（5）教育培训类。

创作者在发布分享教育培训类商品的视频时，应当遵循以下规则。

- 不得对升学、通过考试、获得学位学历或合格证书，或对教育、培训的效果做出明示或暗示的保证性承诺，如一次通关、100% 包过等。
- 不得明示或暗示有相关考试机构或其工作人员、考试命题人员参与教育、培训。
- 不得利用科研单位、学术机构、教育机构、行业协会、专业人士、受益者的名义或形象进行推荐、证明。

2.2.3　视频电商内容的创作指南

与图文电商相比，视频电商可以更高效、清晰地传递商品的相关信息，弱化消费者在购物时对商品价格的敏感度，使消费者更加关注视频内容本身，提高转化率。在利用视频对商品进行营销时，创作者需要了解商品分享视频的制作要求以及不同类目商品分享视频的创作方法。下面将对视频电商的消费特点和商品分享视频的制作要求进行介绍，然后分别介绍服装类、美食类和美妆类商品分享视频的创作。

1. 视频电商的消费特点

冲动消费、迅速决策是视频电商的消费特点。在这种消费心理的驱使下，快速消费品（以下简称"快消品"）由于满足消费者需求而备受关注，其短视频带货效率一直居高不下。快消品区别于耐用品（指人们在日常生活中经常会使用的商品），具有刚需、易耗、重复购买的特点，例如食品、饮料、化妆品、服装、日化用品等。

快消品一般具有以下 4 个特点。

- 客单价低，消费门槛低，覆盖范围广，以销售量取胜。
- 消费周期短，消费者没有太多时间研究此类产品，"瞬间决策"较多，创作者要"推"消费者一把，促成消费者的消费决策。
- 重视视觉包装及便利性，在外形设计上更胜一筹，购买便捷是其主要优势。
- 消费者忠诚度低，通过打折促销，可以提高快消品销量。

上述特点构成了消费者在消费快消品时迅速、冲动、感性的消费习惯，在巨量算数发布的《抖音好物发现节全景数据洞察（2019.11.11）》报告中，服饰服装、美妆个护、食品饮料等快消品品类成为前 3 名的大热商品品类，而这 3 种品类也是抖音中分享最多的品类。图 2-55 所示为巨量算数统计的 2019.11.11 抖音助力金额品类。

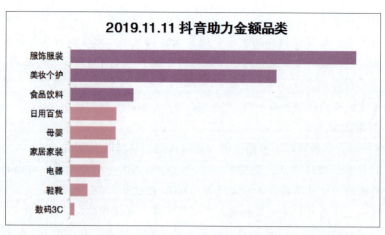

图 2-55　2019.11.11 抖音助力金额品类

2. 商品分享视频的制作要求

创作者在利用视频对商品进行营销推广前，需要了解商品分享视频的制作要求，才能创作出符合平台要求的、优质的视频。一般来说，商品分享视频的制作有满足消费者需求、商品价格定位准确和匹配账号定位 3 个要求。

（1）满足消费者需求。

商品分享视频的制作首先要满足消费者需求，创作者需要根据抖音账号的粉丝画像，从性别、年龄、地域、收入、受教育程度等不同方面，有针对性地选择商品，然后结合场景或剧情展现商品的卖点，引起消费者兴趣，实现商品分享的目的——为商品引流，提高商品的销售量。根据视频带货榜的内容类型，创作者可以从剧情 / 段子、时尚穿搭、剧情 / 美妆和开箱 4 种热门类型中选择合适的类型进行创作。

（2）商品价格定位准确。

浏览抖音好物榜，可以发现上榜商品的价格大多在 200 元以下，只有少数商品价格会超过 200 元，这也证明在抖音中分享商品时考虑商品价格定位的必要性。创作者在选择商品、创作视频前，需要结合商品本身价值、附加价值等进行商品价格定位，尽量选择单价较低的商品，让消费者更易接受。

例如，抖音账号 @信口开饭，该账号主要分享售价在百元以内的美食类商品，并通过评测、试吃等方式，向消费者描述商品的外观、气味、口感等，引起消费者对商品的兴趣，提高商品销售量。图 2-56 所示为 @信口开饭的账号主页，图 2-57 所示为该账号发布的短视频页面。

此外，也有少量价格较高，但销售量不错的商品，这类商品需要突出显示商品的附加价值，使消费者认同商品的价值，从而接受商品价格。例如，抖音账号 @潘华尔姿手工毛衣，分享的手工毛衣商品售价均在千元以上，其在创作商品分享视频时，直接将毛衣的编织过程作为短视频的主要内容，突出商品的优秀工艺，将毛衣的附加价值展现给消费者，使消费者觉得商品物有所值，因而提高了商品的销售量，并数次登上抖音好物榜。图 2-58 所示为 @潘华尔姿手工毛衣的账号主页，图 2-59 所示为该账号发布的短视频页面。

图 2-56　@ 信口开饭的账号主页

图 2-57　@ 信口开饭发布的短视频页面

图 2-58　@ 潘华尔姿手工毛衣的账号主页

图 2-59　@ 潘华尔姿手工毛衣发布的短视频页面

（3）匹配账号定位。

创作者在创作商品分享视频时，需要结合抖音账号的定位、风格等，展示需要分享的商品，例如定位为试吃、幽默风格的抖音账号，在创作视频时，就可以选择试吃的方式，幽默风趣地向消费者介绍商品。

例如，抖音账号 @ 黄三斤发布的短视频主要属于剧情类，其在创作商品分享视频时，就将商品植入剧情中，使其成为推动剧情发展的因素，生动自然的商品植入效果获得不少消费者的好感，有效地提高了商品的销售量。图 2-60 所示为 @ 黄三斤的账号主页，图 2-61 所示为 @ 黄三斤发布的短视频页面。

图 2-60　@ 黄三斤的账号主页

图 2-61　@ 黄三斤发布的短视频页面

3. 服装类商品分享视频创作

服装是人们生活的必需品，因此服装行业的竞争也非常激烈。创作者要想利用视频提高服装类商品的销售量，就需要找准自己的定位，结合恰当的方法，创作优质的视频内容。

（1）视频定位。

在对服装类商品分享视频进行定位时，创作者应先分析自己的商品，判断商品的风格，然后根据商品风格对视频的创作方向进行定位。以女装为例，该类商品可以分为 10 种风格，不同风格的创作方向如下所示。

- **街头潮酷风**。选取节奏感较强的音乐，配合真实生活场景拍摄，让模特伴随着音乐节奏进行换装，突出展示商品的潮流感，吸引消费者关注。
- **怀旧港风**。选择合适的场景，结合港风妆容，加入抖音自带的港风滤镜，向消费者展示商品。
- **大码微胖型**。通过换装前后对比、多场景走位展示等方式突出商品的效果。
- **甜美清新风**。通过室内或室外、单场景或多场景结合，进行单人、闺蜜、情侣展示或互动，打造甜美清新的形象。
- **私服名媛风**。结合模特气质，突出商品的特点，还可以配合场景切换、快速换装等，突出整体视觉效果。
- **日常简约风**。通过工作场景、生活场景等多场景切换或者换装衔接等，突出服装类商品的实用性和简约性。
- **复古文艺风**。拍摄具有文艺气息等场景并巧妙将商品融入其中。
- **新国风**。通过突出传统汉服、改良旗袍的细节或展示衣服的整体上身效果，传递新国风穿搭不一样的美。

- **可爱动漫风**。通过细节展示、换装搭配、口播科普、才艺表演，甚至与动漫人物对比等形式，展示服装商品的可爱。
- **运动休闲风**。通过展现室内或户外运动场景，或讲解运动穿搭、进行运动教学等，体现商品的舒适性。

（2）视频要素与创作方法。

有了明确的视频内容定位后，创作者应该结合视频的 5 个要素选择合适的视频创作方法，包括介绍穿搭技巧、展示视觉效果、测评 / 推荐商品和结合泛娱乐内容等创作方法。

① 了解视频的 5 个要素。

一般来说，视频主要包括风格、模特、场景、拍摄和剪辑 5 个要素。

- 风格。风格是指商品及视频的风格。
- 模特。模特可以为单人，也可以为多人，创作者应该根据商品特征进行灵活选择。
- 场景。场景分为室内场景和室外场景，室内场景包括教室、办公室、商场、咖啡馆、卧室、洗手间、电影院、电梯口、楼梯口等；室外场景包括公园、街道、活动广场等。
- 拍摄。在拍摄时应注意拍摄角度、场景选取、光线搭配、配饰装饰等。
- 剪辑。在剪辑前，创作者需要分析账号定位及内容风格，了解视频亮点，然后根据视频主题，选择合适的背景音乐。

② 介绍穿搭技巧。

创作者可以通过模特向消费者介绍不同服装类商品之间的搭配技巧。这种创作方法可以选择聚集于不同身材的消费者、某一单品等，围绕所聚焦的对象，拍摄相关商品的分享视频。

例如，抖音账号 @125 斤唐不灵 Bling，就聚焦于小个子和微胖人群，并围绕这两种人群，制作穿搭教程，图 2-62 所示为 @125 斤唐不灵 Bling 发布的短视频页面；抖音账号 @徐琳 Mini，则聚焦于单品搭配，制作穿搭教程，例如一衣多搭、一衣多穿、围巾的不同系法等，图 2-63 所示为 @徐琳 Mini 发布的短视频页面。

图 2-62 @125 斤唐不灵 Bling 发布的短视频页面　　**图 2-63 @徐琳 Mini 发布的短视频页面**

③ 展示视觉效果。

展示视觉效果常用的方法包括改造、换装、街拍等形式。

- 改造。改造是指对路人的服装、妆容等进行改变。创作者可以通过对比路人改造前后的效果，突出服装商品，吸引消费者注意。例如，抖音账号 @爆改素人计划就是通过创作对路人的妆容、穿搭进行改变的视频，吸引消费者注意，使其对视频中的同款商品产生兴趣，并通过商品展示，促使消费者产生购买行为。图 2-64 所示为该账号主页，图 2-65 所示为该账号发布的短视频页面。

图 2-64　@爆改素人计划账号主页　　　　图 2-65　@爆改素人计划发布的短视频页面

- 换装。换装类视频可以通过转圈、跳舞、回头等不同形式，快速切换不同的服装，向消费者展示服装的上身效果，吸引消费者注意。例如，抖音账号 @Alice w 花花就是在不同场景下，通过转圈等方式控制换装节奏，展现服装的上身效果。图 2-66 所示为该账号主页，图 2-67 所示为该账号发布的短视频页面。

图 2-66　@Alice w 花花账号主页　　　　图 2-67　@Alice w 花花发布的短视频页面

● 街拍。街拍可以通过街边环境将服装类商品的特征展示出来。例如，抖音账号 @街拍小鬼就是通过在街边拍摄，结合街景等展示服装。图 2-68 所示为该账号主页，图 2-69 所示为该账号发布的短视频页面。

图 2-68　@ 街拍小鬼账号主页　　　　图 2-69　@ 街拍小鬼发布的短视频页面

④ 测评 / 推荐商品。

测评 / 推荐商品常见的方法有测评、开箱、直播剪辑、导购展示等。

● **测评**。测评是指对服装类商品的质量、颜色、细节、上身效果等进行评价。创作者通过测评视频可以公正地展现商品的优缺点，便于消费者根据自己的实际情况选择适合自己的商品。图 2-70 所示为服装类商品的测评类短视频页面。

● **开箱**。开箱是指从拆开快递开始，向消费者展示收到商品的过程。开箱视频可以帮助消费者了解商品的包装、运输情况，打消消费者对商品包装、运输方面的顾虑；还可以展示商品的实际颜色、上身效果等，帮助消费者更全面地了解商品，促使消费者产生购买行为。例如，抖音账号 @lovemimius 游鹿鹿就常采用开箱的方法，从拆开服装类商品的包装盒开始，向消费者展示服装类商品的包装、颜色、款式等，然后通过试穿，向消费者展示服装类商品上身的效果。图 2-71 所示为该账号的账号主页，图 2-72 所示为该账号发布的短视频页面。

● **直播剪辑**。直播剪辑是指将直播过程中展示商品的视频片段截取出来，制作成完整的商品分享视频，展示商品的细节，促使消费者对直播产生兴趣并查看直播精彩片段，甚至使消费者成为创作者直播间的粉丝。例如，抖音账号 @BIGKING 穿搭志就采用了直播剪辑的方法，将直播过程中展示服装类商品的视频片段，剪辑为抖音短视频，向消费者展示商品的特点、上身效果等，促使消费者对服装商品产生兴趣。图 2-73

所示为该账号的账号主页，图 2-74 所示为该账号发布的短视频页面。

图 2-70　服装类商品的测评类短视频页面

图 2-71　@lovemimius 游鹿鹿账号主页　　　图 2-72　@lovemimius 游鹿鹿发布的短视频页面

图 2-73　@BIGKING 穿搭志账号主页

图 2-74　@BIGKING 穿搭志发布的短视频页面

● **导购展示。**创作者还可以通过导购展示的方法介绍相关商品，吸引消费者的注意。例如，抖音账号@常熟市王孟杰服装商行就采用了导购展示的视频创作方法，通过在线下实体店铺中对不同服装类商品的穿搭、上身效果等进行展示，吸引消费者对短视频中的服装类商品产生兴趣，然后通过线上店铺将商品销售给消费者，提高商品的销售量。图 2-75 所示为该账号的账号主页，图 2-76 所示为该账号发布的短视频页面。

图 2-75　@ 常熟市王孟杰服装商行账号主页

图 2-76　@ 常熟市王孟杰服装商行发布的短视频页面

⑤ 结合泛娱乐内容。

泛娱乐内容包括网络"热梗"、搞笑段子、热门影视剧话题、身材展示、手工教程、剧情片段等，有一定视频创作经验的创作者，还可以将穿搭技巧、展示视觉效果和测评/推荐，与泛娱乐内容相结合，例如探店拍摄、打卡"网红"店铺、运动 Vlog 记录，甚至自己动手制作服装等，丰富视频内容，实现内容升级，增强商品分享视频的吸引力，提高视频的转化率。图 2-77 所示为旅行 Vlog 类型的短视频页面，图 2-78 所示为结合剧情的短视频页面。

图 2-77　旅行 Vlog 类型的短视频页面

图 2-78　结合剧情的短视频页面

4. 美食类商品分享视频创作

除服装类商品外，美食类商品也是与人们日常生活息息相关的商品，其消费群体范围广，商品类型丰富。创作者既可以通过线上销售商品，也可以通过线上将消费者引流到线下进行消费。美食类商品分享视频创作分为视频定位和视频创作方法两个方面。

（1）视频定位。

分享美食类商品视频，一般可以从本地特产分享、休闲零食分享、健康饮食分享、生鲜食材制作和美食探店等角度进行定位。

① 本地特产分享。

定位为本地特产分享的账号，其创作者可以直接在商品原产地取材，将商品纯天然的生长环境和商品特征，或者当地的风土人情等展示出来，以淳朴的人设获取消费者的信任。针对一些较为珍稀的特产，创作者还可以通过视频展示其成长的不易、产量的稀少等特点，突出其珍稀性特征，使消费者能够对商品的价值有所了解。一般来说，经营生鲜水果、可邮寄熟食等的创作者都可将视频定位为本地特产分享。

例如，抖音账号 @阿松庄园销售的商品为本地水果，拍摄的视频以展示水果商品的生长环境、水果的特点等为主，吸引了不少消费者的兴趣；抖音账号 @疆味集销售的商品以新疆本地特产为主，例如奶皮、奶酪、薰衣草、新疆羊肉等，其拍摄的视频以展示薰衣草的生长环境、收割场景，以及奶皮、奶酪、新疆羊肉等的制作方法为主，向消费者展示新疆特产的独特之处，便于消费者了解新疆特产。图 2-79 所示为 @ 阿松庄园的账号主页，图 2-80 所示为该账号发布的短视频页面；图 2-81 所示为 @ 疆味集的账号主页，图 2-82 所示为该账号发布的短视频页面。

图 2-79　@ 阿松庄园账号主页

图 2-80　@ 阿松庄园发布的短视频页面

图 2-81　@ 疆味集账号主页

图 2-82　@ 疆味集发布的短视频页面

② 休闲零食分享。

定位为休闲零食分享的视频，其使用场景、创作方法都较为多样化，创作者可以选择卧室、客厅、办公室等不同场景，通过试吃、开箱、测评等方式，向消费者展示商品，勾起消费者的食欲，促使其购买商品。

例如，抖音账号@甜喵零食就是专注休闲零食分享的美食账号，该账号通过展示日常场景，结合一定剧情，对不同休闲零食商品进行试吃、测评，吸引喜爱零食的消费者的注意。图 2-83 所示为@甜喵零食的账号主页，图 2-84 所示为该账号发布的短视频页面。

图 2-83　@甜喵零食账号主页　　　　图 2-84　@甜喵零食发布的短视频页面

③健康饮食分享。

创作者如果在某一领域足够专业，对食品的食用、搭配等有较为深入的研究，就可以将视频定位为健康饮食分享，塑造专业、权威的形象，增强视频的说服力。但是需注意，在对健康饮食进行分享时，创作者应抱着严谨的态度，确保知识的准确性，不能介绍错误知识，误导消费者。

例如，抖音账号@营养师怡文就是通过对日常生活中的美食类知识、营养知识进行介绍，吸引了众多消费者对其关注，并且在账号主页中展示了自己的营养师身份，加强了视频的可信度。图 2-85 所示为该账号的主页，图 2-86 所示为该账号发布的短视频页面。

图 2-85　@营养师怡文账号主页　　　　图 2-86　@营养师怡文发布的短视频页面

④生鲜食材制作。

定位为生鲜食材制作的视频，可以通过展示商品的外观、口感、味道，介绍购买渠道、处理方式、烹饪方法等，吸引消费者的注意，促进商品的销售。创作者可以将自己塑造成亲切的邻居形象或专业的厨师形象等，与消费者进行互动，依靠视频内容增加商品的销售量。

例如，抖音账号 @美食作家王刚就以专业的厨师形象，向消费者介绍生鲜食材的特点、处理方式、烹饪方法等，吸引了众多忠实粉丝。图 2-87 所示为该账号的主页，图 2-88 所示为该账号发布的短视频页面。

图 2-87　@美食作家王刚账号主页

图 2-88　@美食作家王刚发布的短视频页面

⑤美食探店。

定位为美食探店的视频，可以通过分享线下实体店铺的方式，将线上流量引流到线下，增加实体店的人流量，提高销售额。当然，这就要求创作者能够挖掘出各种不同的美食，向消费者介绍新鲜的、经典的美食或者热门的店铺，以"吃货"的形象增强自身亲和力，吸引消费者对商品或店铺产生好奇，进而提高商品的销量。

例如，抖音账号 @老白严选（吃货请闭眼）就经常探索不同地区较为知名、美味的餐厅、路边小店等，并从自身口味出发，对美食进行品鉴，向消费者描述食物的味道、口感等，刺激消费者产生食欲。图 2-89 所示为该账号的账号主页，图 2-90 所示为该账号发布的短视频页面。

（2）视频创作方法。

美食类商品分享视频常见的创作方法包括户外美食制作、原产地直拍、细分领域 KOL 推荐和健康饮食分享。

①户外美食制作。

在有条件的情况下，创作者可选择户外场景，例如乡村户外场景，在自然环境中向消费者展示美食的制作方法，还可以展示美食制作完成后的品尝、食用过程，向消费者描述美食的口感、味道等，促使消费者产生亲自制作该美食的冲动，从而带动商品的销售量。采用这种方法创作视频，创作者需要注意视频的清晰度，可使用特写镜头，展现自然风光、美食烹饪画面等。

图 2-89 @ 老白严选（吃货请闭眼）账号主页　　图 2-90 @ 老白严选（吃货请闭眼）发布的短视频页面

例如，抖音账号 @ 野食小哥就经常选择在乡村户外场景中拍摄美食制作过程的短视频，并根据视频的主题不同，共拍摄乡下生活、户外生活、连锁厨房、冰天雪地、高原奇遇和椰风大海 6 个系列视频，收获了大量的粉丝。图 2-91 所示为该账号的主页，图 2-92 所示为该账号发布的短视频页面。

图 2-91 @ 野食小哥账号主页　　图 2-92 @ 野食小哥发布的短视频页面

② 原产地直拍。

创作者可以通过直接拍摄商品原产地的环境、商品种植过程、养护过程、采收过程等，向消费者呈现商品的生长环境，提高消费者对商品的信任度和安全感。创作者利用这种方法作视频时应注意内容的真实性。

例如，抖音账号 @ 鲜达果园就采用原产地直拍的视频创作方法，向消费者展示商品。图 2-93 所示为该账号的主页，图 2-94 所示为该账号发布的短视频页面。

图 2-93　@ 鲜达果园账号主页

图 2-94　@ 鲜达果园发布的短视频页面

③ 细分领域 KOL 推荐。

KOL 往往拥有更多、更准确的商品信息，能够被相关群体接受或信任，并能够影响该群体的购买决策。创作者可以通过打造或邀请与商品品类相同领域的 KOL，使其展示、分享、推荐、评测美食类商品，对商品进行描述、评价，以及介绍商品的特征、食用感受等，促使消费者产生购买行为。

例如，抖音账号 @ 颜九的锅就是方便食品细分领域的 KOL，常分享泡面、速食拉面等美食类商品。图 2-95 所示为该账号的主页，图 2-96 所示为该账号发布的短视频页面。

图 2-95　@ 颜九的锅账号主页

图 2-96　@ 颜九的锅发布的短视频页面

④ 健康饮食分享。

许多消费者追求健康饮食，包括吃得健康、吃得营养等。创作者可以抓住消费者的这个需求，进行健康饮食、科学饮食等方面的分享，吸引消费者的注意，提高商品的转化率，增加商品的销售量。这种视频创作方法多适用于分享食材类商品。

例如，抖音账号 @健身小厨就以发布健康餐的视频为主，赢得了很多消费者的喜爱。图 2-97 所示为该账号的主页，图 2-98 所示为该账号发布的短视频页面。

图 2-97　@健身小厨账号主页

图 2-98　@健身小厨发布的短视频页面

5. 美妆类商品分享视频创作

在内容电商平台上随处可见美妆类商品的相关内容。美妆类创作者在利用视频进行营销时，需要先对短视频内容进行定位，再结合恰当的视频创作方法进行创作，提高账号影响力。

（1）视频定位。

针对美妆类商品的营销方法有多种，创作者在利用抖音对这类商品进行营销时，可根据垂直领域、账号人设、特定群体和多栏目创作 4 种方法，对视频进行定位，再结合其定位创作美妆类商品分享视频。

① 垂直领域。

美妆可以细分为多个不同领域，例如根据其商品种类的不同，可以分为口红、粉底、遮瑕、防晒等；根据其使用途径的不同，可以分为底妆、彩妆、护肤等；根据其使用部位的不同，可以分为眉眼妆、唇妆、脸部妆容等。创作者在这些分类的基础之上再进行细化，从商品展示、商品测试、妆容打造等不同方向对视频进行定位。

例如，抖音账号 @李佳琦 Austin 的视频就以口红试色为主，凭借清晰直观的试色、一针见血的点评和标志性的口头禅，奠定了其在口红界当红 KOL 的地位，增加了口红商品的销售量。图 2-99 所示为该账号的主页。

② 账号人设。

一个鲜活的人设，可以加深消费者对账号的印象，帮助创作者更好地营销商品。在打造账号人设时，创作者可从人物形象、人物性格、人物特征等不同方面入手，或者将商品品牌拟人化，与消费者进行对话，拉近与消费者之间的距离，提高品牌的知名度，增加消费者的黏性。

例如，抖音账号 @ 呗呗兔 _ 就从人物的形象和特征入手，将账号打造成一位亲切的邻家姐姐形象，并结合方言解说，创作美妆类商品分享视频，加深消费者的印象，吸引了上千万粉丝。图 2-100 所示为该账号的主页。

图 2-99　@ 李佳琦 Austin 账号主页

图 2-100　@ 呗呗兔 _ 账号主页

③ 特定人群。

抖音平台拥有上亿用户，即使是同一商品，消费者所关心的内容也不尽相同。根据这一特点，美妆类的消费者可大致分为注重成分的人群、注重效果的人群、青睐平价商品的人群等，创作者可以根据自身商品的特征，选择合适的人群，有针对性地进行分享，吸引目标消费群体的注意力，提高商品转化率，增加商品销售量。

例如，抖音账号 @ 苏辣辣是成分控就选择了注重成分的消费者作为目标消费群体，从商品成分安全、使用感受等不同方面，对美妆类商品进行验证分析，并利用实验室仪器对商品成分进行检测，受到目标消费群体的认可。图 2-101 所示为该账号的抖音主页。

④ 多栏目创作。

创作者可以设置不同的栏目，例如店铺上新、好物分享、化妆教程等，打造一个能为消费者全面介绍美妆类商品的账号，并对视频内容进行规划，以固定的频率进行更新，吸引具有不同美妆需求的消费者的注意力，使视频类型更加丰富。

例如，抖音账号 @ 陈采尼就将其分享视频分为开箱、红黑榜、化妆教程、测评等不同栏目，进行交替更新，创作、分享不同的美妆类商品，积累了 300 多万粉丝。图 2-102 所示为该账户的主页。

图 2-101 @ 苏辣辣是成分控账号主页

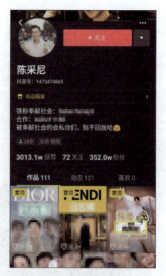

图 2-102 @ 陈采尼账号主页

行家点拨: 创作者也可根据实际情况，综合运用以上 4 种方法，对商品分享视频进行定位，以吸引更多的目标消费者关注账号，达到更好的营销效果。

（2）视频创作方法。

美妆类创作者在创作商品分享视频时，常用的创作方法有效果展示、干货教程、对比评测、开箱展示和剧情植入 5 种。

① 效果展示。

创作者可以通过美妆类商品使用前后脸部状态、妆容的变化等，直观地展示商品的使用效果。在使用这种视频创作方法时，创作者可以将商品的特性，例如水状、油状、乳状、易推开等，以及商品适合的人群肤质，例如干皮、混干皮、油性皮肤等，进行简单的介绍，方便消费者有针对性地购买商品，减少因商品质地、适合肤质不同而引起的负面评价，提升商品的口碑。

例如，抖音账号 @ 痣多馨 koko 通过美妆商品使用前后的效果展示，以及对使用感受的描述，向消费者推荐美妆类商品，为消费者提供参考，方便消费者根据自身情况挑选合适的美妆类商品。图 2-103 所示为该账号的主页，图 2-104 所示为该账号发布的短视频页面。

② 干货教程。

追求美是人的天性，在追求美的这条道路上，往往需要不同的人进行引导。对于美妆新手来说，互联网上的干货教程，就成为其美妆知识的主要来源。因此，创作者可以从不同场合适合的妆容、不同肤质适合的妆容、不同风格的妆容等方面创作不同的妆容教程，以吸引消费者的注意，带动商品的销售。

例如，抖音账号 @ 李同学就针对不同场合适用的妆容，发布了不同的妆容教程，吸引了大量的粉丝。图 2-105 所示为该账号的主页，图 2-106 所示为该账号发布的短视频页面。

图 2-103 @ 痣多馨 koko 账号主页

图 2-104 @ 痣多馨 koko 发布的短视频页面

图 2-105 @ 李同学账号主页

图 2-106 @ 李同学发布的短视频页面

③ 对比评测。

由于美妆类商品大多直接作用于人的脸部皮肤，所以消费者在购买前，往往会更加关注这类商品的质量、用途及副作用等。创作者可以抓住消费者的这种心理，通过测评或与其他同类商品进行对比的方式，向消费者详细描述其使用商品的感受，甚至可以给出一定的建议，为消费者的购买行为提供参考，获得消费者的好感，增加账号粉丝数量，提高曝光度。

例如，抖音账号 @ 大脸妹张张就经常对不同美妆类商品进行评测和对比，并将商品使用感受、商品适合的肤质、商品主要作用等，以字幕 / 弹幕的形式展示在视频中，方便消费者根据自身情况选择适合自己的商品，该账号也因此积累了上百万粉丝。图 2-107 所示为该账号的主页，图 2-108 所示为该账号发布的短视频页面。

图 2-107　@ 大脸妹张张账号主页　　　图 2-108　@ 大脸妹张张发布的短视频页面

④ 开箱展示。

开箱过程能够展示商品的包装质量、商品外观、使用感受等，为消费者的消费行为提供参考。这类视频适合展示上市推广的新品，创作者可以借助有趣的解说、旁白等，使消费者对商品产生兴趣，提高商品的销售量。

例如，抖音账号 @ 中二的开箱就以发布开箱展示类视频为主，向消费者展示不同美妆类商品的包装、外观、第一印象、使用感受等。图 2-109 所示为该账号的主页，图 2-110 所示为该账号发布的短视频页面。

图 2-109　@ 中二的开箱账号主页　　　图 2-110　@ 中二的开箱发布的短视频页面

行家点拨： 开箱展示不仅适用于服装类商品、美妆类商品，还适用于电子产品、运动产品等其他类别的商品。

⑤ 剧情植入。

剧情植入是指将美妆类商品植入特定剧情或场景中，以优质的剧情吸引消费者的注意，使其潜移默化地接受商品的营销信息，加深消费者对商品的印象，使消费者更容易接受商品，从而产生消费行为。需注意，剧情植入类商品分享视频，对创作者的内容创作能力和出镜人员的表演能力的要求都较高。

例如，抖音账号 @ 晏大小姐 Vivi 就常以剧情植入的方法创作商品分享视频。图 2-111 所示为该账号的主页，图 2-112 所示为该账号发布的短视频页面。

图 2-111　@ 晏大小姐 Vivi 账号主页　　　　图 2-112　@ 晏大小姐 Vivi 发布的短视频页面

知识链接

创作者在创作商品分享短视频时，可以参考该领域 KOL 打造账号的方法，从内容、领域和人设 3 个方向出发，积累抖音账号的粉丝数量。

- 以优质内容作为载体，吸引消费者的关注。当账号与消费者之间建立了一定的情感连接之后，创作者可以选择符合账号特性的商品进行分享，后续再通过优质内容的持续输出，提高消费者对抖音账号的黏性。
- 从垂直领域入手，将账号定位为某一特定领域的专家，专注某一类特定商品，即创作者通过展示对这一领域以及相关商品的认知，将账号打造成这一领域的"标杆"或"权威"，再辅以具有代入感的场景展现、清晰明了的商品卖点说明、具有辨识度及记忆点的呈现方式等多种手段，进一步增强消费者的信任。
- 树立具有辨识度的人设，以人设吸引关注，带动商品销售。需注意，人设必须具备一定的不可替代性。人设可以是可爱、幽默、温柔等性格特征，也可以是某一领域的身份特征，还可以是性格特征与身份特征的组合。当抖音账号的人设深入人心后，消费者对账号的认可就会自然转化为对账号分享商品的认可。

2.3 流量新风口——直播带货

在互联网高速发展的今天，内容电商的呈现方式越发多样化，视频、音频、图文、直播都可以作为内容电商的载体，不同的呈现方式带来的体验不同，消费者的接受程度也不尽相同。一般来讲，直播和视频已成为当下内容电商中普及度较高的体裁，视频可以通过独到见解、专业点评、亲身体验等宣传商品，直播则借助实时互动的形式开启全新的电商交互玩法。消费者在观看直播的过程中，可以直接向主播提出提问，与主播进行互动；有经验的主播也会利用"现场 + 促销 + 互动"的多重玩法提升消费者的观看体验，促进商品销售量的提升。

2017 年 11 月，抖音开启了直播功能。2018 年 3 月，抖音推出了直播购物车功能。经过近几年的不断探索和优化，抖音直播间为各行各业带来了无穷的商机。2020 年年初，抖音直播更是展现出蓬勃的生命力，甚至各地人民政府工作人员也纷纷化身"主播"，直播推荐当地的农产品。

线下零售方面，百货商场、店铺也纷纷在抖音开设直播。据巨量算数统计，2020 年 2 月 28 日，位于广州十三行服装批发街的店铺店主开设抖音账号"新小晴"，联动十家店铺店主，将线下店铺"搬"进抖音直播间，仅用一日就销售了风衣、衬衫等服饰 6000 余件，销售额达到 122 万元；株洲王府井百货首次尝试抖音直播带货，仅 11 个小时就吸引 83 万人观看，销售额超过 240 万元，如图 2-113 所示。

为帮助各地中小企业，抖音直播还推出了"产业带创作者扶持"计划，符合条件的创作者可以获得小店"零门槛"开放、"冷启动"（"冷启动"是一个推荐上的概念，指系统会将内容推荐给一批对其最可能感兴趣的用户）流量扶持等政策倾斜，在最短时间内通过线上渠道恢复商品售卖。巨量算数统计数据显示，2020 年 2 月，抖音服饰穿搭类主播数量环比 1 月增长 61%，直播次数环比 1 月增长 93%；美妆类直播也有较快发展，2 月开播的主播数环比 1 月增长 71%，直播次数环比增长 109%，如图 2-114 所示。

图 2-113　线下零售类抖音直播成绩

（数据来源：巨量算数）

图 2-114　抖音服饰穿搭类直播和美妆类直播数据

（数据来源：巨量算数）

此外，汽车、房产类交易也正在抖音直播间升温。2020 年 2 月，汽车选购成为抖音汽车领域最热门的直播内容，开播主播数量、直播次数占比超过 5 成，消费者观看次数占比超过 6 成。汽车类直播还覆盖了消费者购买链路的各个节点，并且在不同节点上，各年龄段人群的看播显著性差异明显，如图 2-115 所示。

图 2-115　汽车类直播相关数据

（数据来源：巨量算数）

各大房企也纷纷在抖音开启了直播。从 2020 年 2 月开始，中国保利集团公司（以下简称"保利"）等众多房企，先后推出了置业顾问直播活动。2020 年 2 月 29 日，保利还举办了全国秒杀活动青岛专场，在其直播的半个小时内，保利共售出了 102 套房源，认购额超过 2 亿元。

下面将以抖音直播为例，讲解直播带货的变现途径和直播技巧，并对爆款直播案例进行解析。

2.3.1 直播带货的变现途径

在抖音平台中，除短视频外，创作者还可以将要推广的商品植入直播中，通过主播对商品外观、特点、使用感受等的描述、展示，吸引消费者关注和购买商品，实现流量变现。要想在直播中添加商品，创作者需开通商品分享功能。

1. 开通商品分享功能

创作者在利用抖音直播进行推广时，需要开通商品分享功能。创作者可以通过"我"页面，在"创作者服务中心"中打开"商品分享功能申请"页面，开通商品分享功能；也可以在开始直播前，点击"开直播"页面中的"带货"按钮📦直接打开"商品分享功能申请"页面，开通商品分享功能。开通商品分享功能的具体方法可参见 2.2.1 小节，此处不再赘述。

2. 在抖音直播中添加商品

在抖音直播中添加商品时，创作者需要先确定直播流程中商品的出场顺序，再根据直播顺序确定商品展示顺序，其具体操作步骤如下。

步骤1 打开抖音 App，点击页面底部的➕按钮，选择"开直播"选项，在"开直播"页面中点击"带货"按钮📦，打开"选择直播商品"页面，抖音橱窗中的商品将展示在该页面中，创作者可根据直播需要，按直播商品出场顺序选中商品前的复选框，点击"完成"按钮，如图 2-116 所示。

步骤2 返回"开直播"页面，点击"开始视频直播"按钮，即可开始进行直播。

图 2-116　选择直播商品

行家点拨： 创作者在抖音直播中添加商品前，需要先将商品添加到抖音橱窗，其具体方法可参见 2.2.1 小节。

2.3.2　直播带货的直播技巧

一场高质量的直播，能够给创作者带来更多的利润，然而并不是每一场直播都可以取得理想的效果。为了提高直播的质量，创作者需要做好直播前的准备工作，加强直播流程控制，在直播过程中游刃有余，再结合一定的直播进阶技巧，提高直播质量。

行家点拨： 在抖音平台进行直播时，取得成绩的好坏很大程度上取决于主播自身直播能力的高低。

1. 直播的 3 个要素

一场成功的直播离不开优秀的主播、合适的商品和恰当的场景搭建，而这 3 点也是直播的 3 个要素。

（1）主播。

直播的第一个要素就是出镜的主播。对于直播带货来说，一位优秀的主播，能够帮助消费者更好地了解商品，促使消费者对商品产生兴趣，主播是消费者形成信任和购买转化的关键。创作者在挑选主播时，可以从以下 3 个方面入手。

- **表达力**。表达力是指表达流畅，说话有条理、具有感染力，是主播的基本素养。主播在向消费者介绍商品时，不仅要讲清商品的特点和优势，还要注重语言的趣味性和吸引力，同时能够用场景化的语言向消费者具象地传达商品的使用效果。例如，表达力强的美妆类主播在向消费者介绍美妆类商品的时候会说："这款商品拥有多种色号，适合不同肤色的朋友，并且该商品本身是十分滋润的，就像这样，抹在手背上也是能看到明显的水润感的，所以干皮肤质的朋友可以放心大胆地购买。"此外，在直播过程中，主播也需要依靠良好的表达力，引导消费者跟上直播节奏并参与互动，调节直播间的氛围。

- **专业性**。专业性是指主播必须具有足够强的直播能力和销售能力，包括对直播的控场能力、掌握商品信息的能力、对消费者心理的把控能力等。首先，一位优秀的主播，应该十分了解商品，熟知商品的基本信息和卖点优势，例如材质、做工、大小、颜色等，能做到张口就来。其次，还要了解商品所在行业的情况，了解商品的分类及市场价格，了解所推荐商品在市场上的优势和不足，能够通过不同商品间的功能对比、同类商品的价位对比、优缺点对比等方式，凸显所推荐商品的优势。然后，主播需要针对直播时消费者可能提出的问题，提前准备好答案，甚至讲答案打印出来，方便在直播时能够从容应对消费者的问题，从而加强消费者对主播的信任，增加消费者下单购买的概率。最后，主播还需要了解商品目标消费群体的需求，才能在直播过程中直击消费者的痛点，有针对性地介绍商品，精准地触达消费者，提高直播转化率。在介绍商品时，主播还需做到实事求是，不过分夸张商品优点，更不能欺骗消费者。

- **人格魅力**。人格魅力是指主播自身或打造的人设具有吸引消费者的特质，例如直率、坦诚、幽默、风趣等人格特点。这些人格魅力不仅可以吸引消费者的注意，使其关注主播，还可以让消费者对主播产生亲近感。对于带货主播来说，容貌和才艺属于锦上添花的要素，其最应注重的是建立专业人设，传递人格魅力，吸引精准的目标人群，让消费者放心购买自己推荐的商品。

行家点拨： 当电商直播规模扩大到一定程度，主播成长到一定阶段后，就必须考虑组建团队协助运营直播的相关工作，例如选品、预热、策划、场控、发货、售后等。为了优化直播间消费者的观看体验，保持直播间的竞争力，创作者应该在观看规模超过自己精力负荷之前组建运营团队，在团队组建初期，还可以邀请关系较好的亲友协助日常运作，后期再慢慢扩招团队人员。

（2）商品。

直播的第二个要素是要售卖的商品，在直播过程中涉及商品的环节包括商品选择、SKU（Stock Keeping Unit，即库存保有单位）选择、价格设置，以及质量控制和售后处理4个环节，每一个环节都会影响消费者对商品的反馈。下面分别介绍这4个环节应注意的要点。

- **商品选择**。在选择商品前，创作者应该先确定目标消费群体，再选择商品，进行营销推广。因此，创作者需要找准目标消费群体，根据目标消费群体的物质需求和心理诉求，以及消费习惯和特点等，选择合适的商品，进行精准推广。作为内容创作者，其应该了解账号粉丝，因为粉丝往往是直播的精准消费群体，创作者需要根据粉丝的年龄、身份、消费需求等，有针对性地选择商品。
- **SKU 选择**。SKU是每个商品的属性，用于电商品牌识别商品。例如，小米 10（256GB 蜜桃金）就是一个 SKU，小米 10（256GB 冰海蓝）是另外一个 SKU。创作者在选择商品时，应考虑到不同消费者的具体需求和喜好的差异，即使是同一个商品，也应选择多个 SKU，以满足不同消费者对同类商品的使用需求，便于从不同方向引导消费者下单，打消消费者的顾虑。
- **价格设置**。在直播的过程中，虽然消费者可能基于信任购买主播推荐的商品，但要想长期保证直播的竞争力，就必须通过有竞争力的价格来实现。例如，知名主播薇娅可以长期以行业最低价销售商品，从而建立了竞争壁垒，获得了稳定的消费者群体。因此，创作者在设置商品价格时，需要考虑商品的性价比以及价格的竞争力。
- **质量控制和售后处理**。质量控制和售后处理在很大程度上决定了消费者的复购率，而复购则是电商运营的关键。因此，创作者一定要把握好商品的货源，建立稳定、可信、品质有保证的供应商渠道，确保商品质量稳定、数量供应及时、同时还要做好售后服务，及时进行订单跟进、处理消费者反馈。

（3）场景搭建。

直播的第三个要素就是直播场景的搭建。直播场景一般分为室内和室外，创作者可以根据商品属性选择直播场景。同时，要想使直播场景起到更好的效果，创作者就需要进行直播预热和直播互动设计。

2. 直播前的准备工作

在进行直播前，创作者除了掌握基本操作技巧，还需要找准直播的目标群体、确定直播时段、挑选直播商品、加强知识储备、做好物料准备，以及调整主播状态，进行直播测试，对直播进行预热，获取足够的流量，以便主播能够更加从容地进行直播，达到更好的直播效果。

（1）找准目标群体。

创作者在正式直播前的准备阶段，需要找准直播的目标群体，确定直播是播给哪些消费者看的，商品是销售给哪些消费群体的，只有明确了目标群体，才能根据目标群体的特征制订个性化的直播策略，吸引更多目标消费者进入直播间，提高直播的转化率，增加商品的销售额。

例如，女装店铺创作者在进行直播前，需要分析商品的风格、特征、适合的人群，根据商品的特点确定直播的目标消费群体，制订直播计划，如某次直播的商品以青春活力的学生装为主，那么其目标群体就是女大学生。

如果直播的账号拥有一定数量的粉丝，那么在直播前，创作者还应分析账号粉丝的基本信息，根据粉丝的实际情况和诉求，准备相应的商品及直播话术。在直播结束后，创作者还可以将已下单的消费者拉入直播粉丝群中，维护与消费者之间的联系，培养一批忠实的消费者。

（2）确定直播时段。

要想获得不错的直播效果，创作者应该选择恰当的直播时间，保证有足够数量的目标消费群体观看直播，以提高商品的成交量。一般来说，创作者在选择直播时间时，可以根据商品的特征选择直播时段，例如农产品类商品可以选择白天直播，海鲜类商品可以选择夜间直播，服装类商品则可以选择从下午直播到深夜。在确定直播时段后，创作者还可以发布动态，征集粉丝的意见，确定具体开播时间。

行家点拨：新手主播需要保证较高的直播频率和一定的直播时长，例如一周直播三次，每次直播三个小时以上，增加被平台推荐的概率，也可帮助粉丝养成固定时间观看直播的习惯。

（3）挑选直播商品。

直播商品的选择能够影响一场直播的最终销售效果，在进行直播前，创作者必须根据消费者喜好选择合适的商品，才能取得理想的直播效果。一般来讲，在挑选直播商品时，创作者可从近期热点、消费者诉求和商品熟悉程度 3 个方面进行考虑。

- **近期热点**。创作者在挑选直播商品时，可以先分析近期有哪些商品较为热门，选择热门商品进行直播，这样不仅能保证直播人气，还能借助商品的热度吸引消费者注意力，为直播引流。除此之外，创作者还可以根据以往经验，分析接下来的一段时间内哪些商品更有优势，并抓住机会进行直播。

- **消费者诉求**。创作者在与消费者沟通、交流时，应细心留意消费者提出的问题，仔细思考消费者反馈的建议，分析并发现消费者的诉求，结合诉求选择合适的商品。例如，杧果是四季都受欢迎的水果，在线下售卖时，其价格一直居高不下，消费者常抱怨优质的杧果价格很高，那么就可以得出结论：消费者对杧果的诉求是质优价廉，如果创作者此时能在直播时，以较为优惠的价格售卖优质的杠果，就会很容易吸引消费者的注意，为直播带来更多的流量。

- **商品熟悉程度**。在选择商品时，创作者可以选择自己较为熟悉的商品，以便更好地对商品进行介绍，回答消费者提出的问题，增加消费者的好感度。如果创作者对商品不够熟悉，那么在开播前，一定要对商品的基本信息、重要信息进行记忆，避免在直播过程中出现介绍错误的情况，否则会引起消费者的不满，甚至致使账号被罚。

（4）加强知识储备。

直播的知识储备包括了解社区规范、准备应对突发事件的预案、了解所有商品和熟悉智能推荐。

- 了解社区规范。为避免发生不必要的违规行为，造成直播中断、账号封禁等情况，创作者在直播前需要阅读社区规范，了解并熟悉平台不允许出现的内容，打造和谐的直播环境。

行家点拨： 平台不会采用"流量降权"的方式对出现过违规行为的主播进行持续打压，所有直播都依靠平台的智能推荐进行推荐分发，不会出现人工干预行为。

- **准确应对突发事件的预案。** 除了了解社区规范外，创作者还应该对直播可能出现的突发情况进行预案准备，例如直播间出现消费者维权、消费者对商品质量或价格提出质疑等问题。处理这些问题需要经验，创作者可以在反复的直播实践中积累经验，也可以先观看同类型知名主播的直播，学习其处理方法。当然，在积累经验的同时，创作者还应在直播前把所有可能突发的情况想清楚，并准备好相应预案和话术，避免直播时的突发情况影响商品的销售额。
- **了解所有商品。** 主播对商品的熟悉程度是影响消费者下单购买的重要因素。因此，创作者应做到对售卖的每一款商品都足够了解，除了前面提到的商品基本属性，还应对不同商品的功能对比、同类商品的价位对比、优缺点对比等进行深入的了解。
- **熟悉智能推荐。** 智能推荐的原则为"策略一样，人人平等"。在直播过程中，依托智能推荐观看直播的消费者越多、观看的时间越长，直播获得的推荐量就会越多，同时直播间打赏的数额和评论数的大幅增长也会相对地提高直播间被推荐的概率。因此，主播必须了解直播的智能推荐，通过直播间的标题与封面、直播内容、自身能力、互动玩法等因素增强直播效果。如果直播效果弱于其他同类型主播，主播也要放平心态、放低姿态，以学习的态度观摩优秀的直播间，找出与其他主播的差距所在，对自身的直播进行优化。

（5）做好物料准备。

除了知识储备外，物料准备也是直播前必不可少的环节。一般来讲，物料准备包括虚拟物料准备和硬件物料准备两个方面。

① 虚拟物料准备。

虚拟物料包括微头条素材和商品链接。其中，微头条分为预热微头条及商品微头条两种。

- **预热微头条**。预热微头条是指包括直播时间、直播商品、优惠策略和营销策略的微头条内容，一般在直播开始前的 24 小时内发布，数量保持在 2~3 条为宜。发布预热微头条，可以提前为直播间拉取一定的人气。
- **商品微头条**。商品微头条是发布于直播结束后的微头条内容，其素材多为商品相关图片，可以在直播过程中进行拍摄，直播结束后再发布微头条并插入微头条商品卡。

② 硬件物料准备。

硬件物料包括直播设备、直播商品和直播节奏表。

A. 直播设备。

直播设备一般包括手机、手机支架、补光灯和声卡。

- **手机**。创作者需要准备一台拥有高像素摄像头的手机，保证手机拥有充足的电量，并打开手机的飞行模式，以避免电话或无关信息打扰，然后连接 Wi-Fi 进行直播。如果是多人协同直播，则需要额外准备一台手机用来查看评论、截屏互动及监控直播。
- **手机支架**。手机支架用于固定直播时的手机、补光灯等其他直播设备，减少人为晃动，提高画面的稳定性，避免因屏幕晃动而给消费者留下不好的印象。
- **补光灯**。补光灯能在直播过程中营造更好的直播氛围。
- **声卡**。声卡可以大幅增强直播的娱乐效果。

B. 直播商品。

在直播前，创作者需要按照规划，把直播过程中需要用到的商品准备好，让消费者感受到直播的专业性，减少由于不必要的间隔而造成的时间浪费。同时，提前准备好直播中将要展示商品的详细信息，包括价格、库存、功能、面料、尺码等信息。尤其是在服装类直播中，尺码表尤为重要，创作者可以将常用的几套尺码在直播中进行循环展示，让消费者按需截图，选择适合的尺码下单。

除此之外，直播过程中还会经常对同类商品进行对比，以加深消费者的印象，此时创作者也应提前准备好可能会用到的各种小工具，如果有助播或嘉宾，还应该提前准备好重要环节的串词。

C. 直播节奏表。

直播节奏表通常是打印好的时间表，主播一份，后台控场人一份。直播节奏表能够保证直播有条不紊地进行，便于主播把控直播节奏，增强直播效果。

（6）调整主播状态。

在直播前，创作者不仅需要准备直播硬件，还需要调整主播的精神状态。主播的精神状态可以直接影响直播的氛围，刺激消费者购买商品。而良好的精神状态常体现在直播互动和主播语速上，直播互动是调动直播氛围，促使消费者产生消费行为的重要方式；主播语速则可以有效调动消费者的情绪。除此之外，主播的气质、形象、妆容、穿搭等也需要达到理想的状态，才能给消费者留下良好的印象。

行家点拨： 完善的准备与精心的策划是直播效果的有力保证，尤其在主播的成长期，如果准备不充分，就会影响直播效果，后续获得平台推荐的机会也可能会减少。因此，创作者对每一场直播都需要进行精心筹备。

（7）进行直播测试。

创作者在正式直播前，可以先进行一轮完整的测试，认识直播间功能，测试直播过程等，以保证直播能够顺利进行。

① 认识直播间功能。

创作者在利用抖音直播售卖商品前，需要对直播间功能进行了解。直播间功能包括PK、连线、玩法、装饰直播间等。

- PK。PK按钮位于抖音直播页面左下角，创作者可以直接点击"PK"按钮，与其他人进行语音互动。PK有3种方式，一是定向PK，前提是与想PK的账号互相关注；二是随机匹配，由系统随机选择正在直播的主播；三是账号推荐，主播可从推荐的账号中挑选想要PK的账号。此外，主播还可以通过点击"发起PK"页面中的"设置"按钮 ，在打开的"设置"页面中对邀请PK进行设置，如图2-117所示。

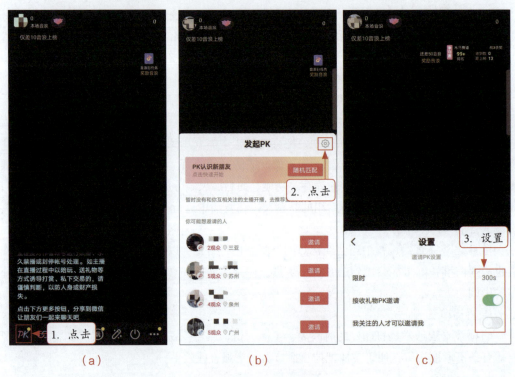

（a）　　　　　　　　　　（b）　　　　　　　　　　（c）

图2-117　PK功能设置

- 连线。连线按钮同样位于抖音直播页面左下角，紧挨PK按钮，主播可点击"连线"按钮 ，与系统推荐的主播进行连线，或者与直播间的观众进行视频/语音连线。需注意，在与直播间的观众进行连线时，主播需要先在"观众申请"页面中点击"打开观众连线功能"按钮，打开观众连线功能。在对连线功能进行设置时，主播也需要点击"主播连线"或"观众申请"页面的"设置"按钮 ，在打开的"连接设置"页面中，对相关选项进行设置，如图2-118所示。

（a）　　　　　　　　　（b）　　　　　　　　　（c）

图 2-118　连线功能设置

- 玩法。玩法按钮位于抖音直播页面正下方，主播可点击"玩法"按钮⑤，打开"互动玩法"页面，然后点击相应的按钮，与直播观众进行互动，如图 2-119 所示。其中，点击"评论"按钮⊜，主播可以在直播间发送评论弹幕；点击"眼睛眨眨"按钮⑥⑥、"你画我猜"按钮❤、"跳舞机"按钮❤，主播可以和观看直播的观众玩游戏、互动；点击"K歌"按钮❤，主播可以在直播间选择伴奏并唱歌；点击"礼物投票"按钮⑩，则主播可以设置礼物投票的相关选项，如图 2-120 所示，设置好后可以与直播观众进行互动，提高观众的参与感；点击"福袋"按钮⑤，主播可以设置福袋规则和获取福袋方式，如图 2-121 所示，完成设置后可以向直播观众发送福袋，以调动观众的积极性。

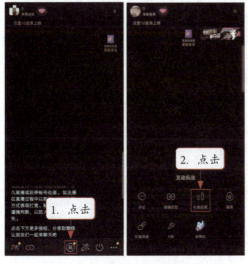

图 2-119　打开"互动玩法"页面

图 2-120　礼物投票设置

图 2-121　设置福袋规则和获取福袋方式

- 装饰直播间。装饰直播间按钮位于直播页面右下方、"玩法"按钮右侧。点击"装饰直播间"按钮，可以在"装饰直播间"页面中对直播间的美化、道具、贴纸和手势魔法进行设置，如图 2-122 所示。

- 更多功能：除上述功能外，抖音还提供了很多其他功能，点击抖音直播页面右下角的"更多"按钮，可以在"更多"页面中对直播间进行管理和设置，如图 2-123 所示。在外景直播的过程中，可能会涉及多个角度直播，此时，可以点击"更多"按钮，打开"更多"页面，点击"镜头转换"按钮，根据需要切换镜头。点击"镜像"按钮，可以开启镜像画面；点击"录屏"按钮，可以将直播画面录制并保存下来；点击"管理"按钮，可以对直播间进行管理，包括设置屏蔽词、管理员名单、禁言名单和拉黑名单，如图 2-124 所示；点击"分享"按钮，可以将此次直播分享到其他平台，利用其他平台的人气为直播引流；点击"礼物"按钮，可以向直播观众赠送礼物；点击"任务"按钮，可以设置相关任务；点击"直播上热门"按钮，则可以根据提升目标和预算投放"DOU+"，如图 2-125 所示，以提高观众互动程度或直播人气。此外，在对某些账号进行禁言或拉黑处理时，主播可以通过点击更多功能中的"管理"按钮，还可以在直播过程中直接点击该账号的头像，在打开的页面中对该账号进行禁言或拉黑设置，如图 2-126 所示。

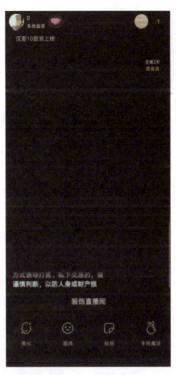

图 2-122 装饰直播间功能设置

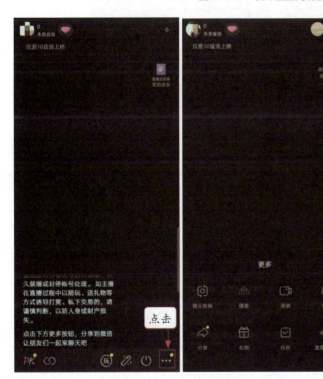

图 2-123 更多功能设置　　　　　　　　　　图 2-124 对直播间进行管理

图 2-125　投放"DOU+"

图 2-126　对所选账号进行禁言或拉黑设置

行家点拨： "DOU+"是抖音为创作者提供的视频加热工具，能够高效提高视频播放量与互动量，增强内容的曝光效果。

---

②测试直播过程。

创作者在测试直播过程时，需要测试直播场地的信号、网速、光线、收音情况，以及直播过程中的互动游戏、福利发放、商品上架等操作。尤其是室外直播，其场外环境往往多变，创作者需要提前对其进行测试，保证直播能够顺畅进行。

（8）直播预热。

为保证直播时能够有足够的人气，创作者在直播前应该发布直播的预告信息进行预热，并通过第三方平台获得更多的流量。一般来说，创作者可以借助以下方法对直播进行预热。

- 视频预热。创作者可以提前发布预告视频，在视频中告知消费者直播日期、主题等信息，如图 2-127 所示。
- 直播间预热。创作者可以提前在直播间预热，例如提前 5 分钟开播，以发红包或聊天互动的方式烘托直播间氛围；主播还可以在每一场直播结束时为下次的直播活动做预告。
- 个人主页预热。创作者可以在个人主页中添加直播预告信息，如图 2-128 所示。
- "DOU+"投放。创作者可以在直播前为预热视频投放"DOU+"，为直播导流；也可以在直播过程中直接在直播间投放"DOU+"。
- 站外传播。创作者可以通过朋友圈、社群、微博等其他渠道对直播预告信息进行传播扩散。

图 2-127　视频预热页面

图 2-128　个人主页预热

3. 直播的流程控制

很多创作者认为，在直播过程中，只要能够与消费者进行良好互动，就无须担心商品的销售量。然而事实上，在整个直播过程中，除了直播互动，直播策划和直播复盘也是十分重要的。直播策划能够把控直播的节奏，直播互动可以调动消费者的积极性，而直播复盘则有助于提高主播的直播能力。

（1）直播策划。

对于创作者而言，开设直播的目的是追求高销售额。为了更好地达到这个目的，创作者应该对每场直播进行详细策划，包括策划选择直播主题、设计各环节的互动流程等。而要策划一场优质的直播，创作者就需要先明确直播主题，再根据直播主题确定直播过程中需要提及的内容，将该内容合理穿插进直播过程中，最后再对整个流程的合理性、流畅性等进行宏观把握，做出适当调整。

在策划直播时，创作者要注意把控直播的节奏，一场完整的直播可以分为铺垫、爆发和尾声 3 个阶段。其中，爆发阶段往往是增加直播销售额的重要阶段，要使这 3 个阶段的衔接更加流畅，设计一定的互动流程是必不可少的。在进行直播时，紧凑的快节奏往往比拖沓的慢节奏更容易使消费者产生兴奋感，甚至使消费者产生冲动消费，带动商品的销售。

（2）直播互动。

直播互动是直播的重要环节之一，趣味性的互动可以调节直播间的氛围，调动消费者的积极性，为商品销售奠定良好的基础。在开始直播前，创作者应该策划好直播的互动环节，清楚消费者的互动情况，了解消费者对商品或价格等的诉求，并及时做出调整，促进商品的销售。

常见的直播互动方式包括弹幕互动、参与剧情、直播红包、发起任务、商品讲解和发放优惠券等。

- **弹幕互动**。弹幕是以字幕形式出现的评论，它一般出现在屏幕的下方，所有观看直播的消费者都可以看到这些内容。一般情况下，消费者的评论会以弹幕的形式出现在直播页面中，主播在直播过程中要关注弹幕的内容并挑选一些弹幕进行回应，特别是消费者的提问、建议、赞美等，例如"能介绍一下这个商品的原材料吗？""在直播间购买这个商品有什么赠品吗？""主播可以试用一下商品，讲讲使用感受吗？""什么时候抽奖呀？"等。

- **参与剧情**。参与剧情适合户外直播，主播可以通过邀请消费者参与直播内容的下一步策划与执行，加强消费者的参与感，同时还能借助消费者的创意增加直播的趣味性。若采纳了消费者的意见，主播可以给予参与的消费者一些奖励，以提高消费者的积极性。

- **直播红包**。主播可以通过发放红包的方式回馈消费者，增加直播的人气并加强互动。主播在发放红包时要提前告知消费者发放的时间，例如"10分钟后有一大波红包来袭""20:00准时发红包"等，这是为了让消费者知道抢红包的时间，在做好准备的同时，暗示消费者邀请更多人进入直播间等待红包，增加直播间的人气。

- **发起任务**。在直播中发起任务是指让消费者按照指定的方式，在指定的时间内完成一系列任务的行为，例如邀请消费者在某个短视频、某个微头条下进行评论或点赞。发起任务可以快速凝聚消费者，通过团体力量达成某一个目的，使消费者产生成就感和满足感。

- **商品讲解**。在直播过程中，主播可以通过对商品进行讲解，向消费者介绍商品，并结合弹幕互动的方式，回答消费者的问题。在对商品进行讲解时，主播可以点击直播页面下方的🏷钮，打开"直播商品"页面，在需要讲解的商品右侧点击"讲解"按钮，即可将商品展示在直播间中；在讲解完成后，主播可直接点击商品右侧的"取消讲解"按钮，如图2-129所示。

- **发放优惠券**。在直播过程中，发放优惠券可以调动消费者的积极性，营造热闹的直播氛围。要想发放优惠券，创作者需要先登录创作者后台，在"营销中心"选项卡的"营销工具"栏中，选择"优惠券"选项，在打开的页面中单击"新建批次券"按钮，在打开的页面中依次填写优惠券的相关信息，如图2-130所示，填写完成后，单击"提交"按钮即可生成优惠券及其券号。在直播时，主播可以点击直播页面下方的🏷钮，打开"直播商品"页面，点击发券钮，打开"优惠券"页面，点击页面中央的"立即绑券"按钮，即可打开"绑定优惠券"页面，此时只需输入相应的优惠券券号，点击"绑定"按钮，即可绑定优惠券，回到"优惠券"页面，点击"立即发券"按钮，即可发放优惠券，如图2-131所示。

图 2-129 商品讲解

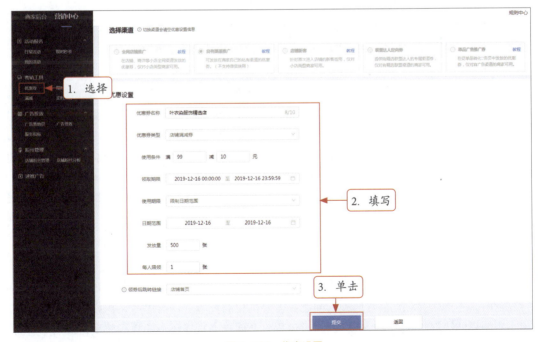

图 2-130 优惠设置

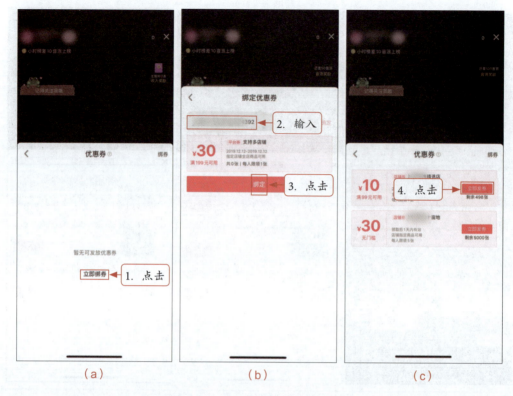

图 2-131　发放优惠券

案例分析——某场热门直播的互动环节分析

在某场热门直播过程中，主播以略低于商品正常售价的价格上架了某商品，然后以开玩笑的方式询问消费者对商品价格的意见，并通过"觉得贵的消费者在屏幕上刷 1"的话术与消费者互动，调动其积极性，屏幕马上就被"1"占满；此时主播站在消费者的角度，以给消费者优惠、让利的名义，拨通创作者电话，以免提的形式与创作者商量降价，并坚持以5折销售商品，在一番博弈后，创作者同意拿出 1000 件商品做活动，于是主播马上改价，1000 件商品瞬间售完；然后主播再次与消费者进行互动，说道："直播间还有很多朋友没有抢到啊，那可不行，说好给大家送福利的，我还要联系创作者。"于是再次拨通创作者电话，又争取了 2000 件商品，很快就售空了。

分析： 此场直播的主播就是通过巧妙的互动环节，充分调动了消费者的积极性、购物欲，通过5折优惠的价格，以及限量 1000 件和 2000 件的手段，带动消费者进行抢购，取得不错的销售效果。

（3）直播复盘。

复盘是指在直播结束后，对整个直播过程进行分析，并总结相关经验。在对直播过程进行复盘时，主播需要对直播时遇到的问题、需要优化的环节等进行思考，积累相关经验，避免再犯同样的错误，并形成标准化的执行流程，全面提高直播环节的执行效率，甚至打造为可复制的经典案例。

4. 直播的进阶技巧

创作者在利用直播营销商品时，只有不断积累、不断学习，才能掌握更多的直播进阶技巧，吸引更多的消费者，达到更好的直播效果。下面从标题与封面设计和主播个性化打造两个方面介绍直播的进阶技巧。

（1）标题与封面设计。

在整个直播过程中，直播的标题与封面很大程度上决定了消费者是否会对直播内容产生兴趣，并决定了直播间的真实在线人数。创作者要想吸引消费者观看直播，就必须考虑抖音App展示内容的特点，结合直播标题的写作技巧与封面的设计方法，加深消费者对直播的第一印象，使其愿意进入直播间。

① 标题的写作技巧。

在撰写直播的标题时，创作者必须直接体现出直播主题，将商品名称、特色、优势等展现出来，不可仅为吸引消费者的注意就将与直播内容无关的文本作为标题。常见的标题写作技巧如下所示。

- **宣事式**。宣事式标题是指直接点明直播主题的标题，这种标题常选择开门见山的方式，宣告直播售卖的商品或直播提供的福利等。例如，"直播男鞋秒杀速来。"

- **提问式**。提问式标题是指使用提出问题的方式，吸引消费者的注意，促使其对该问题进行思考并产生想要观看直播的想法。值得注意的是，创作者在考虑要提出的问题时，应从消费者关心的利益点出发，这样才能引起他们的兴趣。提问式标题可以是反问、设问，也可以是疑问。例如，"颗粒绒外套只要109元？"

- 对比式。对比式标题是指了解当前事物的某个特性后，将其和与之相反的或性质截然不同的事物进行对比，通过强烈的对比引起消费者的注意。例如，"葡萄大的珍珠，抢到就是赚到。"

- 标语式。标语式标题简短有力，主要由商品的名字或品牌构成。这种标题大多将商品与知名度很高的公司或系列品牌相联系，有助于提高商品的销量。例如，"森马品牌秒杀9.9元起。"

- 证明式。证明式标题就是以见证人的身份阐释商品的优势，增强消费者的信任感，既可以是自证，也可以是他证。该类型标题常使用口述的形式传递信息，语言自然通俗。例如，"××（知名人物）都说好的方便面特价。"

- 号召式。号召式标题是指用鼓动性的话语作为标题，号召人们做出某种决定或行为。这种标题的语言要求具有暗示性和指向性，能让消费者受到语言的吸引，做出标题要求的某种行为。号召式标题一般具有祈使的意味，以动词开头，但在写作时要注意用词委婉，避开消费者不愿意受人支配或被命令的心理特点。例如，"柠檬大降价，速抢。"

- 悬念式。悬念式标题侧重于借助某个悬念点引起人们的好奇和思考，吸引消费者观看直播。例如，"知名人士都爱吃哪些零食？"

- 颂扬式。颂扬式标题是指用正面、积极的态度，对商品的特征、功能进行适度、合理的称赞，以突出商品的优点。例如，"精品贵妃杧果，个大味甜汁水足。"
- 数字式。数字式标题是指利用确切的数字，将直播主题表达出来，使消费者能直观地接收主播想要传达的信息。例如，"酸豆角 500 克 3 包 8.9 元包邮。"
- 话题式。话题式标题是指利用能够引起消费者讨论、容易被广泛传播的话题进行命名的方法。这种标题离不开网络热词和热门影视等时尚热点，必须具备时效性。例如，"猪肉涨价不如吃牛肉干。"

②封面的设计方法。

封面可以更直观地体现直播主题，创作者在设计直播封面时，可以结合有人、有商品、好看和好玩的基本原则，设计贴合直播主题的封面。

- 有人。有人是指封面中应包含主播形象。
- 有商品。有商品是指在封面中展示主要推荐的商品。
- 好看。好看是指封面的构图应该美观大方，给人赏心悦目的感觉。
- 好玩。好玩是指封面可以添加一些有趣的元素或表情，增加封面的趣味性，使封面更加新奇、生动。

图 2-132 所示为结合有人、好看和好玩原则的直播封面；图 2-133 所示为结合有商品和好看原则的直播封面。

图 2-132　结合有人、好看和好玩原则的直播封面　　图 2-133　结合有商品和好看原则的直播封面

（2）主播个性化打造。

主播的个性化打造可以分为主播定位和主播特质打造两个方面。

- **主播定位**。在对主播进行定位时，创作者可以根据消费者群体的画像、主要商品的特色、平台消费者整体风格等进行综合考量。例如，服装类商品的主播可以根据商品的风格，定位为甜美风、简约风、文艺风等；美食类商品的主播可以定位为美食评测员、美食制作家等；生活家居类商品的主播可以定位为家庭主妇、家装设计师等。
- **主播特质打造**。主播特质包括主播的性格、气质、谈吐、技能、价值观、世界观、知识面等。在打造主播特质时，创作者需要找到主播与其他主播的不同之处，将该不同之处打造为主播的标签，围绕主播的特点进行不断优化，丰富主播的技能。例如，某花草创作者的主播对种植植物十分有心得，那么就可以突出该主播的知识面广阔，创作者可以帮助主播了解更多植物种植方面的知识，并提供植物让主播实践，加深主播对知识的认知，使主播在直播时能够有针对性地回答消费者提出的问题，提高消费者的好感度。

2.3.3　单场爆款直播带货案例解析

创作者在了解并熟悉直播带货的相关知识后，还应将这些内容进行实际运用，提高自己的直播能力。本小节将通过分析罗永浩直播和县长直播两个案例，帮助创作者更深入地了解直播带货。

案例分析——罗永浩抖音直播首秀销售额超 1.1 亿元

2020 年 3 月 19 日，罗永浩宣布进军电商直播，3 月 26 日，他对外发布"4 月 1 日晚 8 点将在抖音进行首场直播带货"。随后，罗永浩在微博、微信公众号、抖音等平台，分别发布了直播预告信息，对此次直播进行了连续预热，引起了 IT、互联网、文化评论、创投金融、媒体等多个领域的关注。2020 年 4 月 1 日，罗永浩在抖音进行直播首秀，开场仅 5 分钟，就收获了 155 万音浪（抖音直播的虚拟币），5 秒后，音浪值更是飙升至 162 万；开场 10 分钟后，直播间观看人数已经达到了 218 万人。直播结束后，根据抖音官方统计，在整场直播的 3 个小时内，罗永浩共收获了 3632.6 万音浪，折合人民币 360 余万元；共吸引了 4800 万人观看直播，达到了 270 万人同时进行直播观看的成就；此外，罗永浩销售的 22 款商品，更是达到了 1.1 亿元的销售额，创下了抖音平台目前最高带货纪录，并成功引爆全网，成为当时的热点事件，引起了社会各界的广泛讨论。图 2-134 所示为罗永浩此次直播的封面，图 2-135 所示为直播页面，图 2-136 所示为此次直播的成绩图。

图 2-134　罗永浩抖音直播封面　　　图 2-135　直播页面　　　图 2-136　直播成绩图

分析： 罗永浩虽然是第一次尝试直播，但由于他具有丰富的人生经历和人格魅力、强大的辨识度和话题性，以及数量众多的粉丝，使得此次直播从一开始就备受关注。在开始直播之前，罗永浩借助微博、微信公众号等多个平台对直播进行预热，引起了众多消费者的广泛关注，为直播间带来了许多流量。虽然此次直播的成绩斐然，但相比专业主播的直播，仍旧存在一定的差距，例如节奏把控差、商品介绍和上架时间衔接不畅、直播准备不够充分等。

案例分析——县长直播案例

2019 年，山东省济南市商河县副县长王帅，通过直播创下 10 秒内卖出 200 个西瓜、2 小时内卖完将近 8000 千克地瓜的成绩，让抖音看到了县长直播的潜力。2020 年，抖音推出了"县长来直播"系列直播活动，邀请不同地区县长，针对不同直播主题，售卖当地的优质农产品。2020 年的清明节前，该系列直播活动启动了春茶专场，邀请了各个茶产地的县长们，替茶农在抖音直播间里售卖春茶。图 2-137 所示为"县长来直播"春茶专场的直播封面。

在售卖浙江龙井茶叶商品时，茶产地县长通过 4 场连播，包括茶园展示、茶叶生产车间展示、抖音美食达人茶艺表演及"茶王"的现场炒茶，全方位地向消费者展现了龙井茶的历史、文化、特色、技艺、工艺等，充分体现了龙井茶文化代代传承的精神内核——继承与创新。此外，此次直播还通过以茶入菜的形式，给消费者带来了不一样的龙井茶宴，例如龙井奶茶、龙井虾仁、龙井茶叶蛋等，使消费者了解到更多的用茶方式。图 2-138 所示为浙江龙井茶产地县长直播页面。

（a）　　　　　　　　　　（b）　　　　　　　　　　（c）

图 2-137 "县长来直播"　　　　　　图 2-138 浙江龙井茶产地县长直播页面

春茶专场的直播封面

在售卖小青柑茶叶商品时，产地的区长进入了直播间，与消费者进行互动，讲解小青柑茶叶商品的产地——新会区 1800 多年的历史，介绍小青柑茶叶的生态环境、起源故事，并借由这些故事讲出小青柑茶叶的特点，还展示小青柑茶叶的冲泡过程，介绍挑选小青柑茶叶的方法。此外，区长还在直播时，对消费者提出的小青柑茶叶的保存问题做出解答，教消费者辨别小青柑茶叶的方法，并对小青柑茶叶的制作工艺进行讲解；还展示了新会美食和小青柑、陈皮的结合，引发消费者对小青柑茶叶、新会美食的兴趣。图 2-139 所示为产地区长直播页面。

图 2-139　产地区长直播页面

分析： 此次"县长来直播"春茶专场，邀请了对茶叶商品、产地等都十分熟悉的县长或区长，对茶叶商品的生长环境、历史、文化、工艺、美食制作等进行讲解，为消费者展示了全新的茶叶商品，不仅打破了地域的限制，让越来越多的人认识和了解当地的茶叶商品和茶叶文化，提高消费者关于茶叶的知识储备，同时还售出了 911 万元的茶叶商品，拓宽了这些茶叶商品的销路。

【思考与练习】

1. 选择一个商品，写一篇带货型图文内容。

2. 根据本章提到的商品分享视频的创作方法，制作一条商品分享视频。

3. 观看一场直播带货，观察并分析主播在直播前的准备、直播中使用的技巧等，并用文字记录下来。

第 3 章

店铺开通与商品选择

【学习目标】

● 了解店铺开通的基础知识和店铺装修的方法。

● 熟悉商品的展示和展现方式。

● 熟悉商品选择的途径、方法、技巧和禁忌。

● 了解商品质量管理的内容。

与线下实体店中的商品相同，内容电商的商品在进行交易时，也需要一个交易平台，方便消费者进行挑选、咨询和购买，而今日头条、西瓜视频、抖音等平台的商家店铺——小店就为消费者提供了商品交易平台。开通了小店的商家，可以在今日头条、抖音、西瓜视频和抖音火山版等 App 的主页中展示想要营销的商品，并在文章、视频和微头条等内容中通过添加商品链接，引导消费者进入小店购买商品，最终实现流量变现。本章将对店铺开通与商品选择的相关内容进行介绍。

3.1　店铺的开通与装修

将今日头条、抖音、西瓜视频等平台账号与小店账号绑定，可以省略跳转到淘宝、京东等电商平台的步骤，直接将小店中的商品展示在相应平台中，消费者能够直接查看商品信息并进行购买。本节将从店铺开通的规则与要求、店铺的开通流程、商家后台的主要功能、商品详情页设计和店铺装修 5 个方面进行介绍。

3.1.1　店铺开通的规则与要求

在开通小店前，商家应该对小店开通的规则与要求进行了解，准备开通小店需要的资料，确定小店可以售卖的商品种类，为小店的顺利运营奠定基础。一般来说，商家需要熟悉小店的入驻标准、入驻小店的资质要求和小店的退店规则。

1.　小店的入驻标准

目前，小店只支持企业和个体工商户入驻。在入驻时，入驻的主体必须已经完成注册，而且主体的经营范围及经营时间都在营业执照规定的经营范围及经营期限内，小店售卖的商品也要在招商类目范围内，并且具备相应资质。此外，商品还必须符合法律及行业标准规定的质量要求，所有资质应该提供原件和扫描件且加盖入驻主体的红色印章。

2.　入驻小店的资质要求

入驻小店的资质要求因商家主体的不同而有所不同，但都需要准备相应的营业执照，并且营业执照距离有效期的截止时间要大于 3 个月，而且还需要确保入驻的商家主体未在企业经营异常名录中。商家主体可分为企业和个体工商户。

注：平台功能与相关页面的设置会随着平台的发展与用户的需求不断进行优化更新，本书中的操作步骤与方法论仅供参考，实际功能或页面设置请读者以平台的最新内容为准。

- **企业**。企业入驻小店需要提供开户主体和营业执照主体一致的对公账户，以及企业法人代表的身份证信息，身份证信息包括身份证正反面照片和本人手持身份证的照片。
- **个体工商户**。个体工商户入驻可以选择对公账户或者经营者的对私账户，若选择对公账户，开户主体也应与营业执照主体一致。此外，还需提供个体工商户经营者的身份证信息，身份证信息包括身份证正反面照片和本人手持身份证的照片。

3. 小店的退店规则

商家既可以入驻小店，也可以在入驻后退出小店平台，不再在平台上开展各项经营活动，即退店。退店包括商家主动退出店铺和平台清退店铺两种情形。

（1）商家主动退出店铺。

商家主动退出店铺包括自然终止和提前终止两种情况。

- **自然终止**。自然终止是指店铺与平台合作期已满且商家未完成合同续签的情形。
- **提前终止**。提前终止是指店铺与平台合作期未满，但商家提前申请关闭店铺；或者店铺与平台协议约定的其他终止／解除条件达成的情形。

商家要退出小店，需要满足以下条件。

- 店铺内所有商品已下架，确保不再发生新的交易。
- 店铺与消费者／其他第三方之间不存在正在处理的纠纷。
- 关店公示 30 天。
- 订单完成 90 天。
- 无佣金欠款。
- 周期打款已结清。
- 无保证金欠款。

商家主动退出小店时，可以在 PC 端登录商家后台，在"店铺"栏中选择"关店"选项，填写相关信息，申请关闭小店，如图 3-1 所示。在申请关店的流程开始后，小店就无法恢复营业，只有小店成功关闭 6 个月后才能再次申请恢复营业。

图 3-1　申请关店

（2）平台清退店铺。

平台清退店铺是指商家因违反国家法律法规或平台规定被平台清退，在店铺关闭前，平台会向商家发出停业通知，而自停业通知送达之日起，平台有权将店铺停业。

3.1.2　店铺的开通流程

要申请入驻小店，商家可以在 PC 端进行操作，根据需要选择今日头条账号、西瓜视频账号、抖音账号和抖音火山版账号中的任意一种账号注册商家后台。在注册成功后，商家登录商家后台的方式将无法自行修改，因此商家应谨慎选择注册账号。在开通小店的过程中，商家需要先申请开通店铺，然后进行打款验证并缴纳店铺保证金，才能使小店正常营业。

1. 申请开通店铺

商家在申请开通店铺时，需要准备好身份证信息、营业资质等资料，登录商家后台后填写相关信息，申请开通店铺，其具体操作步骤如下。

步骤1 在 PC 端打开"商家后台"页面，选择想要注册的渠道账号，这里选择"今日头条账号登录"选项，打开"今日头条授权登录"页面，输入今日头条账号绑定的手机号码，单击"发送验证码"按钮，将收到的验证码输入第 2 行文本框中，单击"授权并登录"按钮，如图 3-2 所示。

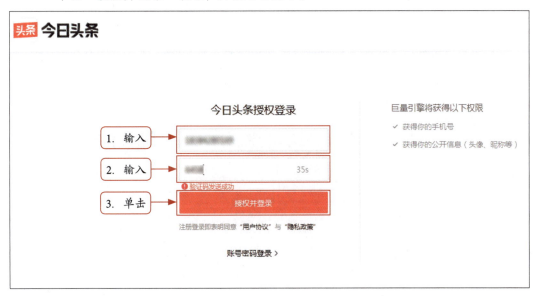

图 3-2　今日头条授权登录

步骤2 打开"账号绑定授权"页面，选中"我已阅读并同意服务协议和隐私条款"单选项，单击"使用手机号一键绑定"按钮，如图 3-3 所示。

图 3-3　账号绑定授权

步骤 3 打开"仅需一步，快速入驻"页面，单击"点击上传"按钮 +，上传相关身份证照片，在"姓名""身份证号码""联系人手机号""验证码"等文本框中输入相应信息，单击"创建店铺"按钮，如图 3-4 所示。

步骤 4 回到"首页"页面，在页面上方单击"立即认证"按钮，在打开的页面中选中"个体工商户入驻"栏中的"普通店铺"单选项，单击"开始填写资料"按钮，如图 3-5 所示。需要注意的是，店铺类型一旦选择将无法更改。

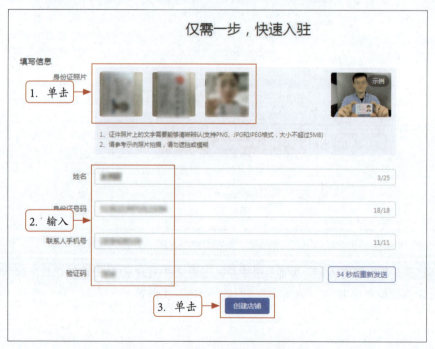

图 3-4　上传身份证照片并输入相应信息

图 3-5　选择入驻类型

步骤 5 打开"填写主体信息"页面，页面将根据上传的经营者身份信息自动生成"经营者信息"栏的相应内容，如图 3-6 所示。

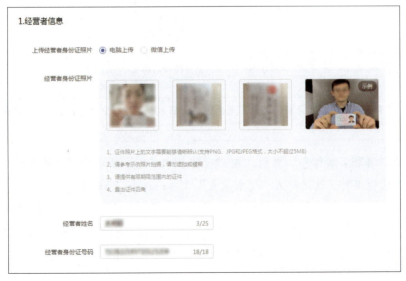

图 3-6　自动生成经营者信息

步骤 6 在"营业证件信息"栏中单击"上传营业执照"按钮+，在"打开"窗口中选择
营业执照图片，单击"打开"按钮上传照片，图片上传成功后，系统将自动生成"公
司名称"和"统一社会信用代码"；单击"营业期限"文本框右侧的□按钮，选
择营业期限的截止日期；单击"经营地址"文本框右侧的∨按钮，选择经营地址；
单击"下一步"按钮，如图3-7所示。

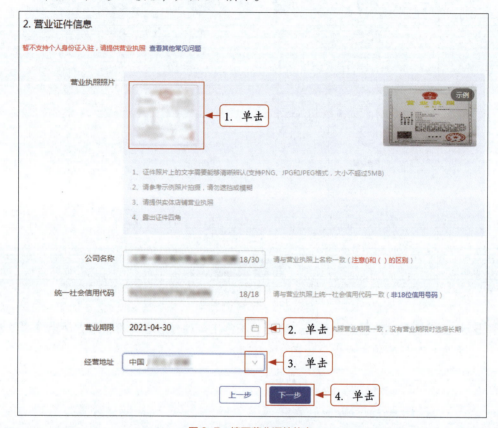

图 3-7　填写营业证件信息

注意: 如果没有营业期限，那么商家就可以不用选择截止日期，直接选中"营业期限"文本框右侧的"长
期"复选框即可。

步骤 7 打开"填写店铺信息"页面，在"店铺基本信息"栏中的"店铺名称"文本框中
输入店铺名称，这里输入"爱木盆景"文本；单击"店铺 Logo"中的"点击上传"
按钮+，在"打开"窗口中选择店铺 Logo 图片，单击"打开"按钮即可上传所
选图片；单击"一级类目"右侧的按钮∨，在打开的下拉列表中选择店铺分类，
这里选择"农贸绿植"选项，如图3-8所示。

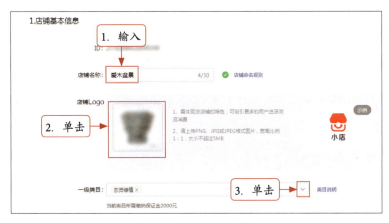

图 3-8　填写店铺基本信息

步骤8 在"行业资质信息"栏中，单击"其他资质"中的"点击上传"按钮+，如图3-9所示，在"打开"窗口中选择需要上传的其他资质图片，单击"打开"按钮。

步骤9 在"店铺管理人信息"栏中的"管理人姓名""管理人手机号""管理人邮箱"文本框中输入相应信息；在"售后信息"栏中的"售后负责人姓名""售后电话""售后地址"文本框中输入相应信息，单击"提交资料审核"按钮，如图3-10所示。

步骤10 打开"入驻成功"页面，单击"进入店铺"按钮，即可查看店铺。

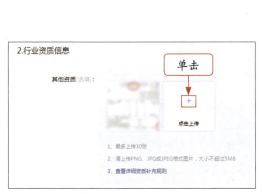

图 3-9　上传其他资质图片

图 3-10　填写店铺管理人信息和售后信息

　　审核资料提交完成后，无论是否通过，系统都会在1~3个工作日内进行反馈，资料提交完成后，商家需注意后台消息提醒，关注审核进度。

行家点拨： 在申请开通店铺时，如果还没有设计好店铺Logo，商家可以先上传与店铺有关的图片，待Logo设计好后再进行替换。

2. 打款验证

店铺申请审核通过后，系统会提醒商家资质信息审核已通过，并要求商家填写一个账户信息用于打款验证，如图 3-11 所示。填写完相应的银行账户信息后，如图 3-12 所示，平台会给该账户打入一笔随机金额，商家需要正确填写打入的金额数值以完成打款验证，如图 3-13 所示。验证工作需要在 1~3 个工作日内完成，如果超过时限，就需要重新提交打款验证账户。

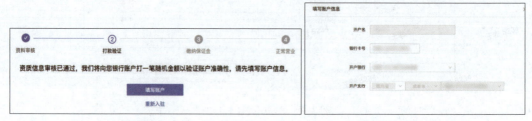

图 3-11　审核通过的通知　　　　　　　　　　　　图 3-12　填写银行账户信息

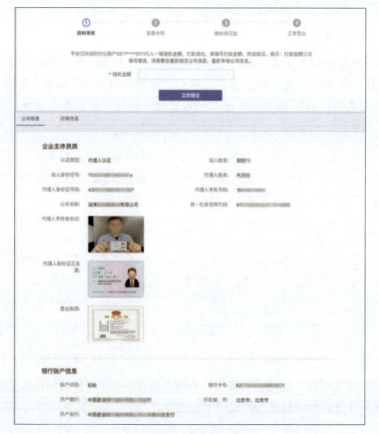

图 3-13　打款验证页面

企业主体入驻的小店在进行打款验证时，必须使用与营业执照名称一致的对公账户进行校验；个体工商户主体入驻的小店在进行打款验证时，可以使用与营业执照名称一致的对公账户进行校验，也可以使用与营业执照中经营者名称一致的对私账户进行校验。

3. 缴纳店铺保证金

小店的保证金是指商家向平台缴纳的用以保证平台规则、平台协议的履行，以及对商品和服务质量进行担保的款项。在商家出现违规情形时，平台可以依照平台规则或平台协议的相关规定，将商家缴纳的保证金用于对消费者进行赔付、赔偿平台的损失或承担其他违约责任。商家在小店入驻成功后需要缴纳相应的保证金，不同类目的商品需要缴纳的保证金金额不同，各类目的保证金标准如表 3-1 所示。

对于跨类目或多渠道经营的店铺，保证金的缴纳额度采取"就高不就低"原则，按保证金类目最高的金额进行缴纳。在经营过程中，因增加类目或因其他原因导致对应的保证金低于原有保证金的，商家需补交差额部分。

当商家店铺保证金余额低于其应缴存店铺保证金标准时，平台会对店铺做出相应的处理，具体处理细则如表 3-2 所示。

表 3-1　各类目的保证金标准

一级类目	普通订单（单位：元）			广告流量订单（单位：元）
	个体工商户	企业	个人	
服饰内衣	2000	4000	500	20000
运动户外	2000	4000	500	20000
鞋靴	2000	4000	500	20000
厨具	2000	4000	500	20000
礼品箱包	5000	10000	暂不招商	20000
食品饮料	2000	4000	暂不招商	200000
酒类	10000	20000	暂不招商	200000
生鲜	2000	4000	暂不招商	200000
钟表类	5000	10000	暂不招商	50000
珠宝文玩	20000	20000	暂不招商	/
母婴	5000	10000	暂不招商	200000
玩具乐器	2000	4000	暂不招商	50000
宠物生活	2000	4000	暂不招商	20000
家居日用	5000	10000	暂不招商	20000
家具	5000	10000	暂不招商	20000
家装建材	2000	4000	暂不招商	20000
农资绿植	2000	4000	暂不招商	200000
家用电器	10000	20000	暂不招商	200000
计算机、办公	10000	20000	暂不招商	200000
手机类	10000	20000	暂不招商	200000

续表

一级类目	普通订单（单位：元）			广告流量订单（单位：元）
	个体工商户	企业	个人	
数码	2000	4000	暂不招商	200000
个人护理	5000	10000	暂不招商	200000
美妆	5000	10000	暂不招商	200000
教育培训	5000	10000	暂不招商	个体5000，企业10000
教育音像	5000	10000	暂不招商	50000
图书	2000	4000	暂不招商	20000
本地生活/旅游出行	5000	10000	暂不招商	/
汽车用品	2000	4000	暂不招商	50000

表3-2 保证金不足时平台对店铺做出的处理细则

场景	影响
保证金余额≥保证金应缴金额的75%	无影响
保证金应缴金额的50%≤保证金余额＜保证金应缴金额的75%	如果72个小时内补缴，则撤销判定 如果72个小时内不补缴，则店铺停业整顿
保证金余额＜保证金应缴金额的50%	店铺立即停业整顿，全部商品下架

　　缴纳保证金时，商家可在商家后台首页的资金数据栏单击"充值"按钮，在"充值保证金"页面填入需要充值的金额，单击"充值"按钮，如图3-14所示，扫码或登录支付宝账号，即可缴纳保证金。

图3-14 输入保证金充值金额

4. 正常营业

　　在开通店铺、打款验证和缴纳保证金后，商家就可以利用商家后台进行店铺运营了。图3-15所示为正常营业的商家后台页面。

图 3-15　正常营业的商家后台页面

行家点拨： 除此之外，商家还可以根据需要，将小店店铺与字节跳动旗下其他平台相关联。

3.1.3　商家后台的主要功能

商家后台主要分为商家后台和营销中心两个模块。其中，商家后台模块主要用于进行商品发布、售后服务、销售数据汇总等，营销中心主要用于对商品营销活动进行管理。

1. 商家后台模块

商家后台模块主要包括商品、订单、售后、物流、数据、资产和店铺 7 个部分，如图 3-16 所示，分别用于管理商品、处理消费者订单、处理售后问题、管理物流信息、进行数据分析、查看小店资产和进行店铺管理。

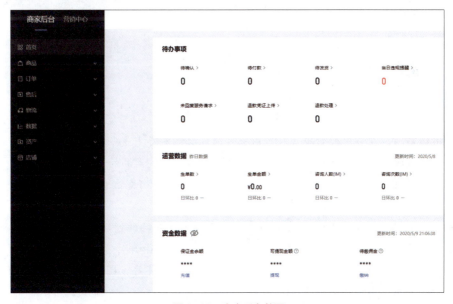

图 3-16　商家后台首页

（1）商品。

商品部分主要包括商品创建、商品管理和规格管理。

- **商品创建**。商家可以通过商品创建，为小店上架新的商品。
- **商品管理**。在商品管理页面中，商家可以对商品进行分类，例如全部商品、售卖中的商品、已下架的商品、封禁中的商品、回收站的商品等，方便商家查找不同类别的商品。
- **规格管理**。规格管理能够保存商品的所有SKU，商家需要对这些商品属性规格做好名称标注，以便在修改商品或创建新品的时候提取。

（2）订单。

订单部分主要包括订单管理、批量发货、评价管理、违规处理和售卖预警。

- **订单管理**。商家可以在订单管理页面中，通过输入订单编号、商品名称/ID、快递单号、收货人姓名或收货人手机号码，选择订单状态、售后状态、业务类型、快递公司、是否预售、订单类型、App渠道、下单时间或完成时间，单击"查询"按钮，查看某一特定查询条件下的订单。图3-17所示为订单管理页面。

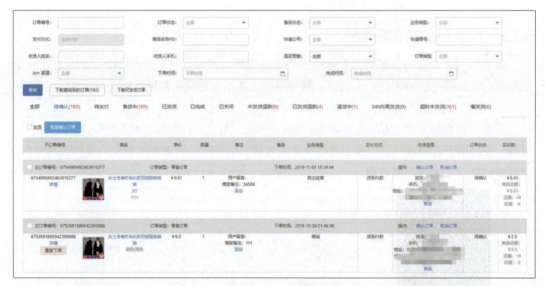

图3-17 订单管理页面

- **批量发货**。在订单数量较多时，商家可通过批量发货完成多笔订单的发货。
- **评价管理**。评价管理可用于查看、回复消费者对有关商品的评价。
- **违规处理**。商家可通过违规处理，查看违规订单的相关信息，还可以选择导出处理结果，或者对违规处理进行申诉。
- **售卖预警**。商家可以通过售卖预警及时掌握小店商品的情况。在添加联系方式后，当小店商品数量达到库存预警值、全局热卖预警值和单个商品预警值时，商家就会收到平台的短信提示，以便根据实际情况调整商品库存。图3-18所示为开启库存预警和全局热卖预警的页面。

图 3-18 开启库存预警和全局热卖预警的页面

（3）售后。

售后部分主要包括未发货退款、已发货售后、客服电话设置、服务请求和极速退助手。

- **未发货退款**。商家可以在未发货退款页面中，对未发货且消费者申请退款的订单进行处理。
- **已发货售后**。商家可以在已发货售后页面中，对已经发货的订单出现的售后问题进行处理。
- **客服电话设置**。商家可以通过客服电话设置添加电话和微信号，以便消费者及时联系商家处理各类问题。图 3-19 所示为添加电话的页面。

图 3-19 添加电话的页面

- **服务请求**。商家可以在服务请求页面中查看并处理消费者提出的服务请求。
- **极速退助手**。极速退助手能够自动识别低于 300 元（虚拟商品除外）且成功下单时间小于 6 小时的未发货订单，并在这类订单发起退款时执行极速退款。该功能可以优化消费者的购物体验，为店铺运营节省人力成本，同时因为极速退款能缩短审核时效，还可以起到提高店铺评分的作用。此外，对于开通极速退款的商品，详情页会显示"极速退款"服务标志 极速退款，从而增加了商品辨识度，提升了消费者对商品的信任度，提高商品转化率。

（4）物流。

物流部分主要包括运费模板、地址库管理、服务商管理和服务商地址。

- **运费模板**。商家在添加运费模板后，能够更方便地填写商品的快递单号信息，提高发货效率。
- **地址库管理**。商家可以在地址库管理页面中添加商品的常用发货/退货联系人、联系电话和详细地址。
- **服务商管理**。商家可以在服务商管理页面中申请开通快递公司的电子面单合作，以及添加常用的快递公司。
- **服务商地址**。商家可以在服务商地址页面中添加发货地址，便捷地管理商品的发货情况。

（5）数据。

数据部分主要包括核心数据、内容分析、商品分析、DSR（Detail Seller Rating，卖家服务评级系统）数据和服务数据，能够对店铺各项数据进行分类汇总，让商家及时根据数据对店铺做出相应的调整。

- **核心数据**。核心数据不仅能够展示每天店铺商品曝光量、商品详情页浏览量和有效订单汇总，还能根据需要选择某一时间段的数据进行汇总，同时对各项数据的来源做区分，便于商家更加精准地根据数据做推广。
- **内容分析**。内容分析是对抖音短视频、抖音直播、微头条、西瓜直播、商家联盟等各内容渠道营销情况的数据进行汇总。通过这些数据，商家可以创作并推广效果更好的内容。
- **商品分析**。商品分析是对小店各个商品曝光量、浏览量、成交量等的数据分析，商家可以结合这些数据对商品进行及时调整，例如上下架商品、调整主推商品、优化商品详情页等。
- **DSR 数据**。DSR 数据即根据店铺的消费者口碑、服务态度、发货速度 3 个项目得出的评分，商家可以查看最长 4 个月的评分变化趋势曲线。
- **服务数据**。服务数据是对商品质量和客户服务的数据汇总。

（6）资产。

资产部分包括账户中心、在线支付账单、货到付款账单、订单流水明细、历史报表和店铺保证金，是对店铺各类资金款项的汇总和明细的管理。

- **账户中心**。商家可以在账户中心页面中查看贷款账户和其他账户的相关金额，其中，贷款账户包括微信账户和支付宝账户，其他账户指保证金账户。
- **在线支付账单**。商家可通过在线支付账单页面查看在线支付已结算订单的每日、每月、微信、支付宝和周期打款汇总。

- **货到付款账单**。货到付款是一种消费者下单方式，处于该方式下的商家需要主动缴纳佣金，用于支付达人佣金等。当店铺存在待缴纳佣金时，微信账户和支付宝账户将无法提现。如果存在欠缴两个月的佣金账单，店铺将自动停业。

- **订单流水明细**。商家可以在订单流水明细页面中根据结算时间、订单号、费用项、结算状态、商品 ID、结算账户或业务类型，查看订单信息、结算信息、收入项和支出项等信息。

- **历史报表**。商家能够查看在历史报表页面中生成的 24 小时内的报表。

- **店铺保证金**。商家能够在店铺保证金页面中查看店铺保证金的相关信息，按照保证金管理规则缴纳保证金，当保证金不足时及时充值。如果因保证金不足而触发了停业整顿，商家只需缴纳足够的保证金，店铺就可以自动恢复营业，但是店铺商品需要重新手动上架。

（7）店铺。

店铺部分包含店铺信息、店铺等级、店铺装修、支付方式设置、子账号管理、渠道管理、合同协议、黑名单、飞书账号绑定和关店，能够对店铺的相关信息进行设置。其中，店铺装修将在 3.1.5 节中进行详细讲解，此处不做具体介绍。

- **店铺信息**。店铺信息包括主体信息和店铺基本信息。其中，主体信息是指店铺在入驻时填写的身份信息，店铺信息包括与店铺有关的 ID、店铺类型、店铺名称、一级类目、店铺 Logo、管理人手机号码等。商家可以在店铺信息页面中，单击"编辑信息"按钮，如图 3-20 所示，修改店铺的名称和 Logo，如图 3-21 所示。

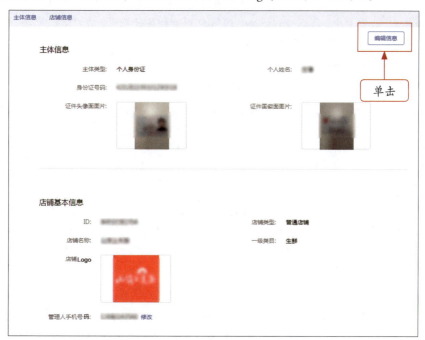

图 3-20　店铺信息页面

图 3-21 修改店铺名称和 Logo

- **店铺等级**。商家可在店铺等级中查看店铺评级指标，包括商品质量、客户服务和订单转化。如果相关指标未达到保级标准，那么店铺等级就会下降；只有指标达到升级标准，店铺等级才会上升。商家可通过单击店铺等级页面中的"店铺评级规则"超链接，查看店铺评级规则。

- **支付方式设置**。商家可在支付方式设置中开通支付宝支付和微信支付。在设置前，商家需要在店铺基本信息中检查并完善基本信息，然后选择需要开通的支付方式，单击"立即开通"按钮，填写相关信息即可。在提交完信息后，系统会对相关信息进行审核，一般需要1~3个工作日即可完成审核。

- **子账号管理**。子账号管理页面中包括员工管理和岗位管理两个选项卡，其中，在"员工管理"选项卡中，商家可以添加、编辑或删除相关子账号；在"岗位管理"选项卡中，商家可以根据自身需求创建相应岗位，并给子账号分配权限。需注意，添加子账号时，需要子账号同意授权。

- **渠道管理**。商家可以在渠道管理页面中将字节跳动旗下相关账号与小店店铺绑定，并通过渠道账号管理对已绑定的账号进行查询、解绑操作。图 3-22 所示为绑定不同渠道的说明和条件。

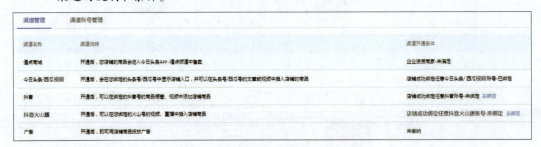

图 3-22 绑定不同渠道的说明和条件

- **合同协议**。商家可以在合同协议页面中查看、签订相关协议，包括《精选联盟服务协议》《电子商务开放平台店铺服务协议》和《商家直播补充协议》，商家可根据实际需求选择签订协议。

- **黑名单**。商家可在黑名单页面中查看被加入黑名单的消费者并对其进行管理。
- **飞书账号绑定**。飞书是字节跳动为更好地服务小店商家及时传递平台规则和活动咨询而推出的高效协作办公工具。商家可以在飞书账号绑定页面中添加新的飞书账号，并对已添加的飞书账号进行管理。
- **关店**。商家可以通过关店功能申请关闭小店。

2. 营销中心模块

营销中心模块包括活动报名、营销工具、广告投放、粉丝管理和速推广告 5 个部分，如图 3-23 所示。其中，活动报名和营销工具部分将在后面章节做专题讲解，此处仅介绍广告投放、粉丝管理和速推广告。

图 3-23　营销中心模块

（1）广告投放。

广告投放功能搭载于鲁班平台，主要用于对广告页的投放数据进行显示和管理。在使用该部分功能时，首先需要注册鲁班平台的账号，通过注册申请后才能开通。所推广的商品如果属于特别准入类目，则需要缴纳 20 万元的保证金，此外，还必须满足头条小店的商品类目限制规定。广告投放部分包括广告落地页、广告资质和服务指标。

- **广告落地页**。商家可以在广告落地页页面中搜索、新建单品页，查看单品页相关状态，并对单品页进行下线、删除、预览、编辑和克隆操作，如图 3-24 所示。

图 3-24　广告落地页页面

- **广告资质**。商家可在广告资质页面中查看相关的商品资质。
- **服务指标**。商家可以在服务指标页面中查看店铺的广告订单服务指标，包括用户评价、售后服务、商品品质和行为规范。其中，红色数据代表该指标低于平均水平，绿色数据代表该指标高于平均水平。

（2）粉丝管理。

粉丝管理部分包括店铺粉丝管理和店铺粉丝分析。

- **店铺粉丝管理**。店铺粉丝管理用于查看和管理店铺的粉丝，可以通过粉丝的姓名或者ID、手机号码、关注时间段、购买频次等进行分类查询。对于在店铺中产生过交易行为的粉丝，还可以通过单击粉丝列表尾部的"查看"按钮获取详细信息，例如粉丝姓名、手机号码、购买的商品信息等相关的内容。如果发现有恶意粉丝，可以将该粉丝加入黑名单，对该粉丝进行屏蔽，阻止其可能产生的进一步损害店铺的行为。
- **店铺粉丝分析**。店铺粉丝分析是对每日粉丝关键数据的汇总，包括每日新增粉丝、取消粉丝、净增粉丝和累计粉丝，还可以查看某一时间段新增粉丝的曲线图。

（3）速推广告。

速推广告是一款专属于小店商家的广告营销工具，可以帮助商家将商品推荐给更多的潜在消费者，增加商品销售量。商家可直接在商家后台"营销中心"模块中选择"速推广告"选项，在打开的页面左下方选择与经营类目相符的行业，单击"0元开通广告账户"按钮，如图3-25所示，开通速推广告，进入广告推广入口，创建商品广告，从而进行推广。

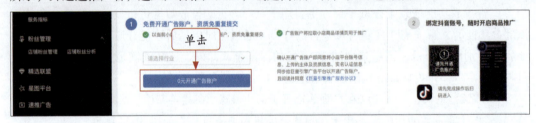

图3-25　开通速推广告

知识链接

　　"营销中心"模块除展现速推广告外，还会根据商家开通的营销工具等展现其他子部分，如星图平台。星图平台是头条创作者和商家进行商业内容交易的官方指定平台，商家经由星图平台发布营销需求，创作者可根据商家发布的营销需求创作内容，双方的资金安全及内容展现都会受到平台的保障。商家也可以在星图平台发布营销需求，吸引KOL或KOC创作内容，提高商品的曝光度和销售量。图3-26所示为星图平台的优势与合作流程。

图 3-26　星图平台的优势与合作流程

3.1.4　商品详情页设计

店铺商品详情页承载着多种功能属性，例如商品的形象展示可以让消费者更加直观地了解所要购买的商品，使消费者产生购买欲望，并列出商家可以提供的各种售后保障，让消费者了解店铺的其他商品等。高质量的商品详情页可以更好地提高商品的转化率。那么要做好一个商品详情页，要遵循哪些原则呢？我们将从以下 5 个方面介绍商品详情页的设计和上传。

1. 商品详情页设计的基础

在设计商品详情页之前，商家需要了解商品详情页设计的基础，包括商品详情页设计的目的和基本原则，结合背景信息设计商品详情页。

（1）商品详情页设计的目的。

一般来说，设计商品详情页的目的是促进商品的销售，提高商品销售量。要想实现这个目的，商家在设计商品详情页前，就需要找出商品的卖点，将商品卖点展现在详情页中，方便消费者查看，促进消费者产生购买行为。

（2）商品详情页设计的基本原则。

商品详情页设计需要遵循条理性、可靠性和整体性 3 个基本原则。

- **条理性**。条理性是指商品详情页应该明确商品的卖点，将商品卖点清晰地展现给消费者。这就需要商家从消费者的角度出发，考虑商品的哪些特性能够满足消费者需求，从而梳理出商品卖点。
- **可靠性**。可靠性是指商品详情页应该采用真实的数据或案例，支撑商品卖点，提高商品的可靠性，从而提升商品详情页的说服力。

- **整体性**。整体性是指商品详情页内容必须是一个完整信息的呈现，要展现出消费者关心的所有核心信息。

行家点拨： 在设计商品详情页前，商家需要明确商品详情页上都要展示哪些信息，并根据需要提前准备好内容。

---

2. 商品详情页设计的页面要求

在了解商品详情页设计的目的和基本原则后，商家还需要明确商品详情页设计的页面要求。为提高商品详情页的吸引力，优化商品详情页的视觉效果，商家在设计商品详情页时，应该注意以下两个方面的要求。

（1）商品图片的要求。

商品图片可以分为焦点图和配图，其要求如下所示。

- **焦点图**。焦点图是商品详情页顶端的图片，也是消费者进入商品详情页后第一眼看到的图片。在设计商品详情页时，商家应根据需要选择合适的图片作为商品详情页的焦点图。需要注意的是，焦点图一定要清晰美观。图3-27所示为商品详情页的焦点图。

- **配图**。配图是指在商品介绍部分中根据不同要点选择的商品展示图。配图应清晰，色调一致，最好采用宽高比例为9∶16的图片，并结合手机显示屏的展示特点，让图片主题突出、细节清晰。此外，图片和文字的颜色搭配也要协调。图3-28所示的商品详情页截图就以展示商品本身为主，通过少量的文字内容强调商品的特点，其配色也比较统一。

图3-27　商品详情页的焦点图

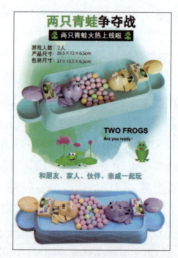

图3-28　商品详情页截图

（2）页面长度的要求。

小店主要以移动端展示为主，为了更符合消费者的浏览习惯，降低商品详情页的跳失率，提高消费者的好感度，商家在设计商品详情页时，应将商品详情页的长度控制在5~8屏（一个手机屏幕大小展示的内容为1屏），避免出现商品详情页太短无法介绍清楚商品，以及太长导致消费者没有耐心看完的情况。

---

3. 商品详情页的内容要求

商品信息是商品详情页的主要内容，商家在设计商品详情页时，可以从以下 4 个方面规划商品详情页的内容。

- **优惠促销信息**。优惠促销信息能够强化消费者的购买意愿，商家可以将这部分内容放在商品详情页中的靠前位置，提高消费者浏览完商品详情页的概率，促使消费者产生消费行为。
- **商品参数信息**。商品参数信息用于介绍商品的基本信息，是标准化的信息内容，可以让消费者充分了解商品的成分、材质、尺寸等。商家可以采用文字和表格两种方式进行展现，也可以用日常生活中常见的标准商品做对比。例如，背包商品在描述尺寸问题时，可以用 A4 纸作为对比参照物。
- **商品介绍信息**。商品介绍信息用于介绍商品的特点、优点、卖点等，常通过简洁的文字和图片强调商品的卖点及差异性，直接展示商品的用途。商家还能够提供一些品牌、相关资质或数据和各种获奖认证类信息等，丰富商品介绍信息的内容，展示商家的品牌影响力、生产实力，增加消费者对商品的信任度，让消费者对商品质量和服务更加放心。
- **售后说明**。售后说明可以展示商家联系方式、物流信息和关于退换货的说明等，能够让消费者在购买商品时，更明确地了解商品的售后政策，避免产生售后的争议与纠纷。

4. 商品详情页设计的注意事项

商家在设计商品详情页时，需要注意以下内容。

- 商家不得发布 / 出售法律法规及平台禁止收录的类目商品。
- 不得在平台上重复铺货，即同一个商家在店铺（同一或多个）中发布完全相同或重要属性相同的商品累计两件（含）以上。
- 所有主图不得含有除品牌 Logo 以外的任何文字、水印。
- 第一张主图应为商品主体正面实物图，其余辅图需呈现商品侧面、背面、平铺及细节等。
- 标题应清晰描述所售商品，包含品牌信息、商品名称、商品规格，不可堆砌关键词。
- 价格标示应符合法律法规的规定，禁止通过虚构原价等欺诈手段违规促销。
- 商品发布时需正确、完整地填写商品类目及全部商品属性，包括但不限于颜色、面料、材质、成色、做工、尺寸、型号、重量、标准等。
- 不得在商品详情页中发布虚假库存，商品库存发生变化后，商家应及时进行更改。
- 商品详情页需展示与商品相关的必要信息，可通过文字或商品外包装图片展示。商品相关的必要信息包括但不限于商品名称、生产厂名、厂址、许可证编码、生产日期、质量合格证；如果商品为进口商品，需在商品详情页补充展示进口国及中文标签图等信息。表 3-3 所示为针对各类目商品的具体要求。

表 3-3　针对各类目商品的具体要求

类目	需展示信息
服饰内衣	明确展示商品领标与水洗标，并提供清晰的吊牌图片
礼品箱包	明确展示商品尺寸、材质等信息的参数图片
鞋靴	明确展示商品尺码、材质等信息的参数图片
运动户外	明确展示商品材质、功能等信息的参数图片
生鲜	明确展示商品种类、规格、产地、储存方法等信息的参数图片
酒类	明确展示最近一批次商品生产日期、规格 / 重量等信息的参数图片
食品饮料	明确展示最近一批次商品生产日期、规格 / 重量等信息的参数图片
个护化妆	明确展示商品成分、规格 / 重量等信息的参数图片
个护清洁	明确展示商品成分、规格 / 重量等信息的参数图片
美妆	明确展示商品成分、规格 / 重量等信息的参数图片
母婴	明确展示商品成分、适用年龄、使用方法、规格 / 重量、材质等信息的参数图片
玩具乐器	明确展示商品尺寸、材质等信息的参数图片
厨具	明确展示商品尺寸、材质等信息的参数图片
家居日用	明确展示商品尺寸、材质等信息的参数图片
家具	明确展示商品尺寸、材质等信息的参数图片
家用电器	明确展示商品尺寸、功能等信息的参数图片
家装建材	明确展示商品型号、规格、用途等信息的参数图片
农资绿植	明确展示商品种类、规格等信息的参数图片
宠物生活	明确展示最近一批次商品生产日期、规格 / 重量等信息的参数图片
计算机、办公	明确展示商品型号、配置、尺寸 / 颜色等信息的参数图片
手机类	明确展示商品型号、配置、尺寸 / 颜色等信息的参数图片
数码	明确展示商品型号、配置、尺寸 / 颜色等信息的参数图片
汽车用品	明确展示商品材质、规格、使用方法等信息的参数图片
图书	明确展示商品作者、出版社、ISBN 等信息的参数图片
钟表类	明确展示商品型号、材质、尺寸等信息的参数图片
珠宝首饰	一物一证，明确展示对应商品的珠宝鉴定证书

5. 发布商品和上传商品详情页

在商家后台中，商家在创建商品，即在商品上架时就会对商品的详情页进行设计，其具体操作步骤如下。

步骤 1 在 PC 端登录商家后台，选择"商品"栏中的"商品创建"选项，打开"选择商品类目"页面，选择商品所在类目，单击"下一步"按钮，如图 3-29 所示。

步骤 2 打开"基础信息"页面，在"商品标题""推荐语"文本框中输入相关商品标题和推荐语，此处输入"【山货节】内蒙古 红井源有机冷榨亚麻籽油"文本和"一滴红井源 半滴亚麻酸"文本；在"商品重量"栏中选中"千克（kg）"单选项，在下方的文本框中输入商品重量数字，此处输入"1"；在"类目属性"栏的"品牌"文本框中，单击右侧的下拉按钮 ˅ ，选择商品的品牌，此处选择"红井源"选项，在"上市时间"文本框中单击右侧的下拉按钮∨，选择商品的上市时间，此处选择"2019 年"选项；选中"支付方式"栏的"在线支付"单选项；选中"订单库存计数"栏的"买家下单减库存"单选项；选中"同店商品推荐"栏的"系统推荐"单选项，如图 3-30 所示。

图 3-29　选择商品类目

图 3-30　填写商品基础信息

步骤3 选择"图文信息"选项卡,单击"主图"右侧的＋按钮,在"打开"对话框中,选择需要上传的商品主图,单击"打开"按钮,即可上传商品主图。在"商品详情"文本框中单击＋按钮,打开"上传图片"对话框,单击⬆按钮,在"打开"对话框中,选择需要上传的商品详情页图片,单击"打开"按钮,即可上传商品详情页图片,如图 3-31 所示。

步骤4 选择"价格库存"选项卡,在"售卖价""划线价"文本框中输入相应文本;单击"商品规格"文本框右侧的下拉按钮∨,选择"有机冷榨 500mL"选项,如图 3-32 所示。

图 3-31　上传商品主图和商品详情页图片

图 3-32　填写商品价格与商品规格信息

步骤5 选择"服务与资质"选项卡,在"提取方式"栏的"运费模板"文本框中单击右侧的下拉按钮∨,选择"包邮"选项;在"预售设置"栏选中"非预售"单选项;在"承诺发货时间"文本框中单击右侧的下拉按钮∨,选择"2 天"选项,选中"7 天无理由退换货"复选框;在"客服电话"文本框中输入客服电话;单击"品类资质"右侧的+按钮，在"打开"对话框中，选择需要上传的资质图片，单击"打开"按钮，即可上传商品资质图片；单击"质检报告"右侧的+按钮，在"打开"对话框中，选择需要上传的质检报告图片，单击"打开"按钮，即可上传商品的质检报告，如图 3-33 所示。

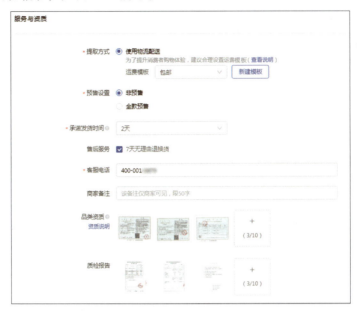

图 3-33　填写商品服务与资质信息

步骤 6 单击"保存"按钮，即可保存已填写的相关商品信息；单击"提交审核"按钮，即可进入审核流程，当审核完成，商品即可上架销售。

3.1.5　店铺装修

虽然小店是网络店铺，但优质的装修仍旧能够达到实体店铺装修的效果，起到品牌识别、吸引消费者注意、提高店铺转化率的效果。小店装修比较简单，下面从店铺主页橱窗装修、店铺商品排序和店铺装修的注意事项 3 个方面进行介绍。

1. 店铺主页橱窗装修

店铺主页橱窗的装修包括设置店铺公告和添加模块两个部分。

（1）设置店铺公告。

店铺公告包括公告标题和公告内容，它们会统一显示在小店首页，内容简单明了即可。例如，新开张的小店，其公告标题和公告内容可以设置为"新店开张""欢迎光临，新店开张，诚信经营"；有一定个性的成熟小店，其公告可以设置为"一间小店，两手勤做，三餐不定，四时蹲守，万千过客，四方对比，三番思考，一键下单。"当然，促销信息、新品发布信息或各类通知等都可以写在公告中。

商家可直接选择"店铺"栏的"店铺装修"选项，打开"店铺主页橱窗"页面，在"店铺公告"栏的"公告标题""公告内容"文本框中输入店铺公告内容，如图 3-34 所示。

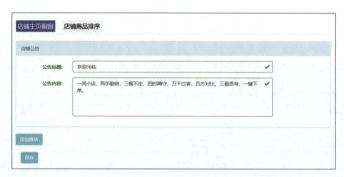

图 3-34　输入店铺公告内容

（2）添加模块。

商家可以通过添加模块，在店铺首页添加相应的模块。商家可以在"店铺主页橱窗"页面中直接单击 添加模块 按钮，打开"子模块添加"对话框，按需要添加 Banner、橱窗、商家推荐、视频、商品列表竖排和商品列表横排 2 个等子模块，如图 3-35 所示。

图 3-35　添加子模块

- **Banner**。Banner 可以作为活动商品、主推商品、特色商品的展示渠道，商家可以通过添加商品跳转链接，增加商品曝光率。商家在上传 Banner 图片时，必须保证图片尺寸为 686 像素 ×200 像素，并且最多可以配置 5 张图片，配置的 Banner 图片的顺序一经保存，不可修改。需注意，Banner 模块只能添加一个且必须排在第一位。图 3-36 所示为店铺首页的 Banner 模块。
- **橱窗**。橱窗可以展示热销商品，增加主推商品曝光率，如图 3-37 所示。
- **商家推荐**。商家推荐是商品展示形式的一种组件，商家可以通过上传商品 ID 的形式，将商品添加到商家推荐模块中；还可根据实际需要，确定上传到商家推荐模块的商品数量。商家推荐模块在手机端进行展示时以"店主推荐"为标识，如图 3-38 所示。

图 3-36　Banner 模块

图 3-37　橱窗模块

图 3-38　商家推荐模块

- **视频**。商家可以将上传的视频展示在账号主页的店铺页面，并且在视频下方展示商品。需注意，添加的商品需要与视频相关，并且商品数量不可多于 2 个。此外，视频上传之后还需要被审核，审核通过之后才能进行展示。视频模块展现在手机端时以"边看边买"为标识，如图 3-39 所示。
- **商品列表**。商品列表是店铺下方的商品瀑布流的展示组件，只能设置在首页模块最下列，商品列表竖排模块中一行只能展示一个商品，商品列表横排 2 个模块一行可以展示两个商品。商品列表在手机端以"精选推荐"为标识，图 3-40 所示为商品列表竖排模块，图 3-41 所示为商品列表横排 2 个模块。

图 3-39　视频模块

图 3-40　商品列表竖排模块

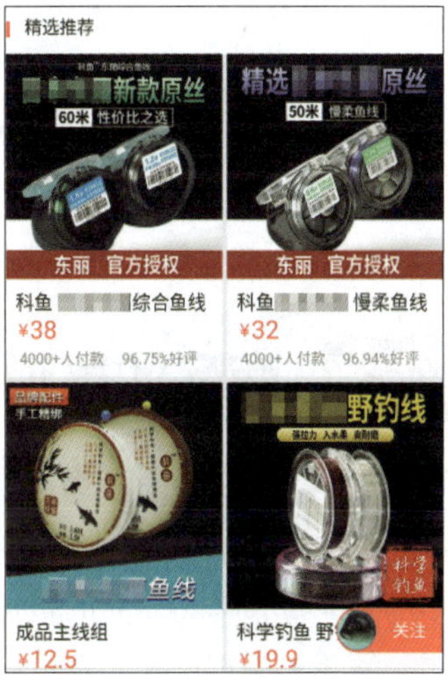

图 3-41　商品列表横排 2 个模块

2. 店铺商品排序

商家可以通过店铺商品排序调整"精选推荐"栏的商品顺序。选择店铺栏的"店铺装修"选项，选择"店铺商品排序"选项卡，单击"操作"栏的"移动到"按钮，在"移动到"文本框中输入数值，单击"确认"按钮，即可将该商品移动到指定顺序位置，如图 3-42 所示；单击"下架"按钮，即可将该商品从"精选推荐"栏中删除。

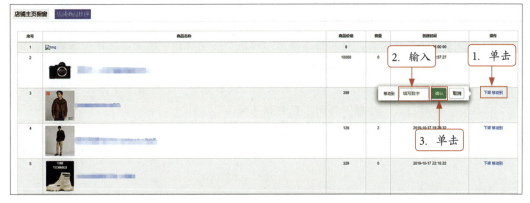

图 3-42　移动商品顺序

在对店铺商品进行排序时，商家可以根据商品的特性，确定排序方式。例如，售卖服装类商品的小店，可以根据季节，将当季商品排在前面。

3. 店铺装修的注意事项

商家在对店铺进行装修时，应注意以下 5 点内容。

- 公告标题最多 50 个字，公告内容最多 500 个字。商家可以将最新的小店优惠活动、售前售后咨询方式以店铺公告的形式告知消费者。
- 店铺若不具有相关资质或未参加相关活动，则店铺图标、名称、公告或招牌中不允许出现与特定资质或活动相关的特定含义的词汇，例如今日半价、特卖汇等。
- 店铺中可以展示商家业务介绍的信息，但不可以展示商家个人网站的路径或链接。不能对禁止销售的商品进行宣传，不能宣传店铺售卖商品以外的商品，不能展示将多个商家的物品由共同的搜索引擎集合在一起的商业网站的链接。
- 不得宣传虚假或者误导消费者的内容。
- 禁止展示涉嫌违反法律法规的内容。

3.2　商品的展现

在开通并装修好小店后，商家就可以上架商品，并开始正式运营了。在这个过程中，商家如果能够了解并熟知商品的展现方式，就可以对商品进行精准的广告投放，为商品带来更多的曝光量，提高商品的转化率。由于小店商品可以在今日头条、抖音等平台展现，商家要想了解相关展现方式，就可以从今日头条的商品展现、抖音的商品展现、西瓜视频的商品展现或抖音火山版的商品展现 4 个方面进行了解。

3.2.1　今日头条的商品展现

小店商品在今日头条中可以展现在账号首页和头条内容中。

1. 在今日头条账号首页的展现

在今日头条的账号首页中，商品可以展现在首页"店铺"选项卡和"店铺"页面中。

- **"店铺"选项卡**。店铺选项卡包括"店主推荐"栏和"精选推荐"栏，都可以用于展示小店商品，如图 3-43 所示。其中，"店主推荐"栏用于展示商家主要推广的、参加营销活动的商品，而"精选推荐"栏用于展现店铺中销量高、评价多的商品。
- **"店铺"页面**。一些商家会以超链接的形式，在今日头条账号首页下方链接"店铺"页面，如图 3-44 所示，消费者只需点击"爱木盆景"账号首页下方的"爱木店铺"按钮，即可打开"店铺"页面，查看相关商品。

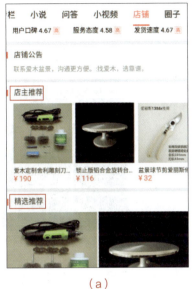
（a）

（b）

图 3-43　店主推荐和精选推荐

图 3-44　打开"店铺"页面

2. 在头条内容中的展现

为提高商品曝光率，商家可将商品添加到头条文章和微头条中，以优质的内容吸引消费者查看商品详情，提高商品的曝光率，增加商品的销售量。商家可在一篇头条文章中，添加多个商品，但一条微头条只可以添加一个商品。图 3-45 所示为添加了商品的头条文章页面，图 3-46 所示为添加了商品的微头条页面。

图 3-45 添加了商品的头条文章页面

图 3-46 添加了商品的微头条页面

3. 今日头条添加商品的注意事项

在添加商品时，商家需注意以下 3 点内容。

- **商品和头条内容的关联性。**创作者在头条内容中添加商品时，头条内容需要和商品有强关联性，可以是商品使用方法的补充讲解，可以是使用商品后的感受，也可以是有关商品的故事，这样的内容才能提高商品的转化率。添加的商品如果和发布的内容无关，会降低内容的审核通过率，无法获得足够多的推荐量。

- **头条文章与微头条的配合。**为了给商品带来更多、更精准的流量，头条文章和微头条要相互配合。微头条触发的消费者范围广，字数有限制；头条文章的内容量更大，覆盖的人群更精准。头条文章的内容应以商品介绍、品牌故事等为主；微头条的内容则以预告信息、促销信息等为主。创作者可以通过头条文章和微头条交替发布内容，甚至还可以在微头条中插入头条文章的链接，扩充微头条的内容含量。

- **控制添加商品的数量。**头条文章中可以添加多个商品，通常建议插入 3 个为宜，以免商品数量太多影响消费者的阅读体验，反而让消费者对商品产生厌恶感，降低商品的转化率。

3.2.2 抖音的商品展现

商家可以将小店店铺与抖音账号绑定，此时小店会显示在抖音首页，以 商品橱窗 样式显示，如图 3-47 所示，点击该按钮即可进入小店商品橱窗。在抖音中，商品可以展现在抖音短视频和抖音直播中。

1. 在短视频中的展现

打开抖音 App，消费者在查看添加了商品的短视频时，商品会在短视频上以文字标题的方式显示，文字标题前有 标志，点击该标志就可以直接进入商品详情页，如图 3-48 所示。

图 3-47　抖音中的商品橱窗样式

图 3-48　短视频中商品显示样式

2．在直播中的展现

商品也可以展现在抖音直播页面的右下方，主播可以根据直播需要，点击"讲解"按钮展现商品，其展现页面如图 3-49 所示。

图 3-49　抖音直播中的商品展现页面

3. 在抖音中添加商品的注意事项

在抖音短视频和直播中添加商品时，商家需要注意以下两点事项。

- 商品和短视频、直播内容要有关联性。
- 控制抖音购物车视频发布频次，具体规定如图3-50所示。

注意： 发布添加商品的短视频后，商家不能以不正当的手段获取虚假流量，否则抖音平台会对这种作弊行为做出处罚。

抖音购物车视频发布频次调整通知

为提高平台内容质量和用户体验，维护平台生态健康，自2020年1月起，抖音带购物车视频发布频次调整具体如下：

- 粉丝数低于1000个的账号，每周限制发布1条带购物车视频；
- 粉丝数在1000～3000个的账号，每天限制发布2条带购物车视频；
- 粉丝数在3000～10000个的账号，每天限制发布5条带购物车视频；
- 粉丝数在10000个以上的账号，每天限制发布10条带购物车视频。

图 3-50　抖音购物车视频发布频次规定

3.2.3　西瓜视频的商品展现

西瓜视频是一个集音乐、影视、社会、美食、儿童、生活等不同类别于一体的视频平台，商家要想在西瓜视频平台上展现商品，就需要在橱窗或直播中添加商品，以视频内容吸引消费者的注意，促使消费者点击购买，从而实现流量变现。在西瓜视频中，商品的展现方式包括在短视频中的展现和在直播中的展现两种。

1. 在短视频中的展现

打开西瓜视频App，消费者在手机端查看添加了商品的短视频时，商品会根据设置的出现时间展现在短视频的下方，展现内容包括商品标题、主图、价格等信息，消费者可以点击右侧的"去看看"按钮，打开商品链接，查看商品详情页并进行购买，其展现效果如图3-51所示。

图 3-51　商品在短视频中的展现效果

在短视频中添加商品时，商家需要先在PC端上传视频，选择"西瓜视频"类目中的"发表视频"选项，在右侧单击"高级设置"栏中的"插入商品"右侧的"添加商品"按钮，选择想要添加的商品，然后在"插入商品广告"对话框中设置商品在视频中显示的起始时间，如图3-52所示。

图 3-52　设置商品在视频中显示的起始时间

行家点拨： 商家还可以根据实际需要在"插入商品广告"对话框中添加新的商品。

2. 在直播中的展现

在西瓜直播中添加商品后，商家在直播时，商品会展示在直播页面右下方，包括商品标题、主图和价格信息，如图 3-53 所示，消费者可根据需要点击查看商品详情页。

图 3-53　西瓜直播商品展现页面

在西瓜直播中添加商品的具体步骤与在抖音直播中添加商品的步骤相似，此处不再赘述。

3. 在西瓜视频中添加商品的注意事项

在西瓜视频中添加商品时，商家应注意以下两点事项。

● 在发布短视频或直播时，添加的商品必须与短视频或直播内容有关联，可以是关于商品的展示或使用示范，加强消费者对商品的印象，提高商品转化率。

● 在直播过程中，当展示商品时，建议关闭直播的美颜功能。这是因为美颜功能可能会造成直播画面中的商品与实际商品不符，使消费者产生误会，出现货不对版的情况。

3.2.4 抖音火山版的商品展现

抖音火山版是一款15秒原创生活小视频社区，由今日头条孵化，能够通过小视频帮助消费者迅速获取内容，帮助商家吸引粉丝。商品在抖音火山版中的展现方式也有两种，分别是在视频中的展现和在直播中的展现。

1. 在视频中的展现

在抖音火山版的视频中，添加商品后，商品会以 查看视频商品 的形式在视频页面中进行展现，如图3-54所示。在抖音火山版中添加商品和在抖音中添加商品的方式有所不同，在抖音中，商家是在发布视频时添加商品，而在抖音火山版中，商家则是在视频发布后添加商品。商家可以在需要添加商品的短视频中点击"添加商品"按钮，将短视频中介绍的商品链接添加到短视频中，如图3-55所示。

（a） （b）

图3-54 商品在抖音火山版视频 图3-55 添加商品链接
　　　　中的展现效果

行家点拨： 在抖音火山版中添加的商品链接，商家可以在后期根据需要结合视频内容进行修改，甚至可以直接移除已经添加的商品链接。

2. 在直播中的展现

只要商家在抖音火山版中开通了直播，消费者在观看其直播时，商品就会展现在直播页面下方的 ▮ 按钮上方，包括商品标题、主图和价格信息，如图3-56所示，消费者可以根据自身需求查看、购买商品。此外，消费者在抖音火山版中观看直播时，可以通过点击直播页面下方的 ▮ 按钮，查看直播中出现的所有商品，如图3-57所示。

图 3-56　商品在直播中的展现页面

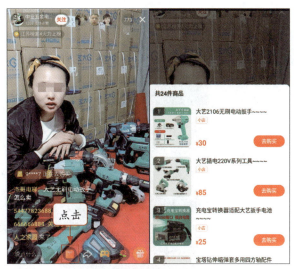

图 3-57　查看直播中出现的所有商品

3. 添加商品的注意事项

在抖音火山版的视频或直播中添加商品链接时，需要注意以下两点事项。

- 商品应该与短视频内容或直播内容有关联。
- 短视频和直播应该主题明确，否则很容易失去吸引力，造成商品转化率降低。

3.3　商品的选择

在运营内容电商时，商品的选择不仅关系着商家的利益，还关系着消费者对商家的印象，如果商家选择的商品不适合内容营销，就会增加商家的营销难度，甚至出现失误，给消费者留下不良的印象，进而影响品牌形象。本章将围绕商品的选择，从商品选择的必要性和重要性、途径、方法、技巧以及禁忌 5 个方面进行介绍。

3.3.1　商品选择的必要性和重要性

商品的选择关系着内容电商运营的成效，以直播为例，电商行业内流传着一句话："在电商平台，选对产品就成功了 80%"，这体现出商品选择的重要性。当选择了错误的商品时，往往就会出现差错，如李佳琦的直播事故。

案例分析——A 主播直播事故

2019 年 10 月，一向带货能力强大的 A 主播却发生了直播事故，在向消费者推荐某品牌的不粘锅时，摊在锅里的鸡蛋却牢牢粘在了锅底上，不论是助理还是 A 主播本人，都没能在第一时间使这个"赖床"的煎蛋"起床"，顿时直播间里出现了类似"粘锅了""这是不粘锅？"的质疑，没多久，微博上关于 A 主播直播事故的话题就成为热门话题，引发了业内热议。此次直播事故，不仅未能成功销售商品，还影响了品牌口碑，甚至 A 主播本人的口碑也受到了影响。图 3-58 所示为这场直播的截图。

分析： 由于 A 主播在选择商品时，没有限制商品的种类，选择了自己并不熟悉的不粘锅商品，导致在直播过程中出现了失误，最后造成直播事故。A 主播直播事故体现了商品选择的必要性与重要性，其不仅关系着变现收益，还不利于稳定主播人设。

图 3-58 李佳琦直播截图

1. 商品选择关系着变现收益

内容电商是内容变现的重要途径之一，也是内容创作者广泛使用的变现方式，从拥有千万粉丝的名人到只有几百上千粉丝的头条号创作者，都可以推荐、分享商品，吸引其他消费者产生购买行为。内容电商的核心在于连接消费者和内容，商品则是消费者与内容的中间载体。

内容与商品之间的关系，受消费者、商家商品、KOL 三者的影响，具体关系如图 3-59 所示。

图 3-59 内容与商品的关系

2. 好的商品选择有利于刺激消费者的消费需求，稳定人设

内容电商的核心是人为创造沉浸式、冲动式、隔离式或单独评估的消费场景，在这些场景下引导消费者进行消费，并形成与传统电商截然不同的消费者决策模式，这种决策模式使

得消费者在进行消费前往往选择先听取自己信任的"人"的推荐，再结合自身情况决定是否购买某商品或者购买哪种商品。

随着消费者决策方式的变化，内容电商的机遇也越来越大，商家可以将选择商品与商品的专业推荐结合起来，让消费者从内容观看转化为商品购买，如果消费者满意此次购买体验，还会进一步成为商品的传播者。因此，商家在选择商品时，需要结合自身的账号定位、身份标签、内容标签等，通过电商带货反哺人设，强化消费者对人设的认知。

案例分析——"巧妇 9 妹"的内容电商之路

2017 年 5 月，九妹在侄子的帮助下，以"巧妇 9 妹"为名，在西瓜视频中开始发布短视频，分享自己的农村生活日常，以质朴的农家内容获得了大量消费者的喜爱。当消费者看到九妹在果园摘果时，纷纷表示想要品尝当地的水果，九妹也自此走上内容电商的道路。2017 年 9 月，西瓜视频上线"边看边买"功能，九妹抓住这个机遇，售卖当季的"皇帝柑"，没想到仅一个星期，这批"皇帝柑"就卖出了将近 5 万千克。此后，九妹结合了自身定位，抓住消费者对当地水果的好奇，陆续选择了本地区的杧果、蜜橘等商品进行销售，都取得了不错的销售成绩。在整个内容电商运营的过程中，九妹通过选择与自身人设相符的本地商品，不仅保持了良好的口碑，获得了不错的销售成绩，还强化了消费者对自身的信任，形成了自己的农产品品牌。图 3-60 所示为九妹在果园摘果的短视频页面。

图 3-60　九妹在果园摘果的短视频页面

分析： 九妹以分享农村生活为主，塑造了心灵手巧的农村妇女的人设；在选择商品时，九妹以水果为主，通过拍摄水果摘取过程，创作出大量有特色的短视频。九妹选择的商品与其人设一致，分享的视频也符合其身份标签，因此既能够有效刺激消费者的消费需求，又能稳定自身的人设。

3.3.2　商品选择的途径

在选择商品时，一条精准的途径是十分重要的，不仅能够节约选择商品的时间，还能保证商品的质量。商品选择常见的途径包括自有商品、批发和商品联盟 3 种，下面分别进行介绍。

1. 自有商品

自有商品是指自己的商品或自己有货源的商品。若要选择自有商品，商家应对商品货源进行梳理，确保资源自主控制，再通过打造品牌，形成自己的特色。

　　自有商品途径常见于少数民族商家和乡村商家等三农创作者，这类商家的家乡往往产生多种多样的特色商品，他们可以通过分享商品的制作、历史来源、生长环境等吸引消费者的注意，并售卖相关商品。在今日头条中，这类商家可谓是自有商品途径的主力军，甚至许多商家本来就是农民，从售卖自家商品开始，逐步延伸到家乡周边、本省等，发展成为具有地区特色的商家。

　　根据 2019 年今日头条生机大会数据统计，今日头条共有超过 1000 位三农创作者开通了头条小店，其中，30 位商家的年成交额超过了 100 万元，所有三农类头条小店的 2019 年总成交额超过了 2 亿元，总订单量超过了 500 万件，如图 3-61 所示。

图 3-61　2019 年今日头条生机大会三农创作者变现数据页面

　　在三农创作者中，@巧妇 9 妹的年成交额超过千万元，代表商品有广西的沃柑、螺蛳粉、杞果等，图 3-62 所示为 @巧妇 9 妹的店铺首页；@型男行走乡村在尝鲜节的 3 天时间内的销售额破百万元，代表商品有塔罗科血橙、腊肠、牛肉酱、川味卤料等极具四川特色的农产品，图 3-63 所示为 @型男行走乡村的店铺页面。

图 3-62　@巧妇 9 妹的店铺首页

图 3-63　@型男行走乡村的店铺页面

2. 批发

批发是指向商品的生产或者贸易企业购进商品，然后再通过电商销售给终端消费者。传统线下商家，多采用直接去线下批发市场购进商品的方式，这要求商家有一定的空间囤放商品，而互联网的发展使得许多线上批发平台不断出现，在这些平台上，商家不仅可以一次性购进大量的商品，还可以通过代销的方式解决库存带来的困扰。

代销包括虚拟物品代销和实物代销，代销商家可以将批发平台上提供的商品图片、商品信息等，放在自己的店铺上进行销售，当订单产生时，通知批发平台代为发货；商品直接从批发平台的仓库发往消费者，不经过代销商家，代销商家也无法查看所售商品，并且商品的售后服务也是由批发平台行使的，商家能够省去进货、存储、打包、发货等多个流程。

对于初创或不具备电商运营团队的商家来说，代销是一种快捷的商品选择途径，但代销一般会对数量有要求，数量越多，商品的批发价就越低。常见的批发平台，例如阿里巴巴等，一般都有专门的一件代发专区，代销商家可以在此快速联系供货商家，图 3-64 所示为阿里巴巴支持"一件代发"的商品页面。

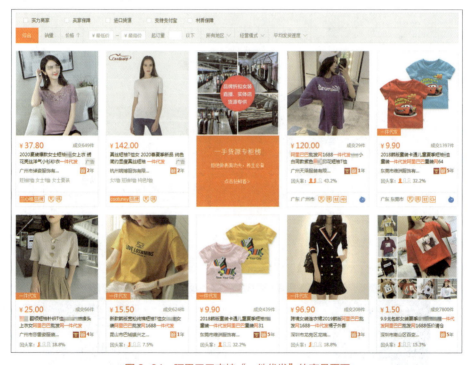

图 3-64 阿里巴巴支持"一件代发"的商品页面

3. 商品联盟

商家可以通过商品联盟选择商品，商品联盟是电商平台为商家提供的集优质商品、交易查看、佣金结算于一体的 CPS（Cost Per Sales，按销售付费）平台，货品来源为电商平台上的优质商品。一般来说，电商平台都有商品的精选联盟，例如淘宝联盟、京东联盟，如图 3-65、图 3-66 所示，今日头条、抖音等产品的综合服务平台——巨量百应。使用巨量百应，商家可以直接在商品库内选择商品，如图 3-67 所示。

图 3-65 淘宝联盟首页

图 3-66 京东联盟首页

图 3-67 巨量百应的"添加推广商品"页面

　　相对于自有商品和批发，精选联盟因为是官方平台，所以商品的品控相对有保证，结算、上架都较为方便，消费者的购物体验也较好。同时，商品联盟平台一般会有榜单，商家可以参考榜单分析消费者需求，挖掘小众商品。

　　目前，今日头条和抖音都支持添加淘宝、京东、考拉海购等平台上的商品，但在插入淘宝和天猫平台上的商品前，商家需要绑定淘宝联盟账号，否则无法获得佣金，图 3-68 所示为今日头条添加商品页面。

图 3-68　今日头条添加商品页面

　　商家通过商品联盟选择商品，这种方式虽然具有商品上架和结算方便、商品质量有保证、内容匹配度高、体验较好的优势，但存在商品数量较少的问题。

　　自有商品、批发和商品联盟是目前内容电商主要的商品选择途径，此外，商家还可以通过网络搜索源头供货商、合作社等方式选择商品。总体来说，商家需要根据自身的情况，通过合理的途径选择商品。

3.3.3　商品选择的方法

　　确定好商品选择的途径后，商家就应该考虑选择哪种商品，如何进行选择。在进行内容电商选品时，商家需要考虑的因素有很多，包括商品属性、价值、价格、与消费者风格的匹配度及自身账号 / 内容定位等。整体来看，内容电商的选品主要分为三步，即根据内容细分领域确定商品品类，根据消费者群体特性确定意向商品，借助评估模型确定具体商品，如图 3-69 所示。

图 3-69　商品选择流程

1. 根据内容细分领域确定商品品类

内容电商的运作模式一般是先发布内容，然后吸引消费者，最后销售商品，这也是内容电商与传统电商直接展示和推销商品的差别所在。因此，商家选择商品的第一步就是要根据内容细分领域、身份标签、内容标签确定商品品类，选择与内容关联度高的商品，使商品的植入更加合理。

内容领域越垂直细分，商家确定商品类型就越容易。例如，@深夜徐老师是美妆方向的账号，其细分领域为美妆商品测评，售卖的商品则是自己测评过的护肤彩妆商品，如图 3-70 所示；知名的美食账号 @陕西老乔的细分领域为陕西家常菜美食分享，其商品橱窗中的商品都是陕西本土的特色商品，如图 3-71 所示。

图 3-70　@深夜徐老师的商品橱窗页面　　　　图 3-71　@陕西老乔的商品橱窗页面

可以看出，这两个账号的商品和内容相关度都很高，消费者可以通过视频了解商品，同时也不会影响没有购物欲望的消费者的视频观看体验。

> **知识链接**
>
> 　　根据今日头条、西瓜视频、抖音等平台统计的数据，女装、男装、美妆、美食等大众消费品类目都是热门的商品品类，而今日头条平台则由于聚集了 4.3 万的三农创作者，生鲜品类成为热门商品品类。

2. 根据消费者群体特性确定意向商品

确定好商品品类后，商家需要根据消费群体特性确定意向商品。商家可以从市场热门、目标消费者广泛性、消费频次、价格区间、使用便捷度等方向进行分析，在选定的品类中找到适合自己的意向商品。

例如，在美妆品类中，口红是不错的选择。从市场占比来看，口红是整个天猫美妆类商品中销量最高的商品；从消费者和消费频次来看，我国的女性消费者中平均每人每年都会购买口红，并且许多女性消费者还拥有数量不少的口红；从价格来看，口红包括各个不同价位的商品，能够满足不同层次的消费者需求。

例如，知名主播李佳琦，就选择了美妆类商品作为主要商品种类，并结合自身特点、消费者对美妆类商品的需求，将口红商品作为自己的直播意向商品。为了提升自己的影响力，李佳琦还和马云比赛直播卖口红，以 1000：10 的成绩战胜马云。同时，李佳琦一次性试色 380 支口红、挑战"30 秒给别人涂口红"。现如今，人们提起李佳琦就会想到口红，说明其商品选择是十分明智的。如果商家能够像李佳琦一样将自身打造成一种商品的"标杆"，那么其内容电商的渗透率就会越来越高。

3. 借助评估模型确定具体商品

商家在选择商品时，仅确定意向商品是不够的，还需要进一步细化，因为即使是同一种商品，也存在品牌、颜色、价格、外包装等方面的不同，此时就需要商家借助评估模型，结合实际情况，确定具体要推广的商品。

大部分商品可以以标准化程度为依据，被划分为标品和非标品。其中，标品具有统一的衡量标准，是商品特性和服务形式相对标准化的消费品类；非标品是指没有统一衡量标准，商品特性和服务形式相对个性化的消费品类，例如手工包、自制辣酱等。

电商平台中的商品以标品居多，因此，在选择具体商品时，商家应该注意商品功能、商品美观度、商品价格、质量可靠度、市场替代性、利润率和品牌等维度，具体如表 3-4 所示。

表 3-4　商品维度

选品决策维度	详情
商品功能	商品在某些场景下所具有的功能，例如某品牌奶瓶具有能够防止婴儿在喝奶过程中吸入空气而胀气的功能
商品美观度	商品的外观和包装设计是否美观、有没有特色等
商品价格	商品的价格与目标人群的消费层次的匹配度，是否有优惠活动等
质量可靠度	商品质量是否有保障，资质是否齐全
市场替代性	商品被替代程度，同类商品越少，不可替代性越高
利润率	商品利润与成本的比率
品牌	商品的品牌形象、消费者反馈、商品口碑等

3.3.4　商品选择的技巧

按照商品选择的步骤，商家虽然可以选择合适的商品，但是在实际运用过程中，往往还需要根据销售数据 / 运营数据动态地追踪和分析群体画像，以便选择的商品更符合消费者的需求。因此，商家还需要掌握一定的商品选择技巧，例如选择满足消费者需求的商品、选择"三高一低"商品和选择柔性供应商品。

1. 选择满足消费者需求的商品

内容电商不同于传统电商，它既不属于依靠搜索引擎实现"人找货"的模式，也不属于通过智能推荐技术实现"货找人"的模式，而属于全新的模式——"人找人"。内容电商的核心是信任，只有消费者信任商家，商家推荐、售卖的商品才会被消费者接受。因此，商家需要洞察消费者的需求，只有满足消费者深层次的需求，才能使消费者愿意购买商品。

例如，今日头条账号 @住宅公园的消费者中大部分是出身农村、住在城市的人群，该账号在选择商品时，曾与消费者沟通过，发现消费者大多想在农村建造一座小时候梦想的房子，一方面能够给家里的老人住，另一方面还能够体现出自己的能力。于是，@住宅公园聚焦于有特色的农村别墅住宅设计服务，精准化地触达了消费者的需求点，加强了消费者的信任感，图 3-72 所示为 @住宅公园今日头条首页及"橱窗"页面。

图 3-72　@住宅公园今日头条首页及"橱窗"页面

2. 选择"三高一低"商品

在内容电商模式下，客单价往往由消费者的消费能力所决定，并不是越高越好。例如，今日头条账号 @乡野丫头的账号定位是呈现不一样的田园风光，其消费者的消费能力是有限的，这也就决定了该账号在选择商品时，商品的客单价不能太高，因此，该账号推荐的商品大多为单价较低的商品，例如 47.6 元 5 千克的麻阳冰糖橙、26.8 元一瓶的湘西外婆菜等，既能够兼顾收益，又能够满足消费者的需求。

因此，商家在选择商品时可以遵循"三高一低"原则，即高毛利率、高相关性、高内容性和低曝光度，如图 3-73 所示。内容电商的核心目标是收益，而收益则与商品的毛利润率和销售量有关，其中商品的销售量在一定程度上取决于内容电商的内容。要想获得高销售量，商家需要保证具有高内容性，并且内容与商品之间必须具有高相关性，这样消费者才会被内容所吸引，并产生购买行为。而低曝光度是指商品在电商行业的曝光度不高，商品的潜力较大，竞争对手相对较少。

图 3-73　"三高一低"原则

3. 选择柔性供应商品

柔性供应是指商品供应情况能根据消费者的需求情况做出及时调整。现如今很多商家依靠内容电商获得了不错的收益，即使经营状况良好的商家也需要避免因流量不足或消费者购物热情降低等原因而造成货物囤积，从而产生巨大的资金压力。因此，商家在选择商品时，可以选择能够柔性供应的商品，降低这种风险。

3.3.5　商品选择的禁忌

内容电商的运营是一个非常复杂的过程，而选择商品则是该过程中十分重要的环节，如果商品选择出现问题，那么后续出现问题的可能性也会越大。因此，在内容电商选品时，商家必须谨慎选择，尽量规避以下商品。

1. 低价爆款商品

内容电商往往通过与消费者建立长期情感连接，满足消费者对商品无形价值的需求，甚至达到使消费者忽略商品价格的效果。而低价爆款商品，很难使内容电商达到该目的，这类商品如果定价高，会引起消费者的评估行为，从而因性价比低而放弃购买，甚至还有可能给消费者留下负面印象；如果定价低，虽然可能获取不错的销售额，但可能会模糊账号的定位，降低消费者的黏性。

此外，低价爆款商品的相关信息还存在滞后性，当商家得知信息时，此类商品往往已经有了不错的销售量，其消费需求已趋于饱和，商家很难取得不错的销售成绩，因此，商家应该谨慎挑选低价爆款商品。

2. 不适合线上销售的商品

有些商品并不适合进行线上销售，存在易产生售后纠纷、物流费用过高、运输风险大等相关问题。商家若选择了这一类商品需要做好风险把控。常见的不适合线上销售的商品如下。

- **太重的商品**。太重的商品会导致物流费用过高，运输不便等。
- **易碎的商品**。易碎的商品如果包装不够严密，很容易在运输过程中出现问题，影响商品的签收率、口碑等，如玻璃制品。
- **规格多的商品**。规格多的商品会增加消费者的考虑时间，而一旦考虑时间太长，就容易使消费者忘记或放弃购买该商品。

- **保存期短、易变质的商品。**保存期短、易变质的商品不易存储，无论是在运输过程中，还是消费者在存储时，都容易发生变质，从而产生售后问题。

3. 与消费者需求无关的商品

一些商家可能拥有自己的资源，甚至能够自己生产商品。然而，并不是所有商品都是消费者需要的，消费者决定是否购买一件商品的核心因素是需求，如果其对一件商品没有需求，哪怕商品再好，价格再便宜，也不会购买，如老式"傻瓜"相机就因智能手机的普及而渐渐没有了市场。因此，商家在挑选商品时，不能够只凭自己喜好，选择与消费者需求无关的商品，而应该多了解市场，从消费者需求出发选择商品。

4. 知名品牌标准商品

在传统电商中，消费者的消费行为更容易受到销量领先、知名品牌等信息的影响，而内容电商则降低了这些信息的影响，直接通过内容吸引消费者，以与商品有关的故事打动消费者，给消费者带来新奇感。当消费者购买商品时，那些小众的、新奇的、原创的商品往往更能够带来冲击感，进而促使消费者产生购买行为。

例如，当提及洗衣粉时，消费者可能会想到汰渍、立白等品牌，但如果要求商家使用内容电商的方法营销这两个品牌的洗衣粉，则可能发现无法清楚地展现出这两个品牌洗衣粉商品的差异。这是因为这两个品牌本身的广告已经为大众所熟知，并且洗衣粉属于标准商品，对于消费者来说区别并不大，价格差别也不大，因此，不容易呈现出二者的差异。但如果将商品换成清洗喷雾，就可以出现很多种不同的表现方式，并且清洗喷雾属于较为小众、新奇的商品，能够引起消费者的好奇心，大部分消费者对其了解比较少，也就更容易接受商家的分享。

在内容电商的消费环境下，单独评估、被动接受、对价格迟钝等特点，导致消费者更加容易接受感性商品、享乐商品、新奇商品、复杂商品和有缺陷但总体有亮点的商品。因此，商家在选择商品时最好不要专注于知名品牌标准商品。

3.4 商品质量管理

在内容电商运营过程中，商家还需要对商品的质量进行管理。中国电子商务研究中心发布的《2019 年（上）中国电子商务用户体验与投诉监测报告》显示，2019 年上半年电商投诉数量同比增长 12.32%。其中，退款问题、商品质量、网络欺诈、售后服务、发货问题、虚假促销、霸王条款、退换货难、网络售假、订单问题被称为"2019 年年度零售电商十大热点投诉问题"。而在这十大热点投诉问题中，与商品质量管理（以下简称"品控"）有关的问题较多。在电商成为主流消费模式后，电商的品控已经成为全民关心的话题。

3.4.1 品控的重要性

广义的品控涉及从原料把控、生产加工、商品制成、成品检测，到成品入库、售后质量的跟踪解决等全过程，包括完整的质量控制和管理链，主要是对商品制成的质量进行控制。狭义的品控是指商品品质控制，即电商的商品质量管理。在内容电商环境下，品控是商家的"命脉"。

消费者在购物时最关心商品的质量和价格，商品质量问题会直接影响消费者对商家的印象，影响商品口碑和复购率。在内容电商环境下，信任是影响消费者购买行为的核心要素，而决定消费者信任度的一大因素就是商品质量，因此，品控在内容电商中是十分重要的，甚至是内容电商的"生死线"。

标品的质量控制更多在原材料采购、加工流程上，而非标品由于存在很多不确定性，商品品质可能随时会发生变化，因此，对非标品的品控应该更加严格，例如农产品存在存储时间短、易变质等特点，在整个商品储运过程中需要注意质量控制。

案例分析——一天帮农民卖 30 万千克，却让店铺濒临破产

2016 年 5 月，广东省徐闻县八万亩菠萝滞销，菠萝价格降低至 0.2 元每千克，果农们苦不堪言。此时，天猫生鲜店铺"笨鲜生"联系上这些果农，说可以帮助他们在聚划算平台售卖菠萝。仅用了 1 天时间，滞销的菠萝就卖出了 30 万千克。但没想到的是，果农送来的菠萝里，有三分之一的菠萝已经是熟果了，这就使得部分订单无法顺利发货，从而造成了至少 50 万元的经济损失，"笨鲜生"不仅面临着不合格菠萝的处理问题，还需要处理消费者投诉，进行赔款，可谓损失巨大。

分析：本来是一件可以实现共赢的好事，但是由于菠萝的品控问题，导致订单无法顺利发货，从而引发了后续的一系列问题，如果商家一开始就告诉果农熟果不能运送，或者先排除熟果数量、控制订单数，结果可能就会完全不同。

案例分析——10 天 10 万件背后的故事

2018 年，惠农网曾在湖南省靖州苗族侗族自治县运营杨梅项目，由于杨梅很难储存运输，因此，进行电商销售的风险非常大，一般一天发货量能够达到百单就算不错了。但惠农网想了一个办法，它对杨梅的包装进行了改造，将原本的饭盒装改成蛋托装，如图 3-74 所示，将杨梅储存时效从原来的 24 小时延长至 72 小时，扩大了杨梅的销售范围，加强了物流保障，最终实现一天发出超 5 万单杨梅的销售成绩。

图 3-74　杨梅包装前后对比效果图

分析： 惠农网在售卖杨梅时就考虑了商品质量的控制，采用蛋托装，延长了杨梅的储存时间，扩大了杨梅的销售范围，从而取得了成功。

行家点拨： 从上述菠萝和杨梅的案例中可以直观地感受到品控的重要性，如果说营销决定的是商品的销量，那么品控几乎决定了店铺的存续。

3.4.2　商品来源管理

品控的第一步是把控商品质量，而商品的质量与商品来源相关；换句话说，商家需要对商品来源进行管理，而商品来源管理大多是针对商品生产端的源头管理。

在对商品来源进行管理时，商家首先需要对商品的产地进行检查，确保商品源头的发货能力与仓储能力，并针对商品供应商的基本资质进行核实，确保商品销售上架的合法性，对其出货能力进行评估，确保货源供应稳定。其次，需要制订商品的规格标准，从源头开始推行，确保在销售时描述的商品与实际发货的商品一致，并建立切实可行的操作流程，确保产生订单后商品能够及时交付。

不同行业的商品来源管理会有所区别，但标品的差异化不大，此处选择农产品这个较为特殊的品类对商品来源管理进行介绍。鉴于农产品非常依赖自然条件，每年的商品储备和价格变动很大，来源管理相对复杂，因此，在源头控制上需要更加细致。农产品的商品来源管理可以从地头品控、代办品控和运营品控 3 个方面切入，从商品采摘开始，分工协作进行品控管理。

1.　地头品控

地头品控是指商家从田间地头着手，以生产农民为主体，通过对商品采摘、大小、外观等的控制，解决农产品初级标准化的品控方式，如图 3-75 所示。

图 3-75　地头品控示意图

首先，商家需要根据农产品的时令，选择合适的采摘期，以保证农产品的口感，如果商家不知道何时采摘更合适，可以咨询农民，若农产品采摘过早，会出现商品还未成熟的情况；而采摘过晚，则会出现商品因过熟而使口感发生变化的情况。

案例分析——广西砂糖橘售价一跌再跌

2019 年 11 月，广西砂糖橘开始采收上市，刚开市时行情颇好，售价 10.4 元 / 千克。然而，高价面前，许多商家忍受不住诱惑，纷纷心急火燎地采果上市，想要赶上 8 ~ 10 元 / 千克的"班车"。直至 12 月中旬，越来越多的果农采摘砂糖橘，但砂糖橘的转色速度却无法跟上果农的采摘速度，因此一筐砂糖橘中黄果、带青果的占比也越来越高，如图 3-76 所示，导致市场上的砂糖橘不仅数量激增，而且质量下降，砂糖橘价格也一跌再跌，从原本的 10.4 元 / 千克，逐渐跌落为 7 元 / 千克，甚至 2 元 / 千克。

图 3-76　黄果、带青果

分析： 除了气候影响，早采现象也是造成砂糖橘价格下跌的直接因素。由于果农不合时宜地采摘砂糖橘，导致砂糖橘的品质不高，售卖时销量不好，增加了商家的成本。而商家为了提升销量，开始层层压价，进而引起果农大量抛售砂糖橘，最终造成砂糖橘的价格一路下跌。这个案例不仅体现了地头品控的重要性，同时还给商家以警示：在波动的市场利益面前，应该保持理性和克制，否则可能带来相反效果。

除了采摘期，商品的大小和外观也是影响商品销售的重要因素。商家需要根据商品大小、重量，对商品进行分级定价，避免消费者收到商品后，出现商品大小不一的情况。同时，同一批次的农产品，外观应该较为统一，最好挑选成熟度一致的商品进行包装。图 3-77 所示为衡量水果商品大小的果板，图 3-78 所示为称量水果重量的秤。

图 3-77　衡量水果商品大小的果板　　　　图 3-78　称量水果重量的秤

2. 代办品控

代办品控是指以产地代办为主体，商家通过对基地源头控制、储存方案改善、包装创新等措施，实现农产品基本商品化的品控方式，如图 3-79 所示。商品化可以简单地理解成把一个初级商品通过分级、打包、包装等流程，转化为可以推荐给消费者购买的商品的过程。

图 3-79　代办品控示意图

代办品控的重点在于仓储。仓储又涉及两个方面，一是仓储质量，应保证商品的新鲜和口感，原商品验收合格入库，并不等于售出时的商品就是合格的，仓储防水、防潮、防晒等都极其重要；二是商品的储存量，销量一般时不压货，销量大时能快速持续出货，解决推广销售的后顾之忧。

3. 运营品控

运营品控是以电商企业为主体，商家通过对商品销售流程、消费者体验、售后服务的控制，实现农产品电商标准化的品控方式，如图 3-80 所示。在保证商品质量和仓储后，商家需要对商品进行推广并为消费者提供服务。需要注意的是，在进行推广时，商家不能够夸大商品，否则会使消费者的心理预期过高，在看到商品实物后，反而产生心理落差，影响消费体验。同时，商家还需要实时跟进商品的物流情况。

图 3-80　运营品控示意图

3.4.3　商品定价策略

在商品推广过程中，合适的商品价格能够提高消费者的购买欲望，促进商品的销售，提高商品、店铺竞争力，为商家带来更多的利益。商家在对商品进行定价时，需要先了解影响商品定价的因素，然后结合定价策略，确定商品的售价。

1. 影响定价因素

影响商品定价的因素包括商品成本因素和外部市场因素，商品成本因素决定了商品的定价区间，而外部市场因素则决定了商品的具体售价。

（1）商品成本因素。

商品成本包括商品本身的成本、平台运营成本、推广成本、物流成本及售后成本等。商品本身的成本是所有商家定价的基础，代表商品本身的价值，平台运营成本、推广成本、物流成本和售后成本等，则是商品的附加价值，根据商家规模、性质的不同而有所不同。

行家点拨： 由于商家还要与其他商家进行竞争，因此商家应该注意各个环节的成本控制，合理降低商品成本，提升品质，提高商品竞争力，获得更高的利润。同时，商家还需要考虑目标盈利率，这也会影响商品的定价。

（2）外部市场因素。

商品的市场需求弹性会影响其售价。当市场需求旺盛时，商品价格会随之上涨；当大量商品滞销，市场需求低迷时，商品价格也会随之下降。此外，市场情况也会影响商品的定价，当市场上该行业的发展水平越高，价格红利一般会越小，其定价也会趋于统一。

2. 定价策略

商家在对商品进行定价时，常采用折扣、心理、差别、组合和分层 5 种定价策略。

- **折扣定价。** 商家可直接或间接降低商品售价，以吸引更多消费者，提高商品的销售量。
- **心理定价。** 心理定价是十分常用的定价方式，例如尾数定价策略，商家常使用含"9"的价格尾数，如图 3-81 所示，提高商品的吸引力，刺激消费者的购买欲望。其实大多数消费者并不在意 0.01 元、0.1 元或 1 元的差价，而是喜欢这种优惠购物的感觉，商品的"划线价"就是利用了消费者的这种心理，如图 3-82 所示。

● **差别定价**。差别定价是指用两种或多种价格销售同一种商品或同一项服务。例如，同一款式的衣服因颜色不同而分为 158 元、188 元、258 元 3 个价位，在 258 元的衣服对比下，消费者会觉得 188 元和 158 元的衣服更便宜。这种策略也称为价格锚定，即把价格相对较高的 A 商品放在价格更高的 B 商品旁边，从而让 A 商品看起来更便宜、更划算，促使消费者产生购物行为。

图 3-81　价格尾数为"9"的商品　　　　　图 3-82　划线价

● **组合定价**。组合定价是指把不同商品组合在一起打包定价。例如，口红 180 元，眼影 100 元，腮红 80 元，三种商品的打包价为 280 元，消费者在看到口红 180 元这个价格锚点后，就会感觉套餐价格非常便宜，这种利用价格锚点进行组合定价的策略也称为捆绑式定价。

● **分层定价**。分层定价是指根据消费者购买的顺序进行定价，能够使消费者产生一种紧迫感，争先成为享受最多优惠的人群中的一员。例如，某一商品的价格为：前 100 人 9.9 元，100~200 人 14.9 元，200 人以上恢复原价 25.9 元。

3.4.4　商品包装与试销

在商品销售过程中，要想使消费者最终满意，商家必须重视商品的包装与试销。其中，包装是消费者验证商品质量和服务的第一关，外在包装能够直观地体现出商家对商品和消费者的重视程度，提升消费者的购物体验和对商家的好感度；试销则能够获取消费者对商品的看法和意见等，便于商家根据消费者的实际需求对商品做出调整。

1. 商品包装

虽然消费者在购物前无法看到商品的包装，但是在收货时是可以看到商品包装的。由于物流过程中的颠簸，一些包装不够好的商品，还可能出现包装破损、商品变质等问题，引起消费者的不满，甚至出现退货、差评等情况，为商家带来负面影响。因此，商品的包装需要注重消费者的开箱体验。

电商商品售卖改变了传统商品售卖中商家与消费者的交互场景，将实际的商品接触变成通过网络了解商品，将传统的视觉交互变成体验式交互，商家也需要将有创意的设计理念落到实处，提升消费者的购物体验。消费者收到商品后会有一个开箱的过程，而通过包装的创新，优化消费者的开箱体验，就成为获得消费者第一好感的重要途径。而电商产品的购买流程也使消费者对包装的可视化程度降低，包装的作用变为增加消费者的黏性，因此，商家可以通过让包装更加有趣、有用、增加附加值等方式，提高消费者的好感度。

例如，专注于电商坚果市场的"三只松鼠"在销售过程中，对商品进行包装时，不仅采用了双层内包装，突出了松鼠形象，而且还在每个包装里提供垃圾袋、纸巾、吃坚果的工具等，同时，在外包装箱上也采用了人性化的设计，不仅以松鼠形象作为主体，而且配有开箱器和专用防盗胶带，增加消费者的好感度。此外，"三只松鼠"还采用软件识别进行"一对一"服务，记录消费者购买"三只松鼠"商品的频率、购买商品种类等信息，并根据这些信息改变商品外包装，使消费者在每次购买"三只松鼠"商品时，收到的包装都有所不同。图 3-83 所示为"三只松鼠"的包装。

图 3-83 "三只松鼠"包装示意图

商家通过电商平台售卖农产品，更需要注意商品的保护、储存和运输，而不同的商品储存特性不一样，在选择包装材料和形式上也会有所区别。

例如，火龙果一般采用果蔬专业保鲜袋或食品薄膜单独包装，如图 3-84 所示，再用纸箱加泡沫加强抗震耐压能力，降低每只火龙果的水分流失，使其保鲜期能够在常温下延长 1~2 倍，并保持口感色泽基本不变，即使有个别火龙果腐烂，也能保证不会影响其他火龙果。

图 3-84 火龙果包装示意图

猕猴桃则属于典型的呼吸跃变型果实，皮薄汁多，采收时气温高，并具有对乙烯敏感、果实易软化腐烂的特点，商家在对猕猴桃进行包装时，常采用纸箱加上分隔泡沫箱或加厚网套，如图 3-85 所示。

而车厘子、草莓这类"身娇肉贵"的水果，则大多采用单个套膜，用牛皮纸箱包裹外层，再用冷藏保温包或保鲜盒等进行外包装，如图 3-86 所示，还可以先用泡沫箱加冰袋保存水果，再在外面包上纸箱。

图 3-85　猕猴桃包装示意图

图 3-86　草莓包装示意图

2. 商品试销

虽然在从进货、包装、物流到消费者收到商品的整个环节中，存在很多不确定性因素，但商家可以通过部分消费者的体验反馈，测试销售流程和供应链承载力。对于新上架的商品来说，试销是反映消费者接受情况的重要手段，能够为商家后期备货提供参考。商品试销过程中，涉及的反馈主要包括开箱反馈和使用反馈。

（1）开箱反馈。

开箱反馈是指消费者对商品外包装、外包装打开难易程度等反馈，是消费者对商品实物的第一印象，影响消费者对商家的看法。因此，商家应该注重商品的外包装，并结合消费者反馈情况，对其进行优化。

（2）使用反馈。

消费者的使用反馈包括对商品质量、物流效率、售后服务、商品使用感受等方面的反馈，商家通过试销，获得这些使用反馈后，可以针对不同的部分进行改进，以降低正式售卖时引起消费者不满的概率，优化消费者的购物体验。

3.4.5　物流跟踪与管理

对于商家来说，物流服务是影响店铺评分中十分重要的一项因素，关系着店铺形象、消费者对店铺的印象；对于消费者来说，物流的快慢和好坏则是影响购物体验的重要因素。因此商家应该结合实际情况，选择合适的快递公司进行合作，并及时跟踪商品的物流信息。

1. 物流选择与管理

常见的快递企业有顺丰速运有限公司、中通快递股份有限公司、上海圆通速递（物流）有限公司、申通快递有限公司等。商家在选择快递公司时，可以从自身商品的特点或成本出发进行选择。例如，考虑到手机、计算机等商品的单价高、利润高，易损坏，常选择保价服务较为完善且运送速度快的顺丰快递；而诸如铅笔、中性笔等，对快递要求不高的商品，则可以从订单的成本、签收手续费、拒签手续费、运输效率、距离、服务网点等各方面综合考虑，选择适合自身的快递公司。

消费者通过平台下单后，商家会实时收到订单消息，然后会在仓库中进行调货，选择快递公司完成配送。发货后商家应该开启物流监控，及时同步物流进度，当出现物流信息停滞、联系不上消费者、拒收等异常物流情况时，要及时提醒消费者，并对订单进行协调处理。

2. 物流信息同步

物流信息是消费者在购物时重点关注的信息之一，例如快递公司、发货时间、运输时长等，商家可以将这些信息展示在商品详情页上，方便消费者在购物前进行了解。而且要提高"物流服务"的动态评分，商家必须对每笔订单的物流信息进行跟踪、关注。

对于偏远地区的订单，商家还可以提前和消费者进行联系，告知他们由于距离远、物流不便的原因，商品到达收货地址的时间会更长一些，使消费者能够有一个心理预期，避免出现物流发出后消费者不断催促的情况；在商品发货之后，商家还需要及时跟踪物流情况，在商品发出、到达消费者所在城市、开始配送等时间节点，可以用短信的方式提醒消费者关注物流进度，例如"您的商品已发出，预期将在 3~5 天送达您的手中，请不要着急""您的商品已经到达 ×× 城市啦，请注意查收""您的商品正在配送中，注意接听快递员电话"等，便于消费者了解物流进度，提升消费者的购物体验。

【思考与练习】

1. 思考并总结小店的商品有哪些展现方式，不同展现方式在添加商品时有哪些注意事项？

2. 分析家庭生活中常见的两种购物情景：观看直播时被主播的描述吸引购物和观看电视时被电视广告吸引购物，分析二者之间存在的联系以及异同点。

3. 商品来源管理包括哪些方面？你认为哪个方面最重要，为什么？

第 4 章

内容打造与内容运营

【学习目标】

- 掌握策划有吸引力内容的方法。
- 掌握图片、视频和文章内容制作的方法。
- 掌握内容运营的方法。

　　内容电商虽然也是电商，但商品推广的流量路径却与传统电商截然不同。内容电商的商家要想把商品推广出去，内容是引流和转化的关键。因此，商家要做好内容电商，首先需要做好内容。那么什么是好的内容？如何创作好的内容？什么样的内容能吸引消费者观看进而引导其购买？如何运营账号产出内容才能与消费者产生持续互动并建立长久的买卖关系？上述问题是所有内容电商的商家应该考虑的问题，本章将针对这些问题，对内容策划、内容制作、内容运营等知识进行介绍。

4.1 策划有吸引力的内容

对于内容电商的商家来说，好内容即能有效提高商品流量和商品转化率的内容，而要想通过内容提高商品的流量和转化率，内容必须具有吸引力和价值。也就是说，内容既可以吸引消费者阅读或观看，又能使消费者在阅读和观看的过程中对商品产生兴趣，继而产生购买行为。要实现这一点，往往需要内容创作者提前对内容进行策划。

4.1.1　梳理与提炼商品卖点

以推广商品为主要目的的内容策划，一般是围绕商品展开的，将商品融入内容并合理展示是整个内容策划的核心。但商品的属性多且复杂，不管是图文、短视频还是直播，受篇幅和时长的限制，都不可能对商品进行全面展示，此时就需要梳理并提炼商品卖点，用商品最关键的属性打动消费者。

下面将以湖南省花垣县十八洞村猕猴桃（以下简称"十八洞村猕猴桃"）为例，介绍提炼商品卖点的步骤及围绕商品卖点进行推广的方法。

1. 为什么需要提炼商品卖点

现在的网络时代是一个信息爆炸的时代，消费者每天可能会接收成千上万条信息，同时，移动网络的发展使消费者的网络行为呈现出碎片化的特征，很多消费者不愿意花费太多的时间去阅读大量信息，他们往往只会关注自己感兴趣的信息，因此在这种情况下，快速抓住消费者的视线，刺激消费者的阅读兴趣就显得格外重要。

内容电商的实质就是依靠信息吸引消费者。内容创作者在向消费者介绍商品时，如果不

注：平台功能与相关页面的设置会随着平台的发展与用户的需求不断进行优化更新，本书中的操作步骤与方法论仅供参考，实际功能或页面设置请读者以平台的最新内容为准。

能在极短时间内快速吸引消费者的注意，那么消费者的注意力很快就会转移到其他商品上，从而失去商机。

提炼商品卖点是快速吸引消费者的注意力的一种有效手段，就像某些简短、个性、让人印象深刻的自我介绍一样，好的商品卖点能直击消费者的痛点，让消费者快速记住商品，对商品产生购买冲动。

2. 什么是好的商品卖点

好的商品卖点就是可以说服消费者购买商品的卖点，假设将商品卖点的提炼当作与消费者的对话，那么好的商品卖点就应该回答消费者为什么要买这件商品、为什么买这件商品而不是其他品牌的商品这两个问题。总体来讲，好的商品卖点应具备关联性和差异性，既要体现商品与消费者的关联性，又要体现商品与其他竞争商品的差异性。

（1）关联性。

关联性主要回答消费者为什么要买这件商品的问题。

要想使商品与消费者产生关联，需要将商品对消费者有益的功能、特点、优势等罗列出来。在罗列商品对消费者的有益之处时，内容创作者需要进行一定的取舍，只有真正对消费者有意义且是消费者迫切需要的，才适合作为商品卖点。上述提炼商品卖点的方法是以消费者为中心的方法，在这种思路下，商家要懂得区分事实与利益点。事实指从商品本身的角度进行描述，利益点则是将事实转化为对消费者有意义的描述。只有事实与利益点相结合的商品卖点，才更容易打动消费者。

以十八洞村猕猴桃为例，该商品生长在有机质丰富的环境中，属于事实描述。如果只是单纯介绍商品的生产环境，是无法使消费者对商品产生兴趣的。如果从关乎消费者利益点的角度进行描述，说明有机环境栽种出来的果实更加绿色健康、营养成分含量更高，可以为消费者的身体带来好处，那么就可以打动消费者，使其对这种有机水果产生兴趣。

行家点拨： 好的商品卖点，往往是消费者最关注的利益点，将利益点与消费者需求清楚地关联起来，可以刺激消费者的消费欲望，甚至促使其立刻做出购买决定。

（2）差异性。

差异性主要回答消费者为什么买这件商品而不是其他品牌的商品的问题。

在竞争激烈的商业环境中，了解竞争对手有利于商家更精准地挖掘自己商品的卖点。一般来说，商家为了扬长避短，不仅要从商品自身挖掘卖点，还要避开竞争对手的优势，使自己的商品在消费者心中形成独特的印象，让消费者一旦有购买想法时，首先想到自己的商品。

例如，十八洞村猕猴桃是一种甜度比较高的猕猴桃，但对市场进行分析后发现，电商平台中销售情况较好的猕猴桃有70%左右都以"甜"作为主要卖点。为了与这些竞争商品形成差异，十八洞村猕猴桃选择了"绿色健康""营养成分含量高"的利益点进行核心卖点的提炼与包装，并通过这个核心卖点吸引消费者，使消费者形成对十八洞村猕猴桃的独特印象。

3. 如何提炼商品卖点

好的商品卖点是可以快速说服消费者进行购买的卖点，因此在提炼商品卖点时，必须分析商品的优势，最好可以满足"人无我有"或"人有我优"的条件。当然，在提炼了商品卖点之后，还要思考该卖点是否符合消费者的需求，是否可以引起消费者的兴趣等。综合这几个方面的考虑，商家可以通过找出商品优势、分析目标消费人群心理和对卖点进行包装 3 个角度对商品卖点进行提炼和筛选。

（1）找出商品优势。

在寻找商品优势时，首先应该列出自己的商品与竞争商品的所有利益点，判断自己的商品与竞争商品之间是否存在"人无我有"或"人有我优"的竞争优势。这里会涉及独特优势与比较优势两个概念，独特优势即拥有其他商品都不具备的优势，比较优势即与其他商品相比，自己商品的优势更明显。

在分析商品优势时，可能遇到 4 种情况，如图 4-1 所示。一是具有绝对的独特优势，消费者十分关注和需要该优势所带来的利益；二是不具有独特优势，但在消费者感兴趣的商品利益中具有比较优势；三是具有独特优势，但消费者对这个独特性还不熟悉，消费者需求还需要培养和开发；四是既无独特优势，比较优势也不明显。

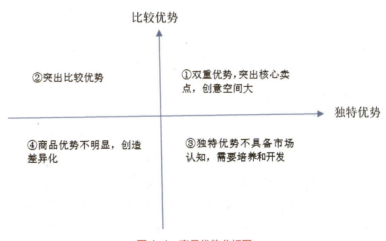

图 4-1 商品优势分析图

第一种情况下，商家应把独特优势作为核心卖点进行包装提炼，突出商品的差异化，推广的创意空间也较大；第二种情况下，消费者比较熟悉商品的利益点，因此在提炼商品卖点时，可以在商品的购物体验及推广上制订一些差异化策划，让商品的比较优势更能被消费者感知；第三种情况下，商家需要判断自身是否有足够的资源持续进行市场的培养和开发，针对商品的独特优势投入资源是否值得；第四种情况在竞争激烈、商品同质化严重的电商环境中十分常见，这种情况下，若商家需要创造差异性，可以从使用情境、消费者心理等商品本身之外，以及与消费者具备高度关联的角度进行卖点的包装和提炼。

例如，对于十八洞村猕猴桃来说，甜度高、绿色健康、营养成分含量高属于比较优势。在进行竞争商品卖点及推广分析后，发现 70% 左右的竞争商品都以"甜"为主打卖点，为了体现与同品类商品的差异化，最终选择"绿色""营养"作为卖点，进行后续的包装和打造。

（2）分析目标消费人群心理。

任何商品都有自己的目标消费人群，继续对目标消费人群进行细分，可分为购买目标人群和使用目标人群。这两类人群在有些情况下是重合的，但在有些情况下是独立的。例如婴儿奶粉的使用目标人群是婴儿，但购买目标人群是"妈妈"，在这种情况下，从营销及推广的角度分析，商家就要同时考虑婴儿的需求及"妈妈"所关注的利益点。

购买目标人群和使用目标人群是否属于同一类人群，需要根据商品的性质进行判断。在确定目标消费人群之后，即可对该人群的基本特征进行分析，挖掘他们真正的需求，包括生理及心理的需求等，同时还要洞察他们的购物态度及行为。

分析目标消费人群心理的流程如图4-2所示。

图4-2　分析目标消费人群心理的流程

- **分析目标消费人群基本信息**。商家应首先分析目标消费人群的基本信息，具体包括性别、年龄、职业、居住地、收入范围等。
- **分析目标消费人群生活方式**。以目标消费人群基本信息为基础，可以进一步分析目标消费人群的生活方式及消费风格，例如追求物美价廉、享受高端奢华等。
- **洞察目标消费人群的消费心理**。基于目标消费人群的基本信息和生活方式，可洞察目标消费人群的消费心理，例如追求安全感、自我实现或关怀他人的满足感等。

在对目标消费人群进行分析和洞察后，商家即可站在目标消费人群的立场，思考他们需要什么类型的商品，并依此对商品卖点进行提炼和包装。在提炼出商品的主打优势后，再结合目标消费人群分析推导出其理性利益点和感性利益点，进行商品卖点的打造。其中，理性利益点指商品的优势能为目标消费人群带来的理性、看得见的利益；感性利益点指在满足目标消费人群理性利益点的基础之上，同时满足其对商品更深层次的心理需求。

例如，十八洞村猕猴桃在选择"健康营养"作为商品的主打优势的同时，还分析了电商环境中猕猴桃的目标消费人群及其他生鲜商品目标消费人群的消费行为，发现在电商环境中，购买猕猴桃的消费者多为25~40岁的女性，居住在一二线城市，很多都是上班族或家庭主妇。这类人群的日常活动环境多为家或办公室，希望能通过健康的食材补充营养，对生鲜水果"健康营养"的特征往往具有较高的诉求。针对这一目标消费人群的需求，商家提炼出猕猴桃"安全健康""营养丰富"等理性利益点；针对该类人群面临着生活和工作压力大的问题，又提炼出"舒缓情绪""休闲减压""带来活力"等感性利益点，通过强调商品能满足目标消费人群的理性利益点和感性利益点，引导消费者对商品进行体验和传播。

（3）对卖点进行包装。

对卖点进行包装，即赋予卖点独特的创意；在包装卖点时，可以使用聚焦的发散思维。聚焦是指以通过梳理和提炼商品卖点，推导出目标消费人群最在乎的深层的利益点，例如十八洞村猕猴桃聚焦的卖点是"健康""活力"；发散思维是指用更容易引人注意、更利于加深消费者记忆、更朗朗上口的方式表述这个利益点，可以结合原产地特色、使用情境、画面感进行描述，也可以结合时下热点等进行描述，例如在对十八洞村猕猴桃的卖点进行包装时，将"活力"描述为目标消费人群每天必需的状态，并结合原产地的人文特色、包装提炼出"天生好果，活力每一天"的创意卖点文案。

总之，好的卖点包装可以使目标消费人群对商品及其传达出的信息产生深刻的记忆，可以稳固商品在目标消费人群心中的印象，并使目标消费人群通过商品卖点联想到商品风格、特点、功能等更多信息。

4.1.2　强化消费者对商品的认知

商品卖点实际上是对商品和目标消费人群需求的一种定调，商品卖点的提炼越精准，其发挥的营销作用会越好。为了强化商品的卖点，在从商品包装到销售的整个过程中，商家都应该向消费者传达一致的商品信息，加深消费者对商品的记忆和认知，并使其对商品产生信任感和好感。一般来说，商家可以从商品、销售渠道、推广 3 个方面强化消费者对商品的认知。

1. 通过商品强化消费者认知

对于商品本身来说，商品名称、商品包装、商品标签等能展现商品的个性及卖点，强化消费者对商品的认知。当然，通过商品名称、商品包装、商品标签等展示的商品卖点，必须与商品本身的属性一致。若消费者被某个商品卖点所打动，购买后却发现该商品"名不副实"，那么消费者很难对商品留下好的印象；反之，消费者如果在接触商品的第一时间就能直观感受到商品具有的卖点，就很容易对商品产生好感。

通过商品本身展示商品卖点的方式比较多，有些商品的卖点需要消费者使用后才能感受到，有些商品的卖点则直接在商品包装设计、外观设计等方面进行体现，让消费者在收到商品时可以第一时间通过视觉直接感受到。

具体的卖点展示方式需要商家根据实际情况进行设计。例如，在十八洞村猕猴桃的案例中，商家通过商品包装盒对商品卖点进行了强化。十八洞村猕猴桃原有的包装盒是暗红底色配上猕猴桃的商品图，搭配"精准扶贫第一果"的文案；在提炼出"活力"等关键利益点后，商家对包装重新进行了设计，使用嫩绿色作为包装盒的主色，体现"健康""活力"的特点，同时采用当地积极向上的生活场景作为主要视觉设计元素，并搭配"天生好果，活力每一天"的卖点文案，让消费者在收到商品时立刻就能感受到商品"健康活力"的卖点，从而巩固了消费者对商品的认知。图 4-3 所示为十八洞村猕猴桃的设计前后包装盒图。

图 4-3　十八洞村猕猴桃的设计前后包装盒图

2. 通过销售渠道强化消费者认知

销售渠道也可以全面展示商品的优势和卖点。对于内容电商来说，主要的销售渠道就是内容创作平台和电商平台，而其展示商品卖点的方式则包括通过内容展示、通过店铺装修展示和通过商品详情页展示。

- **通过内容展示**。对于内容电商来说，内容是吸引消费者购买商品的关键，无论是图文内容、短视频内容，还是直播内容，都可以对商品卖点进行介绍，强化消费者对商品的认知。

- **通过店铺装修展示**。店铺的装修风格也可以体现商品卖点，店铺装修风格如果能与商品卖点相匹配，就可以使消费者在进入店铺时快速建立起对商品的基本印象。

- **通过商品详情页展示**。商品详情页是内容电商产生转化的主要页面，消费者受内容的引导产生购买想法后，往往需要进入商品详情页进行购买。此时是展示商品卖点的时机，也是引导消费者购买的时机。商家可以在商品详情页中通过图文、短视频等形式展示商品卖点，强化消费者的认知。

在通过销售渠道对商品卖点进行展示时，商家应向消费者传达一致的商品信息。例如在聚焦了商品的核心卖点后，应分析该卖点带给消费者的感受是活泼热情的、淳朴实在的，还是内敛低调、极简质朴的。商家可以将卖点带给消费者的感受在内容创作、店铺装修及商品详情页设计等方面体现出来，据此选择恰当的风格、颜色、图片和字体。若卖点带给消费者的感受是活泼热情的，那么商家在内容创作、店铺装修及商品详情页设计时，就可使用活泼轻快的文案、明亮的设计风格、暖色系的颜色布局，选择户外阳光、花朵云彩等元素进行装饰，让消费者从视觉上直接感受到商品的卖点和风格。此外，商家在撰写商品详情页的商品卖点文案时也需要围绕商品的核心卖点进行包装，这样消费者在阅读商品信息时才会逐渐加深对商品的认知。

例如，十八洞村猕猴桃提炼并包装的核心卖点为"天生好果，活力每一天"，这个卖点要传达出活泼健康的感受，因此商品详情页选择以黄绿色这种明亮的颜色作为主色进行设计，搭配阳光下的原产地照片、明亮的食用场景及商品特写图片，使视觉效果与商品卖点保持一致，在整体上呈现出"活力"的风格。

另外，十八洞村猕猴桃的卖点文案也是围绕"活力"进行写作的，以"活力好滋味"引出对商品的果形、香气和口感的介绍，而"金果猕猴桃色泽鲜亮，开启食用好心情""切开果实，飘散在空气中的浓郁香气，唤醒一日的精神"等文案的描述具有强烈的画面感，引导消费者在看到商品时联想出一幅充满活力的画面；以"活力每刻"引出的早餐、晚餐及上班时的食用场景的描绘，"维持整日营养所需""轻松有活力""补充能量继续加油"等文案强调了商品能带给消费者满满的活力，体现了食用十八洞村猕猴桃能带来的具体利益点，使消费者的日常生活场景与十八洞村猕猴桃产生关联。图4-4所示为十八洞村猕猴桃的商品详情页。

图 4-4　十八洞村猕猴桃的商品详情页

3. 通过推广强化消费者认知

内容推广要想取得较好的效果，首先内容应该符合消费者接受信息的习惯和喜好。因此，为了快速、高效地将内容推广给消费者，应该在内容中明确突出一个核心卖点，如果内容中传达的商品卖点过于分散，消费者很容易失去耐心从而放弃阅读和观看。当消费者对商品还不具备太多的认知时，更适合用一个简洁明确的核心卖点引发消费者的好奇和关注。

在对内容进行推广时，还应了解不同内容平台的特点。一般来说，不同的内容创作平台，其消费者往往会表现出不同的特点，他们在观看内容信息时，也会呈现出不同的状态和需求，因此商家应该根据不同内容创作平台上的消费者特点，有针对性地制作内容，推广商品核心卖点，并通过核心卖点在消费者心中建立起清晰、明确的商品印象。

例如，十八洞村猕猴桃以"天生好果，活力每一天"作为核心卖点，在不同内容创作平台上进行推广。在商品上市初期，设计了适合在社交媒体上进行推广的内容形式——"活力登场"创意海报，如图 4-5 所示，吸引社交平台中的消费者进行关注，并通过强调商品品质获得消费者的认可，强化消费者对商品的认知；在达人推广中，则在视频平台中以短视频的形式展示原产地充满活力的人文精神，同时视频创作者（达人）还通过手势动作直观地表现出食用商品后充满"活力"的状态，突出商品的品质，如图 4-6 所示；十八洞村猕猴桃的推广还利用了视频平台的互动功能，在抖音话题挑战赛中建立话题＃活力每一天＃，邀请更多消费者加入视频的创作中，如图4-7所示。此外，还有许多内容创作者通过撰文介绍商品，也以"活力"作为主要切入点。

图4-5 "活力登场"创意海报页面　　图4-6 达人推广页面　　图4-7 抖音话题挑战赛页面

4.1.3　内容的规划与推广

内容电商的内容主要为推广服务，也就是说，内容的规划应该以推广为导向，根据推广需求确定内容的创作方向，以便将内容传播给更多精准的消费者，达到内容电商最终的营销目的。

1. 确定推广目标

在电商环境中，推广的最终目标是提高销售额，但这并不意味着各个推广渠道和推广平台都只围绕商品销售创作内容。为达成目标，商家首先需要判断自己希望通过推广解决什么问题，为了解决这个问题需要经过哪些步骤，每一个步骤是否需要分阶段进行。

例如在新品上市初期，如果商品的核心卖点不为消费者所熟知，需要培养市场，解决消费者对商品的信任问题，此时，常见的推广方式是寻找专家或名人为商品背书，或通过目标消费人群相对比较熟悉的名人创作内容，建立信任。因此，这个阶段的推广目标主要是创造口碑；而当消费者对商品的核心卖点具有一定的认知后，就可以通过展示商品的销售佳绩等信息，进一步加强消费者对商品核心卖点的信任感，这个阶段的推广目标就可以设置为扩大商品的推广范围，促进内容的流量变现。

如果商品本身为消费者所熟知，例如生鲜水果等，商家在进行内容推广时，就需要思考如何在推广上创造话题，使自己的商品在同质化严重的市场中脱颖而出，这时的推广不一定需要分阶段确定推广目标，但必须明确推广的总目标，例如可以将推广目标设定为"建立商品与某个场景的强关联认知""强化某一领域人群对商品的需求"等，以此引导推广的方向。

行家点拨： 在推广内容时，还需要考虑内容的发布平台。不同的内容发布平台，对消费者起到的引导效果并不相同，例如视频可以加强消费者对商品的好感，刺激消费者的购买欲望；海报可以发挥社交传播的力量，扩大商品的传播范围。为了增强推广效果，商家应该全面理解各个内容发布平台在推广中发挥的作用，结合推广目标，有针对性地创作内容并进行推广。

---

2. 选择推广方式

确定了推广目标后，可以进一步考虑推广的方式，内容推广的方式主要分为造势和借势两种。

（1）造势。

造势指根据自身的目的、主张等创造热点话题。常见的品牌造势方式有名人营销、事件营销、话题营销、悬念营销等。

- **名人营销。** 其主要表现为名人代言，很多品牌都有专门的名人代言团，每次在新品发布时都会有许多名人对商品进行代言造势，如图 4-8 所示。
- **事件营销。** 其是指策划、组织、制造出具有新闻价值和社会影响力的事件吸引媒体、社会团体和消费者的兴趣和关注，以提高知名度。例如某音乐平台曾经承包了一列地铁的车厢，在车厢中通过海报展示了大量优质、感人的音乐评论，在社交平台引起了广泛的讨论，如图 4-9 所示。
- **话题营销。** 其主要运用媒体的力量以及消费者的口碑，让商品和服务成为消费者谈论的话题，以达到营销的效果。例如某饮料的昵称瓶、歌词瓶、台词瓶等，通过在媒体平台发起话题讨论，引起目标消费人群的关注，如图 4-10 所示。
- **悬念营销。** 其主要借助悬念引爆消费者的关注，例如猜商品、猜代言人、猜价格等都是比较常见的悬念营销。

通过造势的方式进行推广时，如果造势的话题比较热门，有了广泛的关注度，商家利用该方式很容易加深大众对商品或品牌的记忆和认知。但造势推广对资源投入具有一定的要求，其推广效果难以预测，因此实施推广前较难预计话题最终能够达到的热度。

图 4-8　某手机品牌名人代言团　图 4-9　某音乐平台的地铁车厢歌词　图 4-10　某饮料"台词瓶"

（2）借势。

借势就是依托大众关注的话题与事件，创作与之相关的内容，例如奥运会期间，在很多商品的推广中会出现冠军品质、突破、挑战世界等概念。借势推广应注意所借势话题与商品的匹配度，将话题巧妙地融入商品内容的创作中。由于所借势的话题往往具备一定的讨论度，因此可以有效地带动内容的推广，增强内容的曝光度，但热门话题和事件往往会同时被很多商品或品牌借势，很可能会造成消费者的审美疲劳，甚至让消费者对借势的内容产生混淆，从而难以达到预期的推广效果。

注意：无论是使用造势推广还是借势推广，都需要依靠创意思维对内容推广的方式进行规划，提升内容的丰富性与趣味性，以便达到更好的推广目的。

3. 规划推广方向

规划推广方向即对推广流程进行策划和管理，一般包括绘制推广蓝图和执行推广计划两个方面。

- **绘制推广蓝图**。确定推广的核心目标及不同推广阶段的阶段目标，然后根据不同推广目标列出相应的推广任务，并创作与之相符的内容。
- **执行推广计划**。在明确了推广目标及推广任务后，应该对推广计划的可行性进行判断，可在每个阶段的推广目标下列举出内容创作的方向和内容传播的渠道，判断其是否符合当前阶段的推广需求。同时，对推广任务进行管理，确保其按照推广计划顺利执行，如果在执行过程中发现了更有效的方式，就可以及时对推广计划进行调整。

以十八洞村猕猴桃的推广蓝图绘制、内容规划方式及推广计划执行为例。十八洞村猕猴桃坚持以"天生好果，活力每一天"作为推广核心，并将推广流程分为预热、爆发、延续销售3个阶段。在预热阶段，其推广目标为针对已购消费者进行消费"唤醒"，针对未购消费者进行信息触达；在爆发阶段，其推广目标则是围绕"活力"创作内容，延伸出更多猕猴桃的食用情境，在原有基础上扩大传播范围；在延续销售阶段，其推广目标为提高销售额，开启贩售倒计时，以即将售罄的文案刺激消费者产生的购买行为。

在确定了各阶段的推广目标后，就可以确定每个阶段的内容创作方向。在预热阶段，其内容创作方向为通过前期红心猕猴桃的销售数据，烘托黄心猕猴桃的"活力"登场，并针对已购消费者进行广告投放，向其分享内容；在爆发阶段，其内容创作方向为在不同场景描述猕猴桃食用后带来的"活力"感受，并透过原产地直播、多类型达人的视频和图文推荐等方式全面呈现商品；在延续销售阶段，其内容创作方向为展示销售数据，在社交媒体上以最后抢鲜、体验活力等主题进行传播。

在确定了推广方向并策划好内容创作方向后，接下来再对各阶段的推广计划进行执行和控制，图4-11所示为十八洞村猕猴桃的推广规划。

传播主轴	十八洞村猕猴桃 天生好果 活力每一天		
传播阶段	预热阶段	爆发阶段	延续销售阶段
传播目标	延续前期的销售热度，为新品上市造势	放大核心利益点，提示使用情景，刺激消费者购买欲望	成为"网红"猕猴桃，刺激抢购
切入点	活力登场	商品直接感受，如：口感、汁水、香味、色泽等 商品食用场景，如：早餐、睡前、饭后等	网红水果，抢先尝鲜
传播内容	1.借势红心猕猴桃的销售佳绩，为黄心猕猴桃品质提供保证 2.从商品特点切入，造势黄心猕猴桃"活力"登场	1.以种植地自然条件、有机种植表现黄心猕猴桃是活力果 2.从商品特点角度切入，突出黄心猕猴桃带来的活力 3.描绘早晨、下午、睡前等不同的食用情景，表现黄心猕猴桃带来的活力	最后销售倒计时
传播渠道	以海报的形式，在微信、微博等社交平台上进行推广 以图文的形式，在今日头条的账号上发布	展现产地及食用场景的抖音视频，展现商品优势及利益 西瓜视频创作者在原产地进行直播，展现商品制品 图文作者在今日头条平台创作文章介绍商品	展现产地到食用场景的图片，以广告的方式进行投放 展现活力调性的图片，在抖音Banner等广告位投放	制作"网红"猕猴桃最后抢先海报，在社交平台投放 提示商品即将售罄，创作销售倒计时的图文内容

图 4-11　十八洞村猕猴桃的推广规划

4.2　不同形式的内容制作

优质的内容是内容电商运营的前提，因此商家必须掌握不同形式内容的制作方法。现在常见的内容形式主要包括图片、视频和文章 3 种，下面将对这 3 种内容形式的制作方进行介绍。

4.2.1　图片的制作

图片是一种十分常见的内容表现形式，属于静态展现的内容表现形式。图片的应用十分广泛，图文型内容中通常需要搭配关键图片以突出重要信息，短视频中也可以使用图片快速吸引消费者的注意。在制作图片时，内容创作者可从图片核心信息的表达和图片的拍摄技巧两个方面着手。

1. 图片核心信息的表达

图片是一种静态的内容，适合传达核心的推广信息。因此在制作图片时，首先要思考这张图片具体想要展现和表达的核心思想是什么，怎样拍摄图片才能让消费者感兴趣。

一般来说，图片的核心信息通常与商品的核心卖点相匹配，根据商品的核心卖点思考这张图想传达给消费者的信息，例如产地的良性生态、商品的优质品质或商品使用后的感受等。在确定了图片的核心信息后，再根据该信息进行构思，通过拍摄对核心信息进行合理的表达。

以农产品为例，在拍摄农产品的内容推广图片时，可以从农产品生长到消费者使用整个过程的诸多场景中进行选择，结合图片想要表达的核心卖点进行构思，确定拍摄的场景和方式。对农产品来说，种植地原生态背景、种植地商品特写、商品加工过程、种植农户、消费者使用场景等都是可以通过拍摄图片进行呈现的。内容创作者可以选择符合推广要求的场景，围绕商品推广的核心卖点进行构思，从而确定图片想要表达的核心信息。图 4-12 所示的图片是红薯农产品推广图片，这张图片以原产地、原生态的种植环境为背景，结合小女孩食用红薯时开心的表情，传达出"天然""美味"的核心信息。

图 4-12　红薯农产品推广图片

下面以农产品为例，列举几种常见的农产品图片核心信息表达的方式和角度。

- 在种植地背景下拍摄，可以呈现原生态的、纯净无污染的自然条件，使消费者产生更多的信任感。
- 在种植地拍摄农产品生长环境及农产品特写，可拍摄阳光下的农产品，以传达"新鲜""天然"等信息，或者拍摄边采摘边切开商品的场景，直观展现农产品"肉嫩多汁"的品质。
- 如果消费者对商品的食用方式不甚了解，可以拍摄商品烹饪及加工过程，加深消费者对商品的认知。
- 拍摄种植农户质朴的形象或者穿着当地特色服饰的形象，体现商品的地域特色及产地的人文环境，让消费者对商品产生好感。
- 由于商品的核心卖点往往是从消费者的角度进行包装和提炼的，因此可拍摄消费者使用商品的场景，让消费者更轻松地感受和理解图片所传达的内涵。
- 很多商品在使用后可以给消费者带来某些特殊的感受，因此可拍摄消费者使用商品后的反应或效果，加深消费者对核心卖点的感知。

在通过图片形式进行内容推广时，往往需要同时拍摄多张不同角度、不同场景的图片。每一个角度和场景的拍摄，都要与内容推广的核心卖点保持统一，同时又要带给消费者不同的感受。让消费者在看到多张图片时，能从多方位获得商品信息，又能对商品形成统一的印象，从而加深对商品的认知与记忆。

行家点拨： 图片的核心信息应该积极向上。让人感到快乐、阳光的图片不仅更容易吸引消费者的目光，使消费者对商品产生正面的联想，同时也能为品牌树立积极健康的形象。

2. 图片的拍摄技巧

在确定了图片的核心信息后，即可依据该核心信息对图片进行拍摄。拍摄图片时，需注意构图、比例和光线 3 个方面。

（1）构图。

构图往往决定着消费者第一眼看到这张图时关注的焦点，从运营的角度看，这个焦点所传达的信息应该是商家最想传达的信息。因此，在拍摄图片时，商品的核心信息或者图片的主体，应该放置在消费者视线焦点的位置，让消费者一眼就能识别图片想要表达的主旨，而不必花费更多时间去解读。图 4-13 所示为两张脆红李图片，虽然通过不同的视角对商品进行了展示，但图片的焦点始终落在脆红李上，让消费者在看到图片时，第一时间就注意到脆红李饱满的果肉和新鲜的状态。

图 4-13　脆红李图片

此外，合理的构图还可以有效提升图片的美感，带给消费者更舒适的视觉感受，调动消费者对商品的购买欲望。因此拍摄者在进行拍摄时，除了要突出焦点外，还应该兼顾画面的平衡、稳定、透视、流动等，提高图片整体的质量。

（2）比例。

比例即图片中商品与图中其他各元素和对象的比例关系。一般来说，商品在画面中应该比例适中、特征明确、焦点清晰。商品比例过大，会使整个画面显得过于呆板；而商品比例过小，则难以突出商品。

（3）光线。

良好的光线能让被拍摄物更具吸引力，透过光线的明暗对比、光影的变化，可以为商品打造出鲜明的立体感和空间感。光线与其他元素巧妙搭配，能烘托出商品的环境氛围，例如水果在晨露和晨光的映衬下，可以呈现"晶莹剔透""鲜嫩欲滴"之感；在夕阳余晖的照耀下，则可以呈现"温暖美好""自在惬意"之感，而这种基于光线而呈现的不同的图片风格可以引导消费者产生不同的感受。

行家点拨： 在拍摄商品图片之前，可以提前对商品进行处理，避免拍摄的图片出现脏乱或过于密集等情况，确保画面的干净、整洁。

4.2.2 视频的制作

视频是当下热门的推广途径之一，很多消费者都养成了通过视频，尤其是短视频了解信息的习惯。在内容电商环境下，视频对消费者的购买决策会产生重要影响，当消费者受视频内容吸引，观看视频并产生兴趣后，就很可能产生购买行为，因此很多商家都会选择视频形式进行内容推广。视频内容的质量决定着视频推广的效果，下面主要从视频故事线设计、故事线的创意构思和视频的拍摄技巧3个方面介绍视频的制作方法。

1. 视频故事线设计

视频是一种动态的内容呈现形式，与图片相比，视频可以承载的信息量更大，因此视频内容的创作具有更大的空间。与图片内容的创作方法相同，视频内容的创作也应该围绕商品的核心信息设计内容，然后恰当地添加其他可以使消费者对商品感兴趣的元素。

为了使消费者持续观看视频，增强内容的推广效果，内容创作者可以通过设计故事线的方式策划视频内容。而要设计故事线，首先创作者需要思考如何设计出吸引消费者观看的"故事"，如何在"故事"中融入商品并凸显商品核心卖点，如何使消费者对商品产生好感并购买等。

故事线就是故事的结构，其构思逻辑与写文章、拍电影等比较类似，为了调动观众的情绪，可以在故事中设置故事的起承转合，增加故事的可读性。此外，也可以加入营销的元素，通过消费者痛点引出故事，并给出相应的解决方案。

以生鲜商品为例，可以利用原产地介绍和消费者食用情景两种场景设计故事线。

- **以原产地介绍为场景设计故事线。** 拍摄当地的好山好水、秀丽风景，快速吸引消费者的目光，同时突出产地的好生态，衬托商品的好品质。接着，从风景自然过渡到商品，介绍商品的核心卖点，针对商品适用人群介绍食用感受，说明商品可以改善的问题。最后以起承转合的结构勾勒出完整的"好山水孕育好品质"的故事线，凸显商品的吸引力。

- **以消费者食用情景为场景设计故事线。** 在消费者日常食用商品的场景中展示商品，可以让其他消费者感同身受，在这种场景下，故事线的设计空间往往也更大。从消费者痛点切入，先引发其他消费者的同理心，然后通过合适的表现手法让商品"出场"，解决视频"主角"的问题，加强其他消费者对商品的认同，进而产生购买欲。

2. 故事线的创意构思

上面介绍的两种设计故事线的方式，只展示了故事线的基本设计思路。事实上，故事结构并没有统一的模式，在实际中设计视频故事线时，还需要添加各种创意和巧思，增加视频的"看点"，让自己的视频内容区别于同类型视频。下面以农产品为例，介绍几种进行创意构思的方向。

（1）戏剧化地描述问题。

戏剧化地描述问题是指以戏剧化的、有趣的方式描述可以与消费者产生共鸣的现象或问题。在使用这种方式时，内容创作者可以先找到能够让消费者感同身受的"点"，将其放入一个有趣的情境，制造一场冲突，最后再让商品戏剧化地登场，加深消费者对商品的印象。

内容创作者通过这种方式设计故事线时，可以模拟笑话、喜剧的编写方式，用90% 的内容对剧情进行铺垫，最后用 10% 内容引爆笑点。以一条推广盐源苹果的视频为例，该视频为了突出苹果香甜的口感，将其与情侣间的甜蜜情话进行创意关联，如图 4-14 所示，将消费者带入情侣的甜蜜共处时间，烘托出苹果的"甜"，不仅形成创意，还加深了消费者的记忆。

图 4-14　盐源苹果的推广视频截图

（2）寻找共鸣与支持。

寻找共鸣与支持是指通过描述实际的情况触动消费者，使其对内容产生共鸣，继而对内容创作者产生"支持"的心理。例如站在农民、商家或工人的立场，表达他们为了实现对消费者的承诺，如何坚持信念，一丝不苟地做出好商品，让消费者仿佛置身于商品的生产过程中，清楚地感受到生产者的热情，从而被其表达的真实情感所打动，并对商品产生信任感。以一条推广普安红茶的视频为例，该视频中拍摄了从茶园栽种、茶叶采摘、茶叶制作到冲泡茶叶的整个过程，如图 4-15 所示，展示了制茶工艺中的诸多细节，体现出精益求精的产品精神，从侧面烘托了商品的质量，让消费者在观看视频时对商品产生信任，进而放心下单购买。

（3）换一个视角讲故事。

换一个视角讲故事是指摒弃传统的内容创作者视角，以第三方的视角构思故事，介绍商品。直接站在商品的角度，讲述作为商品的"我"的一生，例如以一只蚂蚁的视角进行介绍，在"我"的眼中这件商品是什么样的。这种站在其他动物或事物的立场构思故事的方式，可以赋予常见事物以新鲜感，通过新的创意对旧元素进行重新组合，创造出更多的乐趣，让消费者耳目一新。以一条推广怒江草果的视频为例，如图 4-16 所示，内容创作者将草果拟人化，站在草果的角度介绍其最适合搭配的食材，以及自己的作用和味道，让消费者从新的角度认识商品，产生新奇感，加深观看后的印象。

图 4-15　普安红茶的推广视频页面

图 4-16　云南怒江草果的推广视频页面

（4）活用比喻。

活用比喻是指将比较抽象的商品卖点比喻成物品、现象等，或者直接用一个词或短语对商品卖点进行形容，让商品卖点更容易被消费者理解和记忆。例如商品卖点是给人活力，那么可以用运动状态形容，也可以用满电量的电池进行比喻。以一条推广锡林郭勒羊肉的视频为例，如图 4-17 所示，该视频将羊群比喻成奔跑在草原上的"珍珠"，用"珍珠"衬托羊肉的好品质，同时通过羊群在草原上奔跑的画面使人联想到滚动的珍珠，让这个比喻更加贴切。

图 4-17　锡林郭勒羊肉的推广视频截图

行家点拨：上面提到的创意构思方式可以作为设计视频故事线时的参考，但创意没有固定的模板，创意的方向是多样的，内容创作者可以多看、多学、多积累，然后再发掘自己的创意思维，制作出让人眼前一亮的创意视频。需要注意的是，创意虽然可以为视频加分，但仍然是为商品推广而服务的，不可因盲目堆砌而忽视推广的主题。

3. 视频的拍摄技巧

视频的拍摄原则与图片比较类似，都需要注意构图、比例、光线等问题。为了使视频能够更好地展示商品，吸引消费者持续观看，还应使用一些拍摄技巧提高视频的质量，使其达到更好的推广效果。

（1）常规拍摄技巧。

由于视频是动态的内容形式，视频中包含的内容往往比较丰富，场景也会发生变化，因此在场景选择、视频收音、视频剪辑等方面需要格外注意。

● **场景选择**。很多视频在拍摄时可能需要使用多个场景，在动态的拍摄中，越简单的背景越能凸显商品主体。因此，内容创作者在选择场景时，应该尽量保持场景的干净整洁。

- **视频收音**。视频收音即拍摄视频时对声音的收录。一般要求收音清晰，避免嘈杂的背景音，也可以放弃视频的原音，配上背景音乐，通过字幕展示信息。
- **视频剪辑**。为了避免消费者对视频产生视觉疲劳，可以通过视频剪辑切换视角和画面，保持视频的灵动性。同时，视频的剪辑应该符合主题，例如主题是"活力"，则剪辑的节奏及背景音乐就可以呈现轻快、动感的风格。

（2）商品实用拍摄技巧。

除了以上常规的拍摄技巧，在展示产地环境、商品细节、商品卖点、人物时，也可以运用一些拍摄技巧，提高视频的质量。下面以农产品的拍摄为例进行介绍。

- **产地拍摄**。商品产地如果有著名的、具有代表性和标志性的建筑或"××之乡"的标识，可将其拍摄至视频中，帮助消费者快速将商品与标志进行关联，加深消费者的印象；另外，在航拍产地全景或当地风景时，最好能体现当地空气清透的质感，可以在光线明亮的天气下进行拍摄，从而提升消费者对原产地环境的好感，进而投射到对商品品质的信任之上。图 4-18 所示为航拍茶园风景视频页面，图 4-19 为原生态果园拍摄视频页面，都很好地展示了产地的生态环境。

图 4-18　航拍茶园风景视频页面

图 4-19　原生态果园拍摄视频页面

- **商品细节拍摄**。在拍摄商品时，可采用近距离拍摄的方式，例如近景拍摄或特写。如果在产地拍摄时，可拍摄商品未采摘时的状态，如图 4-20 所示；为了体现商品的新鲜品质，可拍摄商品带有露珠的效果，如图 4-21 所示。如果在摄影棚内拍摄商品，则要注意对商品进行打光，表现出商品的光泽感，同时保持背景的干净整洁，凸显商品的"形美"。

图 4-20　近距离展示未采摘的状态　　　　图 4-21　特写拍摄带露珠的水果

- **商品卖点拍摄。** 拍摄商品卖点时，可直接通过画面展示商品卖点，但有时也需要声音对卖点进行辅助呈现，例如有些食品具有"口感脆"的卖点，这时创作者便需要结合咬下食品后清脆的声响进行展示，如图 4-22 所示。有些水果以"多汁"为核心卖点，则可切开还未采摘的商品，并稍微对其进行挤压，近距离拍摄商品汁水丰沛的画面。

图 4-22　画面与声音搭配传达商品卖点

- **人物拍摄。** 有时带有人物的视频更有温度。部分视频因某些特殊性质，需要专业的演员进行表演，但更多的视频为求真实，往往直接对产地的生产人员等进行拍摄。对农产品而言，真实质朴的当地人更能打动人心，也更受消费者欢迎。在拍摄当地人时，一般需注意以下几个问题：一是服装，如果有当地的特色民俗服饰，建议穿着民俗服饰入镜，这样会使商品与地域建立起关联；二是人物应口齿清晰，有一定的表达力，并且熟悉商品的信息，可以清楚地介绍商品的核心卖点并让消费者理解，还可设计适当的手势动作，让消费者更有带入感；三是人物的表情与表达要自然，不能过度紧张，或眼神飘移，可以使用与朋友交谈的语气和表达方式，增强亲和力。图 4-23 所示即拍摄身着民俗服饰的当地人的视频页面。

图 4-23　拍摄身着民俗服饰的当地人的视频页面

> **行家点拨：** 在制作视频内容时，内容创作者注意对视频所传达的情感进行渲染，让消费者可以快速对视频内容产生共鸣。完成视频的拍摄和制作后，可邀请身边的朋友、同事等观看，了解他们对视频的感受，若有不足之处，可进一步进行优化。

4.2.3　文章的撰写

与图片和视频相比，虽然文章通常需要消费者花费一定的时间耐心地阅读，但它可以深度介绍商品，对于一些图片或视频难以表达的内容，可以对其进行详细补充。同时，文章可通过各种词语、句子的组合，带给消费者很大的想象空间，使消费者对文章的内容产生更多的认同感，从而增加商品宣传的深度。

1. 文章的切入方式

文章不同于图片和视频，不能在第一时间用精美、有趣、感动的画面抓住消费者的目光，要吸引消费者阅读文章，往往需要设计独特且吸引人的切入角度。在用文章介绍商品时，内容创作者可以根据商品的特性设计想要传达给消费者的信息，与视频的拍摄类似，设计一个故事线，围绕推广核心设计文章结构，同时撰写一个直击人心的开篇，吸引消费者耐心读完整篇文章，并记住核心信息。下面介绍几种常见的文章切入方式。

（1）讲述内容创作者的亲身经历。

内容创作者若讲述自己的亲身经历，会带给消费者一种讲述"私事"的感觉，很容易引起消费者的好奇，同时，也能使消费者在阅读的过程中更容易产生代入感，特别是当创作者的亲身经历具有一定的普遍性时，文章就更容易引起消费者的共鸣。在成功引起消费者的共鸣后，创作者就可以把商品当成故事的一部分顺势引导出来，将商品和谐地融入故事之中，在这种情况下，消费者会更容易接受文章所要传达的推广信息。图 4-24 所示的文章就通过创作者的亲身经历——大热天忽然收到快递引出商品，在品尝了商品之后，创作者觉得异常美味可口，于是生出了去原产地一探究竟的想法，继而顺理成章地对商品原产地展开了介绍。在撰写文章的过程中，创作者始终以"朋友"口吻介绍商品，使情感显得更加真挚，内容也更加真实。

图 4-24　讲述创作者的亲身经历

行家点拨： 为了增强文章的可读性，避免消费者因为阅读太多文字而产生疲劳，内容创作者在撰写文章时，通常还可以搭配相应的图片，对文章内容进行补充，同时也可以对商品进行直观的展示。

（2）描绘未来。

描绘未来是指描绘一张未来的蓝图，这张蓝图往往是由商品的卖点所支撑的。描绘未来主要是通过文字对消费者进行引导，展示出一幅美好的未来画面，并促使消费者立刻付诸行动。这种文章切入方式一般需要抓住消费者的痛点，在描绘未来的同时，让执行的过程显得真实有效，让消费者相信这样的未来是可实现的，让消费者对未来怀抱希望，从而对商品产生需求。图 4-25 所示的文章就是抓住了消费者在"亲子教育和陪伴"方面的痛点，通过讲述儿童使用商品后可以达到"锻炼手眼协调能力""提高专注度和社交能力""加深亲子感情"等效果，描绘出美好的未来画面，促使消费者做出购买商品的决定。

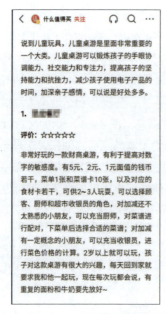

图4-25　描绘未来

（3）借势热点。

热点是指近期网络或社会上发生的具有较高传播度和讨论度的现象或事件，内容创作者在撰写文章时，通过对近期热点进行借势，快速吸引消费者的视线，引导他们阅读文章。在借势热点时，要注意将热点与所推广的商品巧妙结合起来，图4-26所示的文章就借势了热映电影的热点，由热映电影引入观看电影的方式，再将其与有线电视业务结合起来，顺势对有线电视业务进行推广。

图4-26　借势热点

注意: 如果热点与文章想要传播的核心信息无法很好地结合起来，不如放弃热点，另找切入角度，否则可能会出现消费者只记得热点而对商品没有记忆的情况。

2. 文章的撰写技巧

在构思好文章的故事线并找准切入角度之后，便可开始撰写文章了。在实际撰写文章的过程中，为了让文章被更多的消费者阅读并记忆，达到更好的推广效果，需掌握标题和正文的撰写技巧。

（1）标题的撰写技巧。

在移动互联网时代，消费者主要通过搜索和推荐两种途径发现文章。当消费者想了解某个现象、事件、话题，或对某个品类有所需求时，会通过在搜索引擎中输入关键字搜索相关信息，此时，相关的网站和文章就可能展示在消费者眼前。当然，近几年的智能推荐技术也使消费者的阅读习惯发生了改变，当消费者对某一个行业或领域的信息比较感兴趣时，智能推荐技术会根据消费者的兴趣标签自动推荐类似的文章，如今日头条就是使用了这种信息推荐机制。然而无论是主动搜索，还是接受推荐，都只是将文章展示在消费者眼前，消费者是否点击并阅读很大程度上还要受文章标题的影响，可以说，文章标题肩负着快速吸引消费者注意的责任。

好的文章标题一般由两个部分的关键词组成：商品核心卖点和消费者的使用感受。内容创作者通过对消费者的使用感受进行描述，可以迅速建立起文章与消费者之间的共鸣，引发其阅读兴趣；商品核心卖点等同于商品可以带给消费者的核心利益点，代表着消费者"痛点"的解决方案，可以让消费者快速了解读完文章后自己能获取到哪些有价值的信息。同时，将商品核心卖点和消费者的使用感受组合起来，智能推荐技术也能更精准地将文章推送给对此感兴趣的消费者，提高文章的曝光度并增强推广效果。

（2）正文的撰写技巧。

文章的正文是推广商品的主要阵地，是吸引消费者阅读和购买的关键。正文的撰写应注重 3 个要点：场景、痛点、解决方法。首先描绘商品的使用场景或发生问题的生活场景，让消费者身临其境；接着描述消费者在场景中的具体痛点，让其感同身受；最后再提出"痛点"的解决方法，引导商品顺势出场。需要注意，商品是解决消费者"痛点"的关键，在介绍商品时，应紧扣推广的核心，呼应标题，与消费者互动，使其产生购买商品的欲望。

> **知识链接**
>
> 在实际的内容创作过程中，图片、视频及文章这 3 种内容形式通常需要搭配使用，以产生更好的推广效果。
>
> - **图文组合**。其主要是图片和文章两种内容形式的组合。例如用文字介绍做菜的教程时，可通过图片展示食材、调料等，便于消费者阅读和理解；在以图片为主的内容推广中，也可以用简单的文字对图片无法交代的内容进行深入的描述和补充。

> ● **视频和文字组合**。在制作和发布视频时，同样需要文字的补充，好的视频标题或说明文案能为视频带来"点睛"的效果，消费者即使没有看完视频，也能接收到视频所要传达的核心信息；动态的视频也能让很多枯燥的文字变得生动有趣。例如现在有些视频以文字描述为主，再搭配幽默风趣的表情图片，既传达了丰富的信息，又具有很强的趣味性。

4.3 对内容进行运营

对于内容电商而言，好的内容永远是第一生产力。在完成内容的创作后，内容创作者还要对内容进行发布，接受市场的检验和消费者的反馈，在这个过程中，为了让更多精准的消费者看到内容、认可商品，可以通过运营的手段提高内容和商品的曝光度，提升消费者对内容和商品的感知，从而达到更好的推广效果。下面主要介绍提高互动率、追热点、巧用话题功能的内容运营方式。

4.3.1 提高互动率

互动是内容运营的重要组成部分，内容的互动效果侧面反映了内容的质量，也会对内容的推荐产生一定的影响。内容电商的基础是信任，只有消费者信任内容创作者，才有可能购买其推荐的商品。而高频互动是信任的来源和基础，消费者通过各种互动方式表达对内容创作者的认可或建议，加深信任关系。

在内容的运营过程中，互动主要可以分为两类，即消费者和内容创作者之间的互动、消费者与消费者之间的互动。消费者与内容创作者之间的互动是提升消费者黏性的有效方式，创作者也可以引导消费者与消费者进行交流互动，构建自己的消费者群体，培养该群体的忠诚度，提高转化率。具体的互动形式主要包括关注、点赞、评论、转发、私信和收藏等。此外，抖音还提供了合拍、抢镜等更具趣味性的互动形式。

1. 关注

关注即关注发布内容的账号。一般来说，消费者在第一次观看某内容时，可能很难直接花钱购买商品，除非该商品质量非常好或者准确地切中消费者的痛点。当消费者经常观看某账号发布的内容，或对内容创作者产生了信任，消费者就可能关注该账号，持续查看该账号发布的内容，慢慢对内容创作者形成认知，对其推荐的商品产生信任，继而产生购买行为。即便部分消费者当时没有产生购买行为，但在内容创作者长期的内容引导下，其转化效果也将远远高于陌生的消费者。

那么，怎么引导消费者关注账号呢？简单来说，若消费者被一条内容吸引，认可其风格、价值观及特点，或该内容满足了消费者的某种需要，使消费者对内容创作者产生了好奇心，消费者就可能关注该内容创作者的账号。

随着各种网络媒介的涌现以及互联网信息的大爆发，很多消费者也在培养自己的内容消费习惯，逐渐形成自己的消费喜好。目前很多平台都采用智能推荐的方式，其推荐逻辑就是把内容推荐给感兴趣的消费者，原则上来看，观看内容的消费者大多都是对内容感兴趣的潜在关注者，所以内容创作者应该积极引导观看该内容的消费者对账号进行关注，可以在内容中加入关注提醒，引导消费者关注账号。例如在视频最后通过一句文案："喜欢看 ××，请关注我"提醒消费者关注该账号，或者在画面上加入一个指向账号关注按钮的箭头，引导消费者关注。图 4-27 所示即为通过文案引导消费者关注账号。

2. 点赞

点赞即消费者为当前阅读或观看的内容点赞。点赞不仅可以反映内容的受欢迎程度，同时也是一种二次传播方式，在很多内容创作平台中，当某位消费者点赞了一个视频，那么他的粉丝也有机会看到该视频，此时的点赞行为就相当于二次推荐引流。点赞对内容推广具有重要意义，内容创作者在进行创作时，可以通过一定的技巧引导消费者点赞。

（1）以幽默风趣的风格吸引消费者点赞。

图 4-27　通过文案引导消费者
关注账号

适当的幽默可以给消费者带来快乐，幽默的风格较容易吸引消费者点赞。内容创作者在创作时，可以把商品融入人物对话或生活场景中，用非常规的方式展示商品别致、新奇、有趣的用法，既可以引消费者一笑并点赞，又很容易让消费者形成记忆点并记住商品。图 4-28 所示为推广橙子的视频页面，其用夸张的演绎形式展现商品，主角重复吃橙子的动作引得众人开怀一笑，给消费者带来十分愉快的观看体验，也使视频获得了 13 万次的点赞量。

图 4-28　以幽默风趣的风格吸引消费者点赞

（2）用创意剧情吸引消费者点赞。

剧情其实就是用跌宕起伏的剧情和剧情反转讲述一个让消费者眼前一亮、会心一笑的故事。在视频的创作过程中，可以结合生活中的小趣事，通过情节的反转演绎剧情。内容创作者可以通过具有代入感的表演，对商品效果进行视觉上的包装，例如某个生活中沉默寡言的普通人，使用某商品或服务后，摇身一变成为雷厉风行的行业精英，通过这种前后的反差调动消费者的情绪，使消费者由衷赞叹，从而对内容点赞。

（3）用正向的情感表达吸引消费者点赞。

在社会中，有很多真实的正能量故事，这些故事可以迅速触动消费者的情感。此外，一些日常生活中普通的人物场景、事件，也可以传递积极、向上、乐观的生活态度，让消费者产生共鸣，例如敬业的清洁工、消防员等。需注意的是，在创作这种类型的内容时，若商品与内容无太大关联，通常不宜对商品进行硬植入，而是通过消费者对内容的认同扩大内容创作者的影响力，然后再依靠内容创作者的影响力推广商品。例如抖音账号 @嘉绒姐姐阿娟，经常创作一些有趣的生活视频，如图 4-29 所示，她在视频中展示自己乐观、向上的生活态度，凸显自己的个性和特点，通过自己的人格魅力吸引消费者对其视频点赞。

图 4-29　用正向的情感表达吸引消费者点赞

（4）用商品价值吸引消费者点赞。

这类视频通常比较简单直接，一般使用开门见山的方式介绍商品的功能及优势，体现其价值。由于这类视频主要聚焦于商品的核心优势，通过核心优势说服消费者购买商品，因此内容创作者在创作内容时，必须梳理好商品的核心卖点，找准目标消费人群的痛点，直观地告诉消费者这款商品可以简单快捷地解决他们的问题，让他们产生"原来还有这种解决办法"的想法，这种感觉会促使其对内容点赞。图 4-30 所示为推广旋转柜的视频页面，先表现了厨房里容易打碎瓶罐的痛点，然后直接摆出用于放置厨房瓶罐的旋转柜，展示该商品使用的便利性，最终获得了 67 万次的点赞。

图 4-30　用商品价值吸引消费者点赞

（5）用分享"干货"吸引消费者点赞。

这里的"干货"是指真实有效的方法。内容创作者在创作内容时，可以通过分享"干货"的形式建立起自己的专业形象，并通过为消费者输出有价值的信息吸引其对内容点赞。例如告诉消费者怎么挑选商品，不同类型的人适合什么商品，怎么对商品进行维护保养等。不同行业和领域的内容创作者，可以分享的"干货"内容也不一样，例如农产品内容创作者可以分享水果怎么挑；美妆内容创作者可以分享面膜怎么选。需要注意，内容创作者分享的"干货"应该是消费者真正需要的，对消费者有实际帮助的商品，才更容易吸引消费者点赞。

（6）用分享真实的生活来吸引消费者点赞。

分享真实的生活是指分享内容创作者真实的生活状态，唤起消费者对美好生活的向往。例如知名的美食博主李子柒通过分享安逸静谧的田园生活展现商品，引起消费者对田园生活的好奇和憧憬，从而对视频点赞。

3. 评论

评论即消费者对内容做出评价和讨论。评论是消费者互动感、参与感最强的环节之一。现在很多消费者喜欢边看内容边进行评论，在这个过程中，消费者不仅可以发现内容中很多原来不曾注意的细节，感受到更多的乐趣，同时还可以与其他消费者进行互动交流，形成评论文化，为内容衍生出更多的价值。同时，当一些具有相同兴趣的消费者聚集在一起共同表达自己的观点时，很容易产生群体认同感，便于内容创作者培养自己的忠实消费人群。此外，评论可以满足消费者的分享欲，当消费者的评论受到其他消费者的回复、点赞时，消费者还能获得成就感，继而拥有更高的互动热情。

从内容创作者的角度来看，消费者在与内容创作者评论互动的过程中，可以更直接地感知到内容创作者的亲和力，对内容创作者产生好感，从而提高关注量。

同时，内容的评论区还是提高商品转化率的重要阵地，特别是当内容创作者对评论区进行合理的优化（即筛选和置顶有质量的评论）之后，可以有效提高商品转化率。

因此，内容创作者应该尽可能引导消费者对内容进行正面评论，可以在评论区发起互动，引导消费者发表看法，促进消费者之间进行交流，形成一种良性的互动氛围。图 4-31 所示为内容创作者在评论区与消费者进行互动。

图 4-31　在评论区与消费者进行互动

行家点拨： 在优化评论区时，内容创作者可以先进行评论，或者邀请朋友对内容进行好评，最后置顶几条优质的评论，以此引导消费者对内容和商品发表正面看法。

4. 转发

转发指消费者将内容转发到自己的个人首页。对于内容创作者而言，转发往往意味着更大的传播范围、额外的流量。内容如果质量较高，则能获得大众的认可，甚至还可能引起病毒式的传播，极大增加内容的曝光度。驱使消费者产生转发行为的动机一般有 3 个：一是寻求认同感；二是认可内容的价值；三是借内容向他人传递信息。因此，内容创作者在进行内容的创作时，可以植入"把它分享给 ××"等文案引导消费者转发，促使消费者对内容进行传播。

5. 私信

私信即私人信息，发送私信是一种两个人聊天的形式，具有较强的私密性。很多消费者在看完内容后，如果对内容有想法或建议，或者想咨询某些问题时，会向创作者发送私信。当商品信息在内容中难以全面展示时，部分对商品感兴趣的消费者会通过发送私信的形式咨询创作者商品价格、规格等问题，部分定制性较强的商品甚至要经过大量沟通才能达成最终的交易，因此内容创作者应该重视消费者的私信，尽可能及时回复私信。

6. 收藏

收藏即消费者将内容添加至自己的收藏夹。消费者收藏内容的核心需求是实用性和长期价值。收藏对内容传播的影响并不明显，但会提升消费者对内容创作者专业性的认知和认可度。很多有实操价值的教程类内容和有深度的观点分享内容，更容易吸引消费者进行收藏。

7. 抖音互动玩法

除了常规的关注、点赞、评论、转发等互动形式，抖音也设置了很多特色的互动玩法，例如合拍、抢镜等。

（1）合拍。

抖音的合拍功能是指可以使两条短视频同框播放，如图 4-32 所示。抖音提供的这种分屏合拍的创意互动模式，可以激发消费者的创造力和想象力，极大提升消费者的互动积极性。例如，内容创作者发布一条短视频，然后引导消费者以模仿等形式拍摄完成一段新的合拍视频。对于消费者数量大的内容创作者来说，合拍可以带动消费者的互动热情，培养消费者的忠诚度和黏性；而消费者数量不多的内容创作者也可以通过参与主题活动，发布有创意的合拍短视频来吸引更多消费者的关注。

图 4-32　抖音合拍短视频页面

知识链接

如何使用抖音的合拍功能呢?

首先选择一条喜欢的短视频,点击视频右侧的"分享"按钮,在打开的列表中点击"合拍"按钮。此时,视频左侧出现的空白区域即当前拍摄短视频的显示区域,如图4-33所示。拍摄完成后下载并保存即可。

图4-33　合拍功能的使用方法

(2)抢镜。

抢镜的功能与合拍十分类似,均是在原有短视频的基础上进行二次创作,只不过合拍的短视频占用了一半的屏幕空间,而在抢镜的短视频中,被抢镜的短视频是以窗口的形式展现的,如图4-34所示。

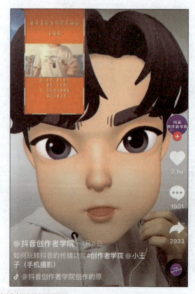

图4-34　抖音抢镜短视频页面

行家点拨： 在使用抢镜功能时，在正常拍摄界面的左上方会出现所选择的被抢镜的短视频，抢镜视频只可以在虚线框内自由拖动，整个界面都是当前拍摄区域。在拍摄过程中还可以使用道具功能，为视频添加特效和趣味视觉效果。

4.3.2　追热点

热点也称为"热门话题点"，指在一段固定时间和一定环境范围内所发生的公众比较关心的话题，一般具有极大的话题度。追热点是内容创作者经常使用的运营手段，也是提高内容播放量、点赞量、评论量、转发量等多个指标的有效方式，尤其是当热点事件刚刚发生或讨论度较高时，借势热点可以有效提高内容的曝光度并扩大传播范围，使营销效果达到最大化。甚至在某些特殊的时段内，平台的推荐机制也偏向于推荐与该热点事件有关的内容，借势热点内容可以轻松获得更多的流量。

内容创作者应该具备基本的热点追踪能力，同时还要懂得将热点恰当地融入内容中，以增强内容的推广效果。

1. 了解热点类型

一般来说，热点可分为突发事件和话题性事件两种类型。

- **突发事件**。突发事件指突然发生并造成很大社会影响力的事件。例如某品牌因商品质量出现问题或公关应对不当，导致大量消费者对其进行投诉，产生了较大的社会影响力，引发网友纷纷对该事件进行讨论。
- **话题性事件**。话题性事件指热门的新闻事件或社会事件，一般具有较强的娱乐性。

2. 查看近期热点

在追热点之前，首先要了解当前的热点。现在很多主流的媒体平台都会对近期热点事件进行排序和展示，内容创作者可根据内容创作需求查看不同平台的近期热点。

（1）查看抖音热搜榜单。

打开抖音 App，点击右上角的"搜索"按钮，在打开的页面中即可查看抖音中近期的热搜榜单，包括猜你想搜、热点榜、明星榜、品牌热 DOU 榜、好物榜等，如图 4-35 所示，其中的好物榜可作为商家选择商品的参考。

（2）查看新浪微博热搜榜单。

新浪微博的热搜榜单基于平台中所有用户的搜索习惯，是针对用户的搜索数据进行挖掘整理出来的榜单。新浪热搜榜单主要分为 5 个部分，即热搜榜、话题榜、新时代、同城榜和好友搜，如图 4-36 所示。打开新浪微博 App，在页面下方点击"发现"按钮，在打开的页面中点击"更多热搜"超链接，即可查看新浪微博的热搜榜单。

图 4-35　抖音热搜榜单页面

（3）查看百度风云榜。

百度风云榜基于百度用户的搜索数据，是在对所有搜索用户的搜索关键词进行挖掘后整理出来的关键词热搜榜单，包括实时热点、今日热点、七日热点、民生热点、娱乐热点、体育热点等，如图4-37所示。打开百度App，搜索"百度风云榜"，打开"百度风云榜"页面，在该页面导航处点击"热点"选项卡，即可查看百度风云榜热点页面。

图4-36　新浪微博热搜榜单

图4-37　百度风云榜热点页面

（4）查看飞瓜数据。

飞瓜数据是一个专业的短视频数据分析平台，可对热门短视频、商品及账号进行数据分析，追踪短视频的流量趋势。该平台提供了垂直行业排行榜、成长排行榜、企业榜、成长榜、地区榜等多个热点榜单。打开"飞瓜数据"首页，在左侧导航栏中选择"热门话题"选项，即可查看近期热点，如图4-38所示。

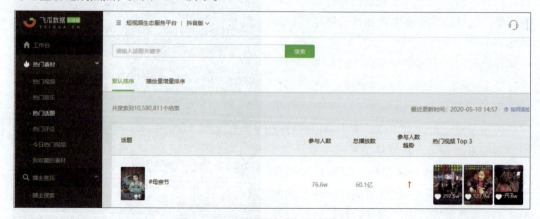

图4-38　飞瓜数据的"热门话题"页面

（5）查看卡思数据。

卡思数据是国内专业的视频全网大数据开放平台，为内容创作者及广告主提供全方位、多维度的数据分析、榜单解读、行业研究等服务。打开"卡思数据"首页，在左侧导航栏中选择"热门话题"选项，即可查看近期热点，如图 4-39 所示。

图 4-39　卡思数据的"热门话题"页面

（6）查看头条媒体实验室中的热词。

在今日头条的"功能实验室"页面中，点击"热词分析"工具后即可进入"媒体实验室"页面，该页面中包含热点追踪、精选专题、数据报告、媒体指数 4 个模块，内容创作者可以根据时间、地域范围、文章类别等维度查看关键词热度，如图 4-40 所示。

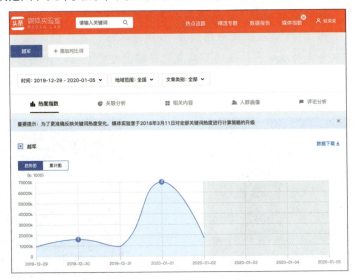

图 4-40　头条媒体实验室页面

行家点拨：一般来说，重要节日也是热点，内容创作者可以制作一个营销日历，将重大节假日标记出来，然后在这些节日到来前及时捕捉热点信息，同时还可总结以往的节日热点类型，提前做好规划。

3. 筛选热点

热点是不断变化的，几乎每天都有很多热点供内容创作者取材。但是从运营的角度分析，并不是所有的热点都具有推广价值，有些热点虽然具备极高的讨论度，但却无法带动内容的传播，因此内容创作者在追热点时，还需要对热点进行筛选。

热点是否适用于内容推广，可以从以下两大维度进行分析。

- **热点持续时间**。其主要包括时效性和持续性两个方面。具有时效性的热点通常对执行力要求较高，要求内容创作者在一定时限内快速做出反应，否则难以获得较好的推广效果；具有持续性的热点则可以根据推广任务规划中短期或长期的内容运营方案，进行有针对性的运营，比较容易进行操作。
- **热点属性**。其包括话题性和传播性两个方面。热点若不具备话题性，即公众对其表现出趋向明确的统一立场时，可能就难以引起广泛的讨论；热点若不具备传播性，则意味着没有流量，那么借势该热点的内容运营可能也难以产生实质性的效果。

4. 追热点的方法

追热点的目的是通过热点为内容引流，这就要求内容创作者在追热点时不能对热点进行生搬硬套，而是要将热点和自己创作的内容结合起来，对热点进行二次加工，创作出符合自己账号个性、风格的内容。

那么如何结合热点创作内容呢？其主要使用以下两种方式。

- **热点迁移**。热点迁移是指将热点的核心元素直接运用在内容中。例如新中国成立70周年之际，袁隆平院士、阅兵军人等话题和关键词频繁登上抖音热搜榜单，这时就可以进行人物热点的迁移，以退伍军人等与热门话题相关的人物为主要对象进行内容创作，如图4-41所示；新中国成立70周年之际，有几位建筑工人在工地上用钢架摆出了五角星的造型，这是造型热点的迁移，如图4-42所示；大兴机场在国庆前正式运行事件获得了很多用户的关注和讨论，这时就可以进行场景热点的迁移，通过展示本地区类似的建设和变化激起人们的自豪感，与热门事件相呼应。

图4-41　人物热点迁移的短视频页面

图4-42　造型热点迁移的短视频页面

● **热点二次设计**。热点二次设计是指找到热点背后的核心传播点，围绕该传播点对热点进行二次设计。在进行热点二次设计时，不要拘泥于热点的展现形式。例如某热播电影具有非常高的热度，而该电影中引起观众共鸣的观点是"不做他人眼中的自己"，那么就可以围绕这个观点设计新的内容和新颖的展示形式。

4.3.3　巧用话题功能

话题即围绕某个关键词展开的讨论、挑战等，话题通常会有大量消费者参与讨论，具有很高的热度和阅读量。现在很多媒体平台都可以发布话题，例如今日头条热门话题，抖音话题挑战赛等。运营话题可以增强品牌的传播度，提升消费者对品牌和商品的感知。

1.　今日头条热门话题

打开今日头条 App，点击进入"微头条"频道，就可以看到话题热榜，如图 4-43 所示，话题热榜中的话题多为当前热门话题及官方主题活动。今日头条的热门话题相对比较简洁，大多为官方参与并举办的话题活动，内容创作者可以寻找与自己所推广的内容相符合的话题，在话题中发布内容，借助话题的高阅读量提高内容的曝光度及扩大传播范围，如图 4-44 所示。

图 4-43　今日头条话题热榜页面

图 4-44　在话题中发布内容

2.　抖音话题挑战赛

抖音的活动主要以话题挑战赛为主，话题挑战赛可以帮助内容创作者快速聚集流量。抖音中的很多视频标题处经常会有一个"#"，这就是参与话题挑战赛的标志。内容创作者可以在抖音中发起话题挑战赛，发起方式很简单，只需在发布视频时添加"#"，并输入话题的关键词即可。

相对于普通用户，品牌商发布的话题挑战赛的展现形式更为丰富，既融合了抖音开屏、信息流、KOL/ 名人、发现页、消息页（抖音小助手）等流量资源入口，又运用了"模仿"这一抖音核心运营逻辑和 UGC 众创扩散，从而实现品牌营销价值的最大化。

根据卡思数据统计结果，2018年6月1日到2019年1月31日，抖音上共有335场话题挑战赛，除去政务机构及官方发起的51场话题挑战赛，共计26个行业、215个独立品牌，一共打造了284场话题挑战赛（包含品牌挑战、超级挑战、区域挑战赛），平均每天就有1.2场。

食品饮料、旅游/景点、电商平台、汽车/品牌、影视娱乐是发起话题挑战赛数量最多的5个行业。电商平台成为深谙挑战赛内容和挑战赛互动玩法的"头号玩家"，无论是话题播放量还是参与量，数据表现都十分突出，其中70%的挑战赛达到亿级的播放量。

从参与方式来看，话题挑战赛可以分为模板型和开放创意型两种类型；从内容玩法来看，话题挑战赛可分为手势舞类、演技类、特效互动类、合拍类、舞蹈类、换装类、线下打卡/记录展示类、剧情类8种类型；从话题方向来看，话题挑战赛可分为商品卖点型、节日热点型、营销节点型、平台热点型、理念/态度型、强品牌露出型6种类型。其中，商品卖点型话题的典型案例是某化妆品品牌发布的"#脱粉算我输"话题，理念/态度型话题的典型案例是某手机品牌发布的"#这就是我的Logo"话题。

内容创作者可以根据自己的推广任务创作相应的优质内容，并发起话题挑战赛，邀请消费者参与挑战，提高话题挑战赛的热度。在积累了一定的话题热度后，内容创作者就可以进一步吸引更多抖音消费者参与话题挑战赛，从而增强内容推广的效果。

案例分析——雪碧"夏日酷爽挑战"话题挑战赛

雪碧于2019年7月25日发起了"夏日酷爽挑战"话题挑战赛，邀请广大消费者使用雪碧模型道具参与话题挑战，一时间吸引了大量消费者对话题进行关注，还有大量内容创作者通过拍摄短视频的方式参与话题挑战赛，如图4-45所示。最终该话题挑战赛累计播放量超过57.3亿次，成功扩大了品牌的影响力，为雪碧的营销做出了较大的贡献。

图4-45 "夏日酷爽挑战"话题挑战赛页面

分析： 雪碧 "夏日酷爽挑战" 是强品牌露出型的话题挑战赛，内容创作者通过对品牌元素进行多样化的内容创作，参与话题挑战。这种方式大大增加了雪碧的品牌曝光度，加深了消费者对品牌的记忆，当话题挑战赛中出现了质量较高、形式新颖的短视频内容时，还可以有效提高消费者对品牌的好感度，扩大品牌的影响力。

【思考与练习】

1. 找一款商品，提炼和梳理出该商品的卖点。

2. 在提炼并梳理出商品卖点后，选择自己擅长的内容体裁（文章、图片或视频），制作商品推广方案。

3. 在抖音中查看热门的话题挑战赛，分析该话题挑战赛的玩法、风格和传播特点。

第 5 章

内容电商的推广与营销

【学习目标】

- 了解流量推广的渠道和方式。
- 熟悉内容电商的营销思路。
- 熟悉内容电商的营销工具。

做内容电商，要想获取更多销售，仅靠内容是不够的。优质的内容是内容电商的基础，有了优质的内容之后，还需要借助内容做好商品的推广与营销，实现最终的流量变现。在电商运营中，推广与营销可以理解为两个不同的概念，推广即通过推广活动给店铺和商品带来更多的流量，或者使店铺和商品形成品牌效应，从而扩大知名度与美誉度；而营销即通过营销活动提高商品的转化率，从而实现更好的销售成绩。推广与营销相互包含，相辅相成。

5.1　内容电商的流量推广

在内容电商中，店铺的高销售额一般基于商品的高转化率，而高转化率则依赖于高流量。因此，商家要想提高商品的转化率，提高店铺的销售额，首先要获取大量的流量。在通过今日头条、抖音、西瓜视频等开展内容运营时，商家可以使用相关的推广工具对内容进行推广，从而获取优质的流量。

5.1.1　加油包推广

加油包是针对头条号注册用户推出的一款推广工具，使用后可实现将优质内容推广给对其感兴趣的目标消费者，目前支持文章、微头条、西瓜视频、问答、小视频、专栏 6 种内容类型。

加油包推广最直接的作用是增加作品的曝光量，即通过将作品展示在平台中较为醒目的位置，以吸引更多对内容感兴趣的目标消费者，帮助内容创作者将观众转化为粉丝。如果内容创作者在内容中植入了商品信息，则在推广内容的过程中就有可能增加商品的曝光量，将内容的粉丝转化为商品的消费者，从而提高商品的转化率，实现流量变现。

1. 投放加油包的方法

投放加油包的操作十分简单，主要通过内容创作平台——头条号进行。下面介绍在头条号中投放加油包的方法，其具体操作步骤如下。

步骤 1　在 PC 端登录头条号，进入"个人中心"页面，选择"加油包"选项，进入加油包推广页面。在该页面中，可以查看"我的余量""今日平台可投放量"等数据，在页面右上角单击"投放加油包"按钮，如图 5-1 所示。如果是第一次使用加油

注：平台功能与相关页面的设置会随着平台的发展与用户的需求不断进行优化更新，本书中的操作步骤与方法论仅供参考，实际功能或页面设置请读者以平台的最新内容为准。

包推广的内容创作者，则需先开通"加油包"功能，开通方法为：进入头条号后台的"个人中心"页面，在左侧选择"加油包"选项，在打开的页面中仔细阅读并同意《"加油包"服务协议》，即可开通"加油包"功能。

行家点拨：在使用"加油包"功能投放文章、西瓜视频、微头条等类型的内容时，如果内容低质、含有生硬的推广信息或包含其他不符合平台规范的信息，则无法正常投放。

图 5-1　加油包推广页面

步骤 2 打开"投放加油包"对话框，可选择投放内容和投放额度。在"选择投放内容"栏中选中需投放的内容前的单选项，在"选择投放额度"栏中选择需要投放的数量，设置完成后单击"确定"按钮，如图 5-2 所示。在设置投放额度时，可以根据自己的推广需求进行选择。需要注意，头条号平台每日可投放的加油包总量是有上限的，当平台中所有内容创作者当日使用的投放量到达上限时，即使内容创作者的个人账号中还有余量，也无法进行投放。

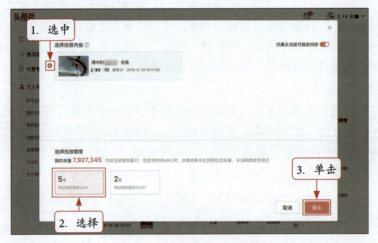

图 5-2　设置投放内容和投放额度

步骤 3 在设置完投放信息后，所投放的内容将进入加油包的审核流程，"投放详情"栏中的"状态"选项显示为"审核中"，如图 5-3 所示。在进入审核流程后，所投放内容预期消耗的投放额度也将暂时冻结，通过审核后，内容将在 48 小时内完成"加油包"的额外曝光。如果所投放内容未通过审核，则"投放详情"栏中的"状态"选项显示为"未通过"，未生效的投放量将退回。在完成内容的投放后，可在"投放详情"栏中查看投放效果。

图 5-3　加油包推广的审核页面

2. 使用加油包推广的注意事项

为了降低推广成本，提高推广效率，内容创作者在使用加油包对内容进行推广时，需要做好推广规划。一般来说，在使用加油包推广时需注意以下几点。

- 投放之前，要明确自己的推广目的，创作优质的内容，使投放达到最佳效果。
- 推广时提前做好计划和预算，规划好投放的时间。
- 在进行推广时，应注重内容和商品的关联性，这样才能有效提高商品的转化率。
- 在每次投放后要做好数据分析，并根据数据分析结果调整下一次的投放计划。

5.1.2 "DOU+"推广

"DOU+"是为抖音内容创作者提供的一款短视频"加热"工具，能够高效增加短视频的播放量、互动量及曝光量。内容创作者可以在短视频中添加商品信息，凭借"DOU+"推广实现为商品高效引流的目的。"DOU+"具有多个方面的优势，可以满足抖音内容创作者多样化的需求，图 5-4 所示为移动端的"DOU+"推广页面。

1. "DOU+"推广的优势

"DOU+"是一款可以为短视频带来更多流量的推广工具，通过使用"DOU+"推广，内容创作者可以将自己的短视频推荐给更多对该内容感兴趣的用户，有效提高短视频的播放量和互动量。"DOU+"推广的优势介绍如下。

- **投放灵活**。"DOU+"推广的投放形式十分灵活，可根据不同的投放目的（增加粉丝量、点赞量或评论量）进行设置；可以设置不同的投放时长；可以将短视频推荐给不同的用户群体，并设置推荐群体的性别、年龄、地域、兴趣标签等；可以将短视频推荐给已关注账号的用户。

- **精准推广**。"DOU+"推广属于精准投放，可以为内容创作者带来十分优质的流量，提升内容热度的效果十分明显，适用于打造"热门短视频"。
- **成本较低**。"DOU+"推广的用户触达成本较低（100元/5000人，平均每个用户的曝光成本仅需0.02元）。
- **操作便捷**。"DOU+"推广的操作十分便捷，可以直接在移动端进行操作。它具有多触点交互的特点，互动性较强，方便内容创作者与用户进行实时互动，提升用户的黏性。

（a）　　　　　　　　　　　（b）

图5-4　移动端的"DOU+"推广页面

2. "DOU+"推广的主要功能

从实际推广效果的角度分析，"DOU+"推广具有以下几个主要功能。

- **增加视频的曝光量**。"DOU+"推广可以将短视频推荐给更多用户，让更大范围的用户关注到该短视频，从而提升短视频的人气。内容创作者如果认为自己的短视频比较优质，但实际播放量却不高，就可以通过"DOU+"推广增加该短视频的曝光量，使其被更多用户观看。当短视频通过"DOU+"推广获取了一定的播放量和关注度，其自然流量也可能得到提升，从而进一步获取更高的曝光量。
- **增加视频的互动量**。随着短视频曝光量的增加，用户和潜在用户的互动行为也会得到有效激发，短视频的评论量、点赞量就可以得到有效的增加，同时还可以使更多普通用户成为内容创作者的忠实用户。

- **测试并打造热门短视频。**在进行"DOU+"推广的前期，一般需要进行简单的投放测试，如果通过少量的投放后，短视频的播放量、点击量等都有了很好的改善，就说明其内容比较符合目标用户的喜好，内容创作者就可以继续按照该短视频的方向和定位进行创作。同时，如果想要将该短视频打造成热门短视频，内容创作者可以继续进行投放测试，观察和总结数据的变化，测试其是否具有成为爆款短视频的潜力，如果各方面推广数据表现较好，就可以加大投放力度，将其打造成热门短视频，获取大量的曝光和流量，并有效刺激流量的转化和变现。
- **测试商品的转化效果。**如果想要通过短视频对商品进行推广，内容创作者可以通过"DOU+"推广测试添加了购物车的短视频的转化效果。例如在对添加了购物车的短视频进行少量投放后，商品的转化率比较高，就说明该短视频的转化效果比较好。反之，如果投放测试后数据表现不佳，就需要及时分析原因，考虑是短视频内容存在问题，还是商品选择存在问题。如果短视频本身具有一定程度的流量和曝光量，但商品转化效果不佳，就有可能是商品选择存在问题，内容创作者可以将目前推广商品替换为其他更适合的商品，或者为目前推广商品重新创作短视频内容，再进行投放测试。

行家点拨： "DOU+"推广还可以用于直播引流，为直播间引入更多的在线观看用户，提高直播间的商品转化率。

---

3. "DOU+"推广准备

"DOU+"推广可以有效增加短视频的曝光量，为内容创作者带来忠实用户。但在使用"DOU+"推广时，内容创作者应该做好相关的推广准备，才能保证"DOU+"推广的效果。

- **明确推广目的。**在使用"DOU+"推广前，首先要明确推广目的，即明确本次推广是提高粉丝量、点赞量、评论量或商品转化率。一般来说，新内容创作者在推广时以提高粉丝量为主要目的；有一定用户基础的内容创作者，则以提高互动量为主要目的，通过增加与用户的互动率提升用户的黏性；比较成熟的内容创作者，则以提高转化率为主要目的。当然，根据账号的实际情况，内容创作者也可以交替提高粉丝量和提高点赞量、评论量，在吸引用户的同时增加用户的黏性。
- **精选推广视频。**不同的推广目的，应该选择不同的短视频。如果要吸引新用户，可选择有特点、有新意的短视频，同时通过"真人出镜"，提高用户对内容创作者的熟悉度；如果要增加用户的互动率，则需要选择符合现有用户兴趣的短视频，通过在短视频中增加互动点提高用户的参与感；如果要提高商品转化率，则应选择可以体现商品卖点的短视频，或者将商品自然地融入短视频中，让用户主动关注并购买商品。
- **审核推广短视频。**所推广的短视频一定要符合平台的审核规范，不能含有违法违规、令人不适的内容；同时，短视频应该坚持原创，不能使用其他用户的短视频；另外，不宜过度营销，不建议在短视频中长时间展示商品及品牌信息等。
- **做好推广计划。**在使用"DOU+"推广时，需要做好相应的投放计划，包括选择合适的推广时长、做好推广资金预算等。在推广初期，可以少量投放、分阶段投放，建议在上一次投放的推广数据开始下滑时，开始下一次的投放，保证两次投放形成无缝衔接，避免时间和流量的浪费。具体的投放节奏需要内容创作者根据自己的推广目的、投放要求等不断进行尝试和调整，待投放效果稳定后再加大投放力度。

● **测试推广数据**。在使用"DOU+"推广的过程中和推广结束后，应该注重推广数据的分析，分析的内容包括短视频的评论量、点赞量、新增粉丝数、购物车点击量等。

4. 投放"DOU+"推广的基本操作

"DOU+"推广的操作非常简单，下面介绍通过抖音 App 进行"DOU+"推广投放的方法，其具体操作步骤如下。

步骤1 打开抖音 App，在页面右下角点击"我"选项，在打开的页面中点击右上角的"菜单"按钮▤，展开相应的菜单列表，从中选择"钱包"选项，如图 5-5 所示。

步骤2 打开"钱包"页面，在页面下方的"其他服务"栏中选择"DOU+ 个人中心"选项，如图 5-6 所示。

步骤3 在打开的"DOU+ 个人中心"页面中选择需要投放推广的短视频和投放方式。"DOU+"推广投放主要包括速推版和定向版两种方式。速推版可以通过系统智能推荐用户；定向版则可以进行相应的自定义设置，实现更精确的用户触达和推广。这里点击"定向版"选项卡，打开"定向版"页面，使用"定向版"推广功能，选中"自定义定向推荐"单选项，对"自定义定向推荐"的相关内容进行设置。这里设置定向推荐用户的"性别"为"男"、"年龄"为"41~50 岁"，并依次设置定向用户的地域、兴趣标签等，如图 5-7 所示。

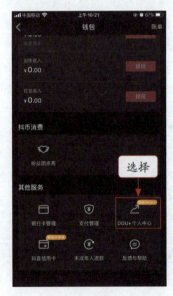

图 5-5 选择"钱包"选项　　图 5-6 选择"DOU+ 个人中心"选项　　图 5-7 设置投放方式

步骤4 设置完成后可查看"预计播放量提升"效果，如图 5-8 所示。

步骤5 此时需要支付一定的推广费用，点击"支付"按钮完成支付，即可投放"DOU+"

推广。在系统完成对短视频的推广后，内容创作者可以查看推广订单的详情，了解投放的实际效果，查看播放量、点赞量、评论量、分享量、主页浏览量、粉丝量、购物车点击量等数据，如图 5-9 所示。

图 5-8　查看预计播放量提升效果

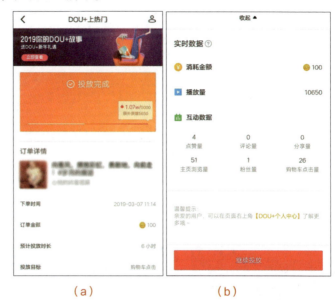

（a）　　　　　　　　　　　（b）

图 5-9　查看推广数据

行家点拨： 在使用"DOU+"推广投放之前，需要对"DOU+"进行充值，充值之后就可以选择需要推广的短视频并进行推广。同时，在完成短视频的推广投放后，内容创作者需要分析推广数据。认真分析这些数据有利于内容创作者及时调整投放计划，为下一次投放做准备，确保"DOU+"推广投放一次比一次精准，从而达到理想的投放效果。

案例分析——"DOU+"推广优秀案例

不同风格、定位的短视频，使用"DOU+"推广的效果也不相同，下面简单介绍 3 个"DOU+"推广的优秀案例。

① 母婴品牌的"DOU+"推广。

投放金额：100 元。

投放目标：粉丝增长。

投放方式：系统智能推荐。

视频内容：该视频通过讲解如何为"萌娃"拍出好看的照片，以吸引妈妈群体的关注。图 5-10 所示为该推广视频页面。

投放效果：粉丝点击率 9.94%，点赞数 2.6 万次，评论数 75 次，转发数 121 次。

② 娱乐账号的"DOU+"推广。

投放金额：200 元。

投放目标：粉丝增长。

投放方式：系统智能投放。

视频内容：该娱乐账号主要发布段子类内容，表现老师常见的口头禅和学生的反应，通过这些关于课堂的"共同记忆"引起用户共鸣。图5-11所示为该推广视频页面。

投放效果：粉丝点击率7.7%，点赞数31万次，评论数879次，转发数9085次。

③婴童服饰搭配账号的"DOU+"推广。

投放金额：500元。

投放目标：视频互动量。

投放方式：系统智能投放。

视频内容：该视频通过拍摄陪伴女儿成长的爸爸和软萌可爱的女儿，展示不同风格的服装，具有很强的感染力和代入感，视频呈现出温馨、温暖的风格，十分动人。图5-12所示为该推广视频页面。

投放效果：粉丝点赞率27%，互动率31%，点赞数163.5万次，评论数3.8万次，转发数8.3万次。

图5-10 母婴品牌推广视频页面　图5-11 娱乐账号推广视频页面　图5-12 婴童服饰搭配账号推广视频页面

分析： 通过"DOU+"推广，内容创作者可以把短视频推荐给更多的用户，有效提升其热度。上述3个推广案例都只花费了很少的成本就收获了不错的投放效果，在很大程度上得益于这些账号准确的内容定位和较高的内容质量，只有短视频本身受用户欢迎时，"DOU+"推广才会发挥出应有的效果。

5.2　内容电商的营销思路

商家通过图片、短视频、直播等引入流量，使店铺和商品有了一定的曝光度之后，还需要通过各种营销活动提高商品转化率，将流量转化成实际的销量。开展营销活动是促成流量转化的有效手段，但在开展营销活动前，商家首先需要有明确的营销思路。只有思路正确，营销活动才有效果。

5.2.1　内容营销活动的一般流程

在电商运营中，营销活动是多种多样的，有电商平台策划的基于整个平台的营销活动，也有商家针对自己的店铺专门策划的营销活动；有为了获取新消费者、提高转化率的营销活动，也有回馈已有消费者、提高复购率的营销活动。对于内容电商而言，商家可以根据所创作的内容策划相应的营销活动，例如某商家以"今春流行服装搭配"为直播主题，策划一场"××服装促销"的营销活动。

一般来说，不同的营销活动要应用不同的营销思路，但无论是什么营销思路，通常都有相似的营销流程，具体包括定位、选择商品、上架、获取流量、销售、提高转化率和复购率、复盘等环节。下面结合头条小店，介绍内容营销活动的一般流程。

1. 定位

这里的定位主要是针对店铺和商品而言的。店铺和商品的定位往往建立在数据分析的基础之上，因此商家应该对商品的价格、商品的搜索量、商品的点击量等后台数据进行详细的分析，明确店铺目标消费群体的年龄段、收入水平、文化程度等信息，并通过这些信息确定店铺和商品的定位。例如某内容创作者的内容受众群体是一二线城市高收入人群，但该内容创作者在头条小店中上架的商品却是一些价格低廉、品质普通的商品，这时想要将自己的内容受众群体转化成店铺的实际消费者就会比较困难。

2. 选择商品

在确定了店铺和商品的定位后，下面需要选择商品，即选出适合参加营销活动的商品。对于内容电商来说，选择合适的商品有利于提高消费者的购物积极性，从而提高店铺的转化率和销量，同时也可以对店铺发展起到积极的促进作用。一般来说，内容电商的营销活动选品主要有两种方式，一种是选择自己店铺中的商品，另一种是选择有货源的商品。

- **选择自己店铺中的商品。**如果自己店铺中的商品数量较少，商家一般可以将其全部上架；如果自己店铺中的商品种类较多，那么在做营销活动时，商家就要根据自己的营销目标选择几款最具潜力的商品。

- **选择有货源的商品。**当自己店铺中的商品不适合参与当前的营销活动时，商家可以选择有充分货源的、适合营销活动的商品。在选择商品的货源时，首先要考虑熟悉的领域和地域，即对商品本身、商品的产地十分了解，这样既便于根据商品进行合理的内容创作，策划与之适应的营销活动，也便于商家提供售前、售中、售后的服务。例如抖音账号@爱木盆景对园艺产品较为熟悉，在寻求合作时，就选择了本地的特色树种——对节白蜡，同时从自己熟悉的微小型盆景入手，对对节白蜡小盆景进行推广和营销。

选择合适的商品是开展内容营销活动的基本前提，而商品质量则是营销活动能否顺利开展的基本保障。一般来说，一场营销活动中既要有可以吸引客流的畅销款，也要有能保障利润的主打款，还可以适当挑选一两款较高端的商品，体现店铺的品质。对于只能带来流量，却无法提高利润的商品，以及只能维持短期热度的商品，商家一般要慎重选择。

行家点拨： 在选择有货源的商品时，商家应该考虑自己的资金投入能力。如果资金充裕，商家可大批量进货，保持价格上的优势；如果资金紧张，商家则应少量进货，或者根据实际情况采用先预售再进货的策略。

3. 上架

选择好商品后，商家就可以将商品上架到店铺中，方便消费者进入店铺后直接选择和购买商品。一般来说，不建议一次性上架大量商品，可以分批次上架，同时根据上一次上架商品的数据反馈制订此次上架的策略。对于新上架的商品，商家可以开展新品促销活动，增加消费者在店铺内的停留时长。

4. 获取流量

流量是转化的前提，商品必须先获得流量，才可能进一步将流量转化为订单。内容电商商家要想获得流量，一方面要创作出更多的优质内容，吸引更多的消费者；另一方面要让优质内容和商品产生强关联性，将普通流量转变为优质流量，提高商品点击率。例如某美妆领域的短视频创作者，通过美妆教程介绍店铺中不同商品的特点和用法，将观看视频的消费者精准导流至店铺中，同时还用优质的内容提高消费者购买商品的概率。在头条小店中，除了通过内容运营为商品引流，也可以策划一些营销推广活动，以获取更多的流量。

5. 销售

当商品有了流量之后，接下来营销活动就会进入销售环节。部分消费者若已经通过短视频、直播等内容了解过商品，或者本身具有较强的购买目的性，受商品详情页的吸引，可能会直接下单；而部分消费者则会对商品存在顾虑，此时就需要客服人员发挥引导和服务作用，打消部分消费者的顾虑，最终实现销售。

6. 提高转化率和复购率

转化率和复购率是影响商品销量的重要指标，决定着内容营销活动的最终成效，也体现出消费者对商品的满意程度。对于内容电商来说，提高转化率和复购率主要依靠优质的内容，特别是当商家拥有一批忠实的消费者后，每次商品上新都可能会促使消费者购买。

7. 复盘

复盘是一个围棋术语，是指对局完毕后复演该盘棋，以检查对局中招式的优劣和得失。在店铺运营的过程中，复盘则是指对某一时间段内店铺各项运营数据进行整理和分析，从而判断店铺在该时间段的运营状况。复盘是网店运营中一项十分重要的工作，根据营销计划，商家可每日进行复盘，也可在一周、一月、一季度、一年等时间节点进行总结复盘。通过复盘，商家可以针对问题数据进行有针对性的优化，增强营销活动的效果。

营销活动的复盘一般有以下几个步骤。

- **对店铺数据进行收集和整理**。头条小店的商家可以通过后台的订单模块、数据模块、粉丝管理模块收集店铺的营销活动期间的运营数据，并将这些数据进行保存和整理。
- **对原始数据进行分析**。根据整理的活动数据，可以从不同的维度进行分类分析。例如从时间维度看，可以分析活动期间每日交易额的变化情况；从消费者的维度看，可以分析新老消费者的成交额比例；从单品维度看，可以分析畅销品、滞销品的销量变化；从流量维度看，可以分析头条小店流量的来源构成。在完成不同维度的数据分析后，根据分析结果创建图表，可以直观地看出各个维度的变化和趋势。
- **对店铺运营进行优化**。数据时代，商机隐藏在数据背后。头条小店的商家可以通过活动期间的运营数据找到营销中的问题，并针对问题制订合理的解决方案，对店铺和商品进行改进，对营销推广方案进行优化。

行家点拨： 除了营销活动，商家还应该重视店铺的日常运营。针对店铺日常运营数据的分析复盘，建议将其作为日常工作来进行。商家应实时掌握店铺的日常销售情况、营销活动效果等，总结成功的经验，分析失败的原因，让店铺的日常运营逐渐完善。

5.2.2　提高商品转化率

转化率是成交人数和进店人数的比例，如果有100个人进入了店铺，有8个人购买了商品，那么该店铺的转化率就是8%。同理，如果有100个人进入了商品页面，有8个人购买了商品，那么该商品的转化率就是8%。

内容电商主要通过内容为商品引流，在成功引流之后，还必须让流量顺利转化，才能发挥内容的价值，获得更好的营销效果。因此，要想提升内容电商的营销效果，就必须重视商品转化率的提高。下面介绍提高商品转化率的主要方法。

1. 获取精准流量

足够的流量是转化的基础，如果流量很大却不够精准，依然无法有效提高转化率，因此在进行内容引流的过程中，要注意提高流量的精准度。在上架商品时，商品标题应尽量使用精准关键词，例如商品是月季，则商品标题中不能使用"玫瑰"这个关键词；通过内容推广商品时，要使内容与商品保持强关联性，吸引真正对商品感兴趣的消费者；针对各种营销活动，要有选择地参与，可配合店铺的商品上新和促销活动同时进行。总之，从各方面入手，将获取的流量精准化。

2. 及时接待消费者并提供专业服务

将流量引入店铺后，如果有消费者进行咨询，客服人员应及时接待，并提供专业的回复。因此客服人员在上岗前必须做好培训，能够冷静应对客户服务过程中遇到的常见问题和典型问题，打消消费者的购物顾虑，优化消费者的购物体验，从而促使其产生购买行为。

3. 打造商品标题和商品详情页

消费者除了会被内容引入店铺，还可能通过关键词搜索商品并进入店铺，因此商品标题是引导消费者进入店铺、找到商品的关键。商品标题中包含精准、流量大的相关关键词，会在很大程度上提高店铺和商品的转化率。

当消费者点击商品链接后，即可打开该商品的商品详情页，优秀的商品详情页可以增加消费者的好感，打消消费者的顾虑，促使其直接下单购买，从而提高商品的转化率。反之，视觉效果、布局逻辑不佳的商品详情页，则会使消费者直接关闭商品详情页。

4. 选择优质的商品并合理定价

优质的商品是店铺的立足之本，而商品价格在很大程度上影响消费者的购物决策，可以说，商品品质和商品价格都会对商品的转化率造成较大的影响。为了提高商品转化率，商家应该选择优质的商品，并对其进行合理定价。同时，借助商品详情页对商品的品质、价值等进行展示，品质较好的商品要突出其风格优势、独特格调；普通商品要做到物美价廉、货真价实；小众且有特色的商品要做到物有所值、服务一流。

5. 利用消费者评价和买家秀

在商品详情页中，商家可以将部分消费者好评和商品评价图展示出来，让消费者从第三方处了解商品的真实信息和使用反馈，提高消费者对商品的信任度，继而提高商品的转化率。

6. 设计单一入口和多样出口

为了提高消费者在店铺内的停留时长，达到提高店铺转化率和商品转化率的目的，可以为店铺和商品详情页设计单一入口和多样出口，即用一个入口引导消费者进到店铺首页或商品详情页，然后再通过不同的信息将消费者导流至其他商品页面，让消费者在店铺的不同页面中跳转，增加成交概率。例如在店铺首页，选择有吸引力的商品进行推荐，并设计简单直接、有吸引力的促销信息，刺激消费者持续浏览和选购商品。在商品详情页首屏，要做好关联商品的推荐，为消费者推荐其他类似或相关的商品，让消费者在不同商品页面跳转，提高消费者的购买概率。

7. 提供无忧的售后保障

售后服务是影响消费者购物决策的重要因素，在同价位、同品质、同类型的商品中，消费者往往会选择售后服务更优质、更有保障的商品。因此对于店铺商品的售后保障，商家首先应该在商品详情页中进行明确说明，例如提供七天无理由退换、破损包赔、承担退换运费、售假赔付等服务，让消费者可以放心购买；其次，在消费者咨询的过程中，客服人员可以向消费者传达相关售后保障的信息，促使消费者放心下单。

5.2.3 提高商品复购率

商品复购率即单位时间内重复购买商品的人数和总购买人数之间的比例。复购率也直接影响商品的销量，复购率较高的商品，一般在营销活动中的表现都非常不俗，甚至会成为"爆款"商品。要想提高商品的复购率，可以从以下几个方面入手。

1. 保持稳定的价格体系

稳定的商品价格能让消费者对店铺产生信任，认为自己购买的商品物有所值，有利于消费者继续购买商品。如果店铺的商品经常调价，或者频繁进行折扣促销，那么消费者可能会产生"买贵""买亏"等心理，当需要再次购买该类型的商品时，可能就会产生"下次打折时再购买"的想法。

2. 提供优质的售后服务

店铺的售后服务若能给消费者带来较好的购物体验，就可以增加消费者对店铺和商品的好感，从而促使消费者再次购买商品，甚至成为店铺的忠实消费者。因此，当商品出现售后问题时，商家要及时、快速地解决，满足消费者的合理诉求。同时，为了拉近与消费者的距离，获取消费者的好感，客服人员在提供售后服务时，要学会倾听消费者的真实想法，了解消费者的真正需求，并针对消费者提出的意见和建议，提醒店铺运营者进行优化。对于售后问题的处理过程，客服人员也要及时跟踪并反馈，提高消费者的满意度。

3. 发放赠品和优惠券

赠品是提高消费者满意度的有效手段，商家可以通过提供赠品提高消费者的好感度，将其培养成店铺的忠实消费者。在提供赠品时，商家可以配合发放适当金额的优惠券，让消费者产生"实惠"的心理；而在消费者下单后赠送优惠券，可以引导消费者进行二次购买，提高店铺和商品的复购率。优惠券的适用场合比较多，例如周年庆、生日、商品上新等都可以发放相关优惠券。

4. 用心维护老客户

相关研究表明，一般店铺获取新客户的成本是维护老客户的成本的 3 倍及以上。维护老客户是提高商品复购率的关键，同时，保证一定数量的老客户还可以提高商品的权重，有利于店铺的持续运营。

要维护好消费者，商家首先要做好老客户的激活工作，可以通过发送短信、微信及赠送实物礼品等方式主动与老客户进行沟通，使其在产生购买意向时，第一时间想到自家店铺；其次，主动给老客户发放优惠券或开展定向的优惠活动，让老客户感受到店铺的重视和尊重，从而提高商品的复购率；最后，在策划针对老客户的营销活动时，要注重方法，可以分人群、分批次进行，并随时根据反馈情况进行调整。

5. 实行会员制

实行会员制是对消费者维护的升级，是商家进行主动营销、培养消费者忠诚度的重要措施。实行会员制可以对店铺的消费者进行精细的管理和维护，提升消费者的价值，便于店铺与消费者进行互动交流，刺激和挖掘消费者的需求，从而提高店铺的复购率。

此外，实行会员制还有利于商家为会员提供差异化服务，给予会员不同等级的购物特权，让会员在店铺中形成一定的消费习惯，并针对其购买行为和价值表现提升会员等级，通过价格优惠、服务特权等增加会员对店铺的黏性和忠诚度。

5.3　常见的营销工具

整理好营销思路后，商家即可根据平台的特点，选择合适的营销工具开展营销活动。不同的营销工具有不同的功能和效果，商家可以根据自己的内容定位和商品特点进行选择。下面以头条小店为例，介绍该平台中几种常见的营销工具。

5.3.1 抽奖

抽奖是利用免费奖品吸引消费者的营销活动。抽奖活动可以有效提高内容和商品的曝光量，如果将抽奖范围设置为"仅粉丝"，还可以提升粉丝数量。

今日头条推出了一款简便易用的抽奖工具，便于商家回馈消费者、发起营销活动。该抽奖工具主要在今日头条 App 中进行操作，需要配合微头条。消费者参与抽奖的方式主要为转发，而转发可以增加商家与消费者的互动。如果设置了抽奖活动的微头条中植入了商品链接，那么抽奖活动就可以为商品引入流量，带来成交量的提高。

1. 抽奖工具的操作注意事项

为了提升抽奖营销的效果，商家在操作抽奖工具时，一般需注意以下几个方面的内容。

- 说明参与抽奖的规则，如果所有人均可参加，强调"转发此微头条"即可；如果仅粉丝可以参加，则应说明需要先关注账号才可以参加。
- 说明开奖的时间、抽奖的人数、奖品的描述和数量。需要注意的是，开奖的时间要符合实际情况，否则会造成负面影响。
- 在编辑抽奖信息时，应在合适的位置@头条抽奖平台。抽奖发布后，该微头条会有"头条抽奖认证"的水印标志，是对活动真实性的有力背书。

2. 使用抽奖工具的方法

商家要发起抽奖活动，需要提前编辑并发布带有抽奖规则的微头条，然后使用今日头条的抽奖工具进行发布。下面介绍使用抽奖工具发起抽奖活动的方法，其具体操作步骤如下。

步骤 1 打开今日头条 App，在页面右下角点击"我的"选项，在打开页面的"常用功能"栏中点击"钱包"按钮，如图 5-13 所示。

步骤 2 打开"我的钱包"页面，在"第三方服务"栏中点击"头条抽奖平台"按钮，如图 5-14 所示。

步骤 3 打开"头条抽奖"页面，选择已经编辑好的微头条，点击"发起抽奖"按钮，如图 5-15 所示。

步骤 4 打开"抽奖设置"页面，设置参与方式、抽奖范围、抽奖方式、开奖时间、中奖人数、奖品设置等信息，设置完成后点击"提交"按钮，确认发布，如图 5-16 所示。

步骤 5 提交后，系统将根据抽奖活动发起方所设置的抽奖规则，自动抽取两名转发该微头条的粉丝并公布抽奖结果。抽奖结束后，在"头条抽奖"页面点击"已开奖"选项卡，在打开的页面中可以看到抽奖活动已结束的微头条下方显示"抽奖结束"的字样，如图 5-17 所示。

步骤 6 点击抽奖信息选项，可以打开相应的微头条，在微头条评论区中，抽奖系统将以评论的形式对抽奖信息进行公布，评论内容为：#头条抽奖 #恭喜 @用户 A@用户 B 两位同学中奖，已私信各位。本次抽奖由今日头条唯一官方抽奖工具 @头条抽奖平台机器自动抽出。中奖名单详见：头条抽奖公正链接。点击"头条抽

奖公正链接"超链接，在打开的页面中即可查看中奖人数及相关信息，如图 5-18
所示。

图 5-13　点击"钱包"按钮

图 5-14　点击"头条抽奖平台"按钮

图 5-15　点击"发起抽奖"按钮

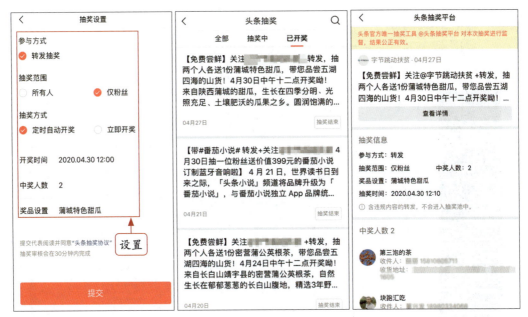

图 5-16　抽奖设置　　　　图 5-17　查看抽奖结束提示　　　　图 5-18　查看中奖人信息

5.3.2　限时秒杀

限时秒杀即在限定的时间段内对商品进行打折出售，是一种十分常见的商品营销模式。

对于商家来说，头条小店的限时秒杀活动也属于营销工具，官方会给予限时秒杀活动较大的流量扶持，使该活动既可以为消费者提供高性价比的优质商品，也可以间接帮助商家提高商品的销量，实现买卖双方的双赢。

1. 报名限时秒杀活动的条件

商家要报名参加限时秒杀活动，需要具备以下条件。

● 店铺评分应该达到活动标准。

● 商品的折扣要在 8 折以下，建议为 1~5 折，商品"限时秒杀"的活动价格应低于历史的最低活动价。

● 同款商品 7 天内不可以重复报名，商品单价不超过 10000 元。

● 参加活动的商品主图应为白底图或者场景图，商品标题建议使用"【×折】品牌＋形容词（最多 3 个）＋商品＋空格＋优惠幅度"等格式。参加限时秒杀活动的商品，不可设置 SKU 区间价，当存在区间价时，需将非秒杀 SKU 库存设置为 0。

行家点拨： 区间价指同一个商品存在不同的价格，例如某件商品白色款的价格为 500 元，彩色款的价格为 700 元。

---

2. 限时秒杀活动的报名方法

头条小店的商家如果想参加平台发起的限时秒杀活动，可以在商家后台的"营销中心"模块中报名参加。下面介绍"限时秒杀"活动的报名方法，其具体操作步骤如下。

步骤1 进入头条小店的商家后台，单击"营销中心"选项卡，在"活动报名"栏中选择"限时秒杀"选项，在打开的页面中选择合适的活动，单击该活动对应的"立即报名"超链接，如图 5-19 所示。

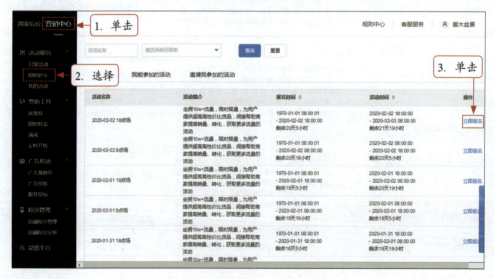

图 5-19　选择限时秒杀活动进行报名

步骤 2 在打开的页面中可以选择报名的商品，然后单击"立即报名"按钮。在该页面单击"活动介绍"选项卡，可以查看该活动的描述信息，如图 5-20 所示，该场限时秒杀活动主要针对年轻化的女性服饰、家居日用品、生鲜水果等商品；单击"报名要求"选项卡，可以查看参与该活动的店铺要求和商品要求，如图 5-21 所示。

图 5-20　活动介绍

图 5-21　报名要求

3. 参与限时秒杀活动的注意事项

为了提升限时秒杀活动的营销效果，头条小店的商家在报名参加限时秒杀活动时应注意以下几个方面的问题。

- 在参加活动之前，首先要做好活动的选品。一般来说，选择店铺新品或者店铺销量好、评价好的畅销商品。
- 选择参加限时秒杀活动的商品，其商品详情页要重点设计，不但要全面展示参加限时秒杀活动的商品的详细信息，还要做好关联商品推荐，展示店铺中其他值得推荐的商品，让消费者通过关联商品在店铺中多跳转、多停留，从而提高客单价。

- 要提前做好活动预热。参加活动之前，商家可以通过各种渠道发布活动通知和预热信息，将活动情况告知消费者，吸引消费者在活动时间内访问店铺，为商品带来更多的流量。
- 做好活动商品的发货和售后工作。限时秒杀活动的成交量一般比较大，发货前要确定好消费者的收货地址，对需要修改收货地址的订单应及时做好备注。对于出现的售后问题，商家应及时沟通和解决，优化消费者的购物体验。

5.3.3 优惠券

优惠券是一款常见的消费者营销推广工具，它适用于商家自身促销行为，以店铺或者商品为基本，通过折扣、直减等形式，触达消费者后，进而影响消费者的购买决策。

1. 优惠券的种类

头条小店的优惠券主要分为两大类型，一类是针对全店的店铺券，另一类是针对店铺单品的指定商品券。每一类优惠券根据其性质不同，可以分为折扣券、直减券和满减券等类型，如图 5-22 所示。

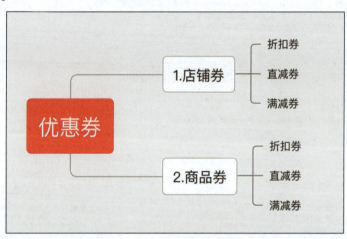

图 5-22　头条小店的优惠券种类

头条小店的商家在使用优惠券时，一般可根据店铺营销活动的类型有针对性地进行选择，例如策划某一类特定商品的促销活动时，可以使用商品券，同时根据活动类型，又可以设置为"指定商品 8 折""指定商品无门槛优惠券 ×× 元""指定商品满 ×× 元减 ×× 元"等。

2. 优惠券的设置和使用

优惠券主要通过头条小店的商家后台进行设置，商家设置优惠券并使其生效后，相关的优惠券信息将会显示在店铺页面，供消费者领取和使用。下面介绍优惠券的设置和使用方法，其具体操作步骤如下。

步骤1 进入头条小店的商家后台，单击"营销中心"选项卡，在"营销工具"栏中选

择"优惠券"选项，进入优惠券管理页面，单击"新建批次券"按钮，如图 5-23
所示。

图 5-23　新建批次券

步骤 2 进入新建批次券页面，在"选择渠道"栏中设置优惠券的推广渠道，这里选中"自
有推广渠道"单选项，在"优惠设置"栏中设置优惠券名称、优惠券类型、折扣、
领取期限、使用期限、发放量、每人限领张数等信息，然后单击"提交"按钮，
如图 5-24 所示。

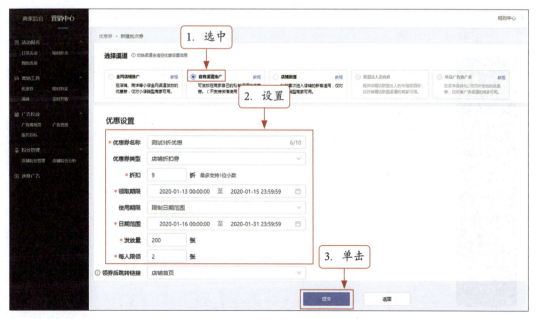

图 5-24　设置优惠券信息

行家点拨： 在设置优惠券之前，首先要选好优惠券的推广渠道。头条小店的商家可以根据店铺的运营需求选择优惠券的推广渠道，普通渠道包括全网店铺推广、自有渠道推广和店铺新客3种，此外，头条小店还针对精选联盟达人和有独立广告渠道的商家提供了专属的优惠券推广渠道。

步骤3 提交成功后，返回优惠券管理页面，在页面下方的表格中即可查看创建好的优惠券信息，在刚创建好的优惠券对应的"操作"栏中单击"生效"超链接，该优惠券即可生效，如图5-25所示。

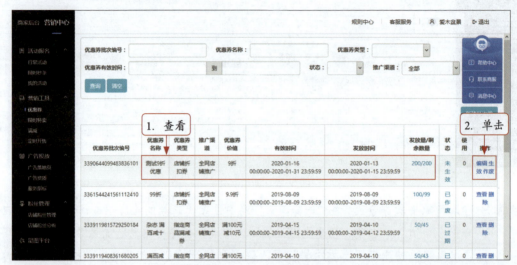

图5-25　优惠券生效

步骤4 优惠券生效后，其"状态"栏将显示"生效中"字样，表示该优惠券已生效，如图5-26所示。

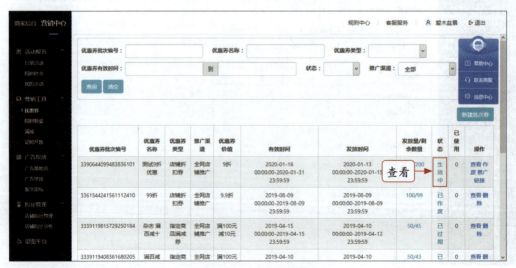

图5-26　查看优惠券状态

步骤5 此时，在头条小店的店铺首页中即可看到该优惠券，如图 5-27 所示。消费者点击领取优惠券后，在店铺购买商品并下单时就可以选择使用该优惠券，如图 5-28 所示。

图 5-27　优惠券展现在店铺首页中

图 5-28　优惠券使用效果展示

步骤6 在优惠券生效后，商家如果想更换优惠形式，或者优惠信息的设置出现错误，其可以对优惠券进行作废操作。进入商家后台的优惠券管理页面，在需要作废的优惠券的"操作"栏中单击"作废"超链接，即可将优惠券作废。设置完成后，该优惠券的"状态"栏中将显示"已作废"字样，如图 5-29 所示。

图 5-29　优惠券作废后的显示效果

注意： 在策划优惠活动时，有时候需要设置多种优惠券，为了便于在商家后台对优惠券信息进行管理，商家可以为不同种类的优惠券命名，如"春季清仓满减券""夏季上新无门槛券"等。

3. 优惠券使用注意事项

头条小店的优惠券是一款十分常用且有效的营销工具，但要在设置优惠券活动时，真正发挥出其应有的营销价值，商家还应该注意以下几个问题。

- 商家在设置优惠券之前，要明确折扣券、直减券和满减券的区别，并根据不同种类优惠券的优惠幅度做好店铺商品的价格控制。特别是使用直减券时，商家必须做好成本核算，可提前下架不适合使用直减券的商品，避免出现亏本等情况。
- 优惠券金额的设置要基于商品原价，例如为单价上千元的商品设置 5 元、10 元的优惠券，一般难以吸引到消费者；但为单价百元以下的商品设置 5 元、10 元的优惠券，则可以有效吸引消费者下单。
- 如果店铺单品的价格区间较小，建议设置店铺优惠券；如果店铺单品的价格区间较大，建议设置指定商品优惠券。
- 店铺可在不同时段灵活运用不同类型的优惠券，一方面，不同的优惠形式会带给消费者足够的新鲜感；另一方面，不同的优惠券具有不同的特点，搭配或交替运用会产生更好的效果。

【思考与练习】

1. 选择一件商品，为其创作一篇带货文章，发布在今日头条上，并使用"加油包"对其进行推广。

2. 在抖音中发布一条带货短视频，并使用"DOU+"对其进行推广，要求根据带货视频中的商品属性，总结该商品目标消费人群的特征，再使用"DOU+"的自定义定向推荐功能，将其推广给该商品的目标消费人群。

3. 编辑并发布一条微头条，然后针对该微头条发起抽奖活动，要求设置中奖人数为"2"人，奖品为"零食大礼包"，可以参考图 5-30 所示的样式编辑微头条内容。

4. 在头条小店中查看限时秒杀活动，包括活动介绍和报名要求，然后选择一款适合的商品报名参加该活动。

5. 在头条小店中添加商品折扣券，要求设置优惠券名称为"春装 7 折"、发放量为"500"、每人限领 1 张。

（a）　　　　　　　　　　（b）

图 5-30　微头条内容示例

第 6 章 ————————————————————————————

客户服务

【学习目标】

● 了解客户服务的作用。

● 熟悉售前服务的内容。

● 掌握售中服务的相关知识。

● 掌握售后服务的相关知识。

在线下购物中，当消费者进入商店时，导购会主动询问消费者的需求，并根据消费者的需求有针对性地介绍商品、为消费者提供试用服务、与消费者沟通商品价格等。其实线上购物的流程与线下购物的流程基本相似，只不过客户服务的场景由实体店转移到网络屏幕上，消费者与客服之间主要通过发送网络信息进行沟通。在这种环境下，消费者的评价反馈会成倍地放大，例如一条差评可能会在无形中让商家错失很多订单。因此，客户服务也是内容电商中非常重要的组成部分，提升消费者的满意度不但有利于商品和店铺的口碑打造，还能加强消费者对商家的认可度，也有利于商家的内容运营。

6.1 了解客户服务

与线下购物相比，线上购物的优势就是消费者购物转化的流程非常清晰，商家可以根据消费者购物转化流程中的主要数据，分析店铺运营中存在的问题，再对店铺的运营过程进行控制和优化。

从数据分析的角度看，每笔订单都可以看作转化漏斗，如图 6-1 所示。转化漏斗主要包括消费者、浏览内容、打开商品链接、提交订单、支付购买 5 个阶段，当消费者进入支付购买阶段，就意味着订单成交。订单成交是商家所追求的订单最终状态，但订单是否成交，会受到商品质量、商家对商品的介绍和消费者印象等因素的影响。其中，消费者印象是一个十分主观的因素，但也是商家可控的因素。消费者印象主要受消费者对商品的认知和使用感受的影响，在购物过程中，商家可以通过优质的客户服务调整和重塑消费者印象，从而提高订单的成交率。

行家点拨： Marketing Signals 机构的研究数据显示：消费者未能成交的主要原因是"他们得不到自己想要的"，其中，45% 的消费者因为"服务很差"而未能成交，20% 的消费者因为自己的需求没有被真正了解而未能成交。

6.1.1 客户服务的作用

优质的客户服务对订单的成交起到积极的促进作用。从电商运营的角度看，客户服务的作用主要体现在以下几个方面。

注：平台功能与相关页面的设置会随着平台的发展与用户的需求不断进行优化更新，本书中的操作步骤与方法论仅供参考，实际功能或页面设置请读者以平台的最新内容为准。

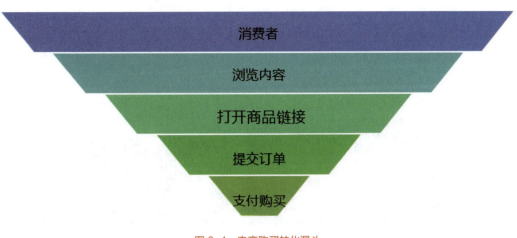

图 6-1 电商购买转化漏斗

- **提高店铺销售额。**消费者在进入商品详情页浏览商品信息时，难免会对商品信息产生一些疑问，此时客服人员可以及时地解决消费者的疑问，打消消费者的购买顾虑，达到成交的目的，从而提高店铺的销售额。此外，客服人员在与消费者沟通的过程中，还可以针对消费者的需求推荐店内不同的优惠套餐或者其他的搭配商品，从而提高客单价和店铺销售额。

- **提升消费者购物体验。**消费者的购物体验直接影响消费者的购买决策，如果消费者在咨询客服人员一些问题时却迟迟得不到回复，或得不到满意的回复，很可能会放弃购买，而商家就会因此流失订单。相反，客服人员如果能够耐心询问、认真倾听、及时回应，积极主动地为消费者提供帮助，提升消费者的购买体验，就很有可能促使消费者快速做出购买决定，促成订单的成交。

- **提高消费者忠诚度。**对于内容电商来说，内容创作者要想把消费者转化为商品的购买者，除了商品本身具备吸引力，还需要培养消费者对内容创作者的信任。当消费者对商品和服务感到满意，就可能重复购买，甚至主动分享和推广商品。也就是说，良好的客户服务能够有效提高消费者对内容创作者的认可，提高消费者对店铺的忠诚度。

- **提高店铺的服务评分。**目前，各个电商平台都对店铺的服务质量制定了评分体系，店铺评分如果较低，就会影响商品的竞争力，因此，商家应该尽量保证自己店铺的服务质量评分达到或超过同行业的均值。店铺服务质量的评分直接与客户服务相关，商家要想获得较高的服务质量评分，就要提高售前、售中和售后服务的质量。头条小店店铺首页会显示店铺各项评分，其中包括服务态度评分，如图 6-2 所示。消费者可以通过店铺的服务态度评分判断店铺的服务水平，平台也会根据店铺的综合评分判断店铺是否被广大消费者喜欢、是否值得将店铺推荐给平台的消费者。

图 6-2　头条店铺首页中店铺的各项评分

- **降低经营风险。**内容创作者在开店的过程中难免会遇到退换货、退款、交易纠纷、被消费者投诉、收到差评或被平台处罚等经营风险,其中的一些经营风险是可以通过客户服务降低和规避的。例如,客服人员如果非常熟悉自己店铺的商品,能够对消费者进行精准推荐,就可以有效减少退换货、退款,并尽可能避免交易纠纷;客服人员如果非常熟悉平台交易规则,就能够很好地应对消费者的各种投诉,避免触犯平台规则,进而避免平台对店铺进行处罚;客服人员如果能够积极、友善地与消费者沟通,就有可能降低消费者给出差评的概率;客服人员如果具有较好的专业素质和技能,就可以有效避免店铺被不良分子恶意敲诈而导致损失的情况。

6.1.2　客户服务的三大阶段

　　按照商品的交易状态,我们可以把客户服务分为售前、售中、售后三大阶段,如图 6-3 所示。在订单付款之前,客户服务处于售前服务阶段;在订单已完成付款但商品未被消费者签收之前,客户服务处于售中服务阶段;在消费者签收商品后,客户服务处于售后服务阶段。在客户服务的每一个阶段,客服人员都有其相应的工作任务,负责处理不同的问题。但无论处于哪个阶段的客户服务,其根本目的都是满足消费者对服务的需求,提升消费者的购物体验,提高订单的成交率,因此,客服人员需尽可能地站在消费者的角度为消费者提供优质的客户服务,给消费者留下一个持续的正面印象。

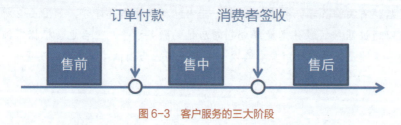

图 6-3　客户服务的三大阶段

6.2　售前服务

售前服务是指为了给消费者提供更好的购物服务，客服人员在销售之前必须做好的相关工作，包括了解商品售卖规则和掌握商品介绍话术等。

6.2.1　商品售卖规则

在开始销售前，客服人员需要明确和熟悉商品的售卖规则。售卖规则是指对商品的规格、重量、大小、颜色等参数的描述，以及为了促成商品销售而设置的包邮、秒杀、满赠、满返、优惠券的相关规则，主要包括"是什么"与"多少钱"两部分，如图 6-4 所示。

图 6-4　售卖规则

售卖规则的核心是价格和商品。其中，商品因素基于商品本身，商品参数相对来说是稳定不变的；而价格因素却比较多样化，围绕价格展开的促销形式相对来说也比较复杂。表 6-1 中整理了常见的促销形式及其优缺点，供读者参考。

表 6-1　常见的促销形式及其优缺点

促销形式	介绍	优点	缺点	注意事项
优惠券	优惠券是指可以在购物中抵扣同等面值的现金券，包括折扣券、直减券、满减券等	①效果明显，可以在短期内快速刺激消费，拉动销量的增长；②使商品与竞争商品相比，处于主动竞争的地位	①可能导致利润下降，价格一旦下降，消费者可能会难以接受商品的原价；②优惠过多可能会影响平台官方活动的报名；③可能会影响消费者的品牌忠诚度，容易使商品与竞争商品形成恶性的价格竞争	需仔细测算活动成本，严格评估优惠券面值和优惠券的使用期限
秒杀	秒杀是指在某限定时间内设置的折扣活动，其折扣力度一般大于普通折扣	①快速引流；②增加店铺的关注量、收藏量；③提高销量	①秒杀引来的消费者忠诚度通常比较低，难以深入挖掘消费者价值；②过度打折可能会造成利润下降甚至亏损	①需仔细测算活动的成本，严格评估秒杀活动的价值；②需做好活动预热，积极有效地引导消费者收藏、加购；③适用于流量较大、转化率较高的商品

续表

促销形式	介绍	优点	缺点	注意事项
满减	满减是指消费满一定金额时给予的金额优惠，包括领券满减和自动满减等类型，可自定义设置多级别的满减方案	①有效刺激消费，提高客单价；②领券形式的满减可以吸引消费者二次进店购物	①可能导致利润下降；②若没有严格设置"满减"规则，可能难以达到预期的促销效果	需仔细测算活动的利润空间，同时应参考平均客单价设置满减规则
满送	满送是指消费满一定金额时赠送实物商品或虚拟优惠券，可自定义设置多级别的满送方案	①可以利用赠品有效刺激消费，提高客单价；②形成商品的差异化；③借此对赠品进行推广	①可能导致利润下降；②若赠品质量不好，则可能会影响品牌和商品评价	①需严格测算活动的利润空间；②注意检查是否与其他优惠活动重合；③需保证赠品的质量；④需考虑赠品的时间性和季节性，最好赠送消费者需要的或喜欢的；⑤也可赠送能够刺激消费者二次消费的优惠券、会员卡等物品
满返	满返是指消费满一定金额时，向消费者返还一定的现金、优惠券等	①可刺激消费，提高客单价；②一般不会引发竞品间的价格竞争	①可能导致利润下降；②刺激消费的力度相对有限	①需严格测算活动的利润空间；②注意检查是否与其他优惠活动重合；③满返规则的设置不可过于复杂，以减轻工作量，降低错误率
买送	买送是指购买某商品即附赠一件商品；可以送同款商品，也可以送不同款商品	可刺激消费	①可能导致利润下降；②若赠送的商品质量不好，会降低消费者的好感度及其对商品的评价	①需严格测算活动的利润空间；②需选择合适的赠品
搭配销售	搭配销售即组合销售，一般包括不同商品的组合销售、加价换购等类型	①可降低单品的平均价格，刺激消费者购买商品；②可用爆款商品搭配其他商品，为其他商品导流	①可能导致利润下降；②若搭配商品不符合消费者需求或质量不好，会降低消费者的好感度及其对商品的评价	①若想提高引流商品的销量，可为其搭配爆款商品，提升消费者对商品的好感度；②设置加价换购时，尽量选择客单价较低且与原商品可以互补的商品，例如鞋子搭配袜子、手机搭配手机壳等

续表

促销形式	介绍	优点	缺点	注意事项
包邮	包邮即免收快递费。包邮是影响消费者购买决策的重要因素	可以有效提高客单价	若快递服务质量较差，容易影响消费者的购物体验，导致中、差评等情况的出现	①需严格测算商品利润空间，确定包邮范围；②如果消费满××元才包邮，则店内应该上架适合凑单的商品
好评/晒单	好评/晒单是指给予一定的优惠，邀请消费者对商品进行好评	①可以提高店铺的信誉度和综合评分；②可以提高购买转化率	①可能会影响利润，对客服的业务素质要求较高；②如果商品质量无法保证，邀请消费者好评就可能产生相反效果	①需严格测算活动的利润空间；②需对客服人员的专业素质和业务技能进行培养，从而有效引导消费者进行购后好评
试用	试用指将商品免费赠送给潜在的目标消费者，并引导试用者针对商品的使用体验进行评价	①可以提高商品上新推广的速度；②可以通过试用评价形成良好的传播效应，提高商品的知名度；③可以通过试用评价提高其他消费者对商品的信任度	①成本相对较高；②若商品不具备明显的竞争力，则效果不明显	谨慎选择参与试用的商品，可选择化妆品等高消耗性商品，应尽量避免选择家电、手机数码等类目的商品
抽奖	抽奖是指消费者购买一定金额的商品即可参与抽奖。奖品可以是实物商品，也可以是虚拟商品	①可以在一定程度上刺激消费；②当奖品具有一定的价值时，可以吸引对奖品有需求的消费者	刺激消费的效果受奖品和中奖率等因素的影响	①需设置不同级别的奖品；②若设置了有助于拉动二次消费的奖品，则可以酌情增加奖品数量；③需保证抽奖活动公正公开；④需严格测算活动的利润空间
预售	预售是指消费者先下单并支付商品的定金，商家根据预售订单进货和发货，参与预售的消费者一般可以享受一定的价格优惠	①可以有效减轻大促活动期间的压力，商家可根据预售的订单量提前备货；②降低大促活动期间的人工成本；③增加商品的曝光率，拉长销售时间	会增加消费者的等待时间；若发货时间太长，还会严重影响消费者的购物体验	商品的预售价格一般需低于大促活动期间的商品价格

续表

促销形式	介绍	优点	缺点	注意事项
跨界/联合	跨界/联合是指两个或者两个以上的品牌或商品合作开展促销活动，共享利益，互相导流	①流量互享、降低促销成本；②提升活动影响力；③形成商品互补	商品的优势难以集中展示，容易模糊消费者对商品的专属印象	①需找到对等且目标消费人群相近的品牌或商家进行合作；②合作双方的商品需互补

行家点拨： 售卖规则是消费者十分关注的信息，客服人员在进行售前服务时，必须详细了解店内商品的售卖规则，以便及时、准确地向消费者进行介绍和说明。

6.2.2 商品介绍话术的"五星法"

商品介绍话术即对商品的介绍和说明。介绍商品是客服人员的重要工作，优秀的客服人员必须懂得如何在最短的时间内组织语言，将商品快速、完整、清楚地介绍给消费者。一般来说，不同的商品需要使用不同的介绍话术，但无论介绍什么商品，其核心要素都是一致的，包括基本参数、功能、优势、利益、背书与佐证，如图6-5所示。综合运用上述要素介绍商品的方法就称为"五星法"。

图6-5 商品介绍话术的核心要素

1. 基本参数

商品的基本参数主要指商品的基本属性（例如大小、颜色、规格等），客服人员介绍基本参数是为了解答商品是什么的问题。

2. 功能

商品功能指该商品所具有的特定用途和功效，消费者购买商品很大程度上是购买商品所具有的功能和使用性能。客服人员介绍商品功能是为了解答商品能够为消费者解决什么困难、带来什么体验等问题。例如多功能的车载手电筒可以解决汽车应急维修、黑夜照明、安全救急等痛点。在介绍商品功能时要注意，不要一味地描述商品的参数和性能，而要结合消费者的需求，将商品功能情景化，使消费者更容易接受。

3. 优势

当消费者了解了商品的基本参数和功能后，客服人员接下来需要打动消费者，回答为什么选择这款商品而不是其他商品的问题，这时就需要体现商品的优势，突出商品的差异化。商品的优势一般体现在两个方面：一是商品具有"人无我有"的独特优势，例如某手电筒是独创的一体化设计，融合了多种实用功能；二是商品具有"人有我优"的比较优势，例如普通的车载手电筒需要安装电池，而某车载手电筒则可以通过汽车进行充电，还具有充电速度快、使用时间长、照明距离远的优点。

4. 利益

商品的利益指商品可以给消费者带来的直接或间接的利益。同一商品对不同的消费者来说可能意味着不同的利益，因此，商品的利益并不是固定的，它可能是体现在质量上的安全可靠、经久耐用，可能是体现在设计上的美观大方、潮流时尚，可能是体现在操作上的快捷方便、简单安全，可能是体现在经济上的物美价廉、物超所值，甚至可能是体现在心理上的名望感、价值感等。因此，商品利益的挖掘需要将商品的特点和消费者的消费需求、购买心理等结合起来，以满足不同消费者在商品利益方面的需求。

5. 背书与佐证

背书与佐证即通过给消费者提供相关背书与佐证，提高消费者对商品的信任度，打消消费者的顾虑。背书与佐证的方式比较多，例如专家的认可、名人或权威机构的推荐、资质证书等都可作为商品的背书和佐证；很多农产品商家还可以提供检测报告、品牌授权书等，进一步加强消费者的信任。除此之外，已购买商品的消费者对商品的评价和反馈也是商品强有力的背书。

客服人员在实际工作中，要学会灵活运用"五星法"说服和打动消费者。根据消费者的具体问题和具体要求，有针对性地进行回答和解决。例如当消费者对商品不了解时，可向其介绍商品的特点和优势；当消费者仍有购买顾虑时，可向其介绍商品的利益点、商品背书等。"五星法"的灵活运用是建立在客服人员对售前服务的相关内容十分熟悉或精通的基础之上的，也就是说，客服人员必须做好商品的售前服务工作，熟练掌握商品的售卖规则，才能灵活运用"五星法"，为消费者提供优质的服务。

行家点拨： "五星法"并不仅仅适用于客户服务，其实在电商运营的很多环节，也发挥着重要的作用。例如在商品详情页的商品介绍中同样可以使用"五星法"，在介绍营销活动时也可以使用"五星法"。

案例分析——"三只松鼠"的话术逻辑

"三只松鼠"是一家互联网食品品牌企业，也是当前国内销售规模较大的食品电商企业之一。在 2019 年天猫"双十一"品牌销量排行榜中，"三只松鼠"在食品品牌排行榜中名列前茅。"三只松鼠"销售成绩斐然，奥秘之一在于其在日常的运营中运用了"五星法"。在"三只松鼠"的商品详情页和商品评价中，话术介绍的重点始终围绕着商品是什么、商品有什么优势、商品能帮助消费者解决哪些问题、如何证明商品信息属实等问题，图6-6所示为"三只松鼠"商品详情页和商品评价中的介绍话术。

图6-6 "三只松鼠"商品详情页和商品评价中的介绍话术

图6-6 "三只松鼠"商品详情页和商品评价中的介绍话术（续）

根据上面的信息，可以总结出"三只松鼠"介绍话术的基本逻辑，如图6-7所示。

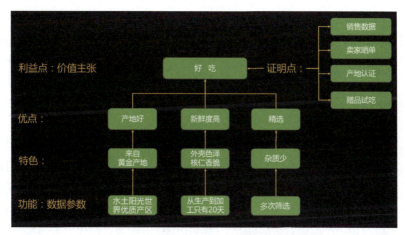

图 6-7　"三只松鼠"介绍话术的基本逻辑

分析： 在上述"三只松鼠"的介绍话术案例中，首先通过对商品的功能进行介绍，引出"三只松鼠"的商品特色。再通过对比的方式突出商品的 3 个优点，并用商品优点突出展示消费者需求的利益点——好吃。最后通过消费者的好评和晒单进一步突出利益点，从而达到完全打动消费者的目的。

6.3　售中服务

售中服务是指在消费者完成订单支付后，为了确保商品交付的整个过程准时无误，客服人员为消费者提供的一系列服务，主要包括售卖接待、订单催付、订单处理、物流管理等部分。

6.3.1　售卖接待

商品售卖接待是十分考验客服人员专业能力的环节。在消费者咨询商品信息的过程中，经验不同的客服人员会表现出不同的处理方式。总体来说，客服人员的售卖接待主要包括 3 个层次。第一个层次指了解商品的基本售卖规则和介绍话术，这是每个客服人员必须达到的层次，否则很容易造成消费者的流失；第二个层次指熟悉商品的周边知识，善于思考和学习的客服人员会主动延展自己的知识面，提高自己的专业度，从而赢得消费者的信赖；第三个层次指熟悉商品的场景营销，让自己的销售更具画面感、场景感，行业内通常称这样的客服人员为"天生的"销售人员。下面分别从售卖接待内容、自动回复与关键词设置以及售卖接待技巧 3 个方面进行介绍。

1．售卖接待内容

售卖接待是指消费者进入商品页面后，客服人员提供咨询接待，并最终促成消费者下单购买，完成订单支付之前的整个过程。客服人员售卖接待的专业程度会直接影响消费者的购买决策。在售卖接待的过程中，客服人员要熟练运用所掌握的知识介绍商品的属性、卖点，并能针对消费者的需求为其推荐合适的商品。一般来说，售卖接待主要包含以下 5 个方面的内容。

（1）告知库存情况。

消费者如果对一件商品感兴趣，可能就会向客服人员确认其是否有货；如果商品缺货，那么消费者可能会中断咨询，选择离开。大多数电商平台中会显示准确的商品库存数量，但是难免会出现缺颜色、缺尺码等情况。这时，很多客服人员会回复"亲，可以下单就是有货的，不能下单就表示没货了"。从字面上看，这句话没有问题，但从销售的角度看，这样的回复并不具有太大的意义和价值。

① 有库存。

在大多数情况下，当消费者咨询商品是否有货时，客服人员如果只是简单地回复"有的"，就会失去主动介绍商品的机会，只能被动等待消费者的下一个问题。这种一问一答、机械式的被动服务很容易错失订单，也不是一个优秀的客服人员应有的沟通方式。其实，客服人员可以换一种表达方式，在回复有货的同时，进一步引导消费者，形成"有效提问"。

话术一："亲！您的眼光真好，这是我们店铺卖得最好的一款商品，您看中了哪种颜色？"

话术二："亲，这是我们店铺回购率最高的商品，今天下单的前100位客户还能免费获得可爱的包包挂件赠品呢。"

在"话术一"中，客服人员通过认可消费者的眼光，增加了双方的感情交流，并且主动抛出下一个问题，引导消费者保持沟通；在"话术二"中，客服人员通过"回购率高"的特点侧面证明了商品的品质，并用限量的赠品引导消费者尽快下单。总之，电商客服人员在沟通时要在短时间内传递更多密集和精准的信息，而不能被动地等待消费者询问。

② 无库存。

缺货在商品销售的过程中十分常见，但是部分客服人员在处理缺货问题时却缺乏技巧。从运营的角度看，主动咨询商品的消费者大多是购买意愿较强的消费者，具有很高的转化率，如果这类消费者碰巧咨询缺货的商品，客服人员不可用一句"没货"回复消费者。

如果商品只是短时间内缺货、处于预售状态中或者正在补货状态，客服人员要告知消费者到货的时间、预售的规则等，让消费者产生"不会等待太久"的心理。如果消费者需要的商品已经停产，或者长时间缺货，那么客服人员可以根据消费者偏好的款式、功能和心理价位，为其推荐一款替代商品，并且给出商品材质升级、功能加强、价位相近等明确的推荐理由。

总之，面对商品无库存的情况，客服人员要进行相关商品推荐，为消费者提供有意义、有价值的咨询服务。

（2）介绍商品品质。

商品品质是决定商品价格的重要因素。很多商品的品质是无法直接通过视觉展现的，因此就需要经过专业客服人员进行介绍。高质量的商品介绍不仅可以表达出商品的真正品质，还可以提升商品的附加值，让消费者全方位地深入了解商品。

① 介绍商品品质的基础属性。

不同的商品，其品质的基础属性会表现在不同的方面。以农产品为例，可以体现农产品品质的属性有产地、大小、成熟度、口感、糖度等。客服人员要充分了解这些基本的商品属性，并在消费者咨询时清楚地向其告知，否则消费者就容易对商品的品质产生怀疑。例如，不同大小、不同培育方式的橙子，即使产地相同、成熟期相同，也会表现出不同的品质，相应的价格也会不同。如果消费者对橙子的价格产生疑虑，客服人员可以对产生价格差异的原因进行明确的解释和说明，以便消费者能理解。

当然，商品的品质属性较多，并不一定要全部展示给消费者，客服人员可通过与消费者的沟通，洞悉消费者的真正需求，并根据消费者的需求进行有针对性的介绍和推荐，增加推销成功的概率。

例如，一款手机商品可以挖掘和展示的商品属性有很多，包括手机的处理器、内存、运行速度等。对于更关注拍照功能的消费者，客服人员不必罗列该手机的所有品质属性，可以强调"大片式自拍"的品质属性，就可以打动这类消费者。

又如一款女装毛衣商品，一部分消费者比较关心毛衣上身后是否显胖，这时客服人员如果一味强调商品的羊毛含量高、保暖性好，可能无法打动消费者；如果客服人员关注到消费者对于"显瘦"的需求，有针对性地回复"亲，这款毛衣的肩膀部分为挂肩式设计，不会显得肩宽，而且宽松版型可以遮住小肚腩，尤其是黑色款特别显瘦哦"，就可能更容易打动消费者。

② 介绍商品的材质。

商品的材质不仅能体现出商品的品质，好的材质往往还可以直接作为商品的核心卖点，客服人员需要主动向消费者介绍商品的材质，增加消费者对商品的信任度。例如，一款手提包的材质是头层牛皮，头层牛皮的皮质更加柔软轻便，颜色也更具质感，客服人员可以将该款手提包的材质作为核心卖点向消费者进行介绍，从而突出商品的品质。

客服人员不仅要了解自己所推荐的商品材质，还要清楚各种材质之间的区别，以及每种材质的优缺点，这样就可以帮助消费者更好地进行对比，用专业打动消费者。

（3）推荐尺码。

购买尺寸合适的商品是消费者进行网上购物时的基本需求，但在线上购物时，消费者往往无法接触到商品实体，无法进行试穿、试用，这时就需要依靠客服人员对消费者进行专业的推荐，来优化消费者的购物体验。

很多客服人员有一个认识误区，认为只有鞋、帽、服装类目等商品才需要注重尺码的推荐，其实家电、数码、母婴、生鲜等类目的商品也会涉及尺码问题。例如蛋糕模具商品的尺寸就十分关键。当消费者询问："我家使用的是 ×× 型号的烤箱，请问我选择什么型号的蛋糕模具比较合适"时，如果客服人员直接回复"亲，您可以测量一下自家烤箱的具体尺寸，然后根据商品详情页的商品尺寸进行选择哦"，这样的回复不仅无法为消费者提供任何专业的指导，还会使消费者的购物流程复杂化，甚至使消费者选择竞争对手的店铺。

因此，为了避免造成流量的流失，在消费者需要尺码推荐时，客服人员必须充分利用自己对商品的熟悉程度，针对商品的特点和消费者的实际需求，进行专业的尺码推荐。

例如，在某个女鞋店铺中，消费者想要购买一双皮鞋，客服人员首先要确认消费者的脚型。如果只是普通的脚型，那么客服人员可以按照正常尺码推荐；如果消费者强调自己的脚比较宽，那么客服人员可以建议消费者选择比正常尺码稍大的尺码；如果消费者购买皮鞋是为了送给老人和长辈，那么客服人员可以建议消费者选择稍大的尺码，以保证鞋子上脚后的舒适度。

又如在某个母婴店铺中，消费者想要购买一款儿童睡袋，客服人员首先要了解宝宝的年龄、身高、体重等，再为其推荐合适的睡袋尺寸。在推荐儿童睡袋时，大多数时候遵循"宁大勿小"的原则。因为宝宝的生长速度比较快，如果睡袋计划使用 2～3 年，那么客服人员就要考虑宝宝 2~3 年后的身高、体重等。另外，在推荐儿童睡袋之前，客服人员还要考虑消费者的地域，根据消费者所在地域的温度、气候推荐适合的厚度。

当然，商品尺码推荐是多方面的，并不限于尺寸这个方面。例如很多商品没有具体的尺码，但提供了不同的包装形式，例如小袋包装和大袋包装的食品、更具性价比的散品包装和更适合送礼的礼盒包装等，具体如何推荐则要根据消费者的实际需求而定。

（4）推荐颜色。

很多消费者在选择商品的颜色时，也会经常寻求客服人员的帮助。颜色推荐比尺码推荐更主观，并没有统一的标准，客服人员在推荐商品颜色时，一般只需提供相关信息供用户参考，例如"亲，每一种颜色都很好看呢，建议选择自己喜欢的哦"或者"亲，我们这款的 ×× 色卖得很好呢，可以考虑一下哦"。

如果消费者仍旧无法做出决定，或者在某几个颜色中犹豫不决，那么客服人员可以了解消费者平时的穿着习惯和喜好，如果客户喜欢穿深色系的衣服，那么客服人员可以回复："如果亲的衣服颜色比较深，可以尝试选择黄色进行搭配哦，黄色可以作为衣服的点缀色，视觉效果会很好哦"。

此外，网上购物还容易遇到"色差"问题。商品拍摄时的光线、显示器的颜色偏差等，很容易造成商品图片与商品实物之间存在色差。消费者在咨询商品色差的问题时，客服人员可以使用日常生活中人们比较熟悉或达成共识的参照物颜色进行说明，例如"亲，就是和 ×× 矿泉水腰封一样的红色"。

进行商品颜色推荐时需要考虑消费者的喜好、周边的环境以及搭配的协调，这就要求客服人员对色彩搭配、时尚潮流等周边知识进行扩展学习，从而提高自己推荐颜色的能力，为消费者提供更加专业的建议。

（5）介绍使用方法。

有些商品的使用方法比较复杂，很容易影响消费者的购买决策，此时就需要客服人员提前做好商品的使用教程，简单直接地告诉消费者商品所含配件的内容及数量、商品的使用注意事项等，打消消费者的顾虑，减少消费者的决策时间。至于一些功能较多的商品，客服人员也可以进行多样化、个性化的推荐，例如介绍某食品的吃法时，可以分为老人、儿童、年轻人等不同群体分别介绍，使消费者感觉更贴心。

2. 自动回复与关键词设置

在售卖接待的过程中，很难实现人工客服 24 小时实时回复，当咨询量较大时，客服人员会面临很大的压力，回复不及时还可能引来消费者的投诉和不满。消费者在咨询问题时，较为关注客服人员的回复速度，因此，针对很多同质化、重复率较高的问题，客服人员可以设置自动回复和关键词，以提高回复的速度，同时降低客服人员的压力和店铺的人工成本。

● **自动回复设置**。当消费者发送咨询信息时，客服人员可以设置 3 种自动回复方式。

第一种为打招呼，即向消费者示意"您说，我们在"，如"亲，在的，需要什么服务""您好，欢迎光临××，××为您服务，请问有什么问题""亲，您看中了哪款商品呀，我可以帮您介绍一下"等；第二种为介绍店铺正在进行的活动、店铺目前推出的优惠措施等，引导消费者选购商品；第三种为列举商品信息、发货时间、快递信息等消费者重点关注的内容。

- **关键词设置**。与自动回复类似，但关键词具有更强的针对性。客服人员一般可以设置 "关于商品""尺码和颜色""快递和发货时间／包邮""退换货流程""拍错数量／地址填错""活动×折""限时优惠"等类型的关键词回复，当消费者点击关键词后，会弹出相应的回复信息。此外，客服人员也可以对售卖接待的内容进行归类，增加关键词，并设置相应的回复内容。例如当消费者询问 "敏感皮肤可以用××吗"时，自动回复"敏感皮肤我们推荐使用××这款哦，温和无刺激"。

3. 售卖接待技巧

售卖接待的本质是对消费者需求的挖掘和满足，因此对客服人员的沟通技巧具有一定的要求，下面介绍几个沟通的小技巧。

（1）有效提问和回答。

部分消费者在购物时，其实并不明确自己想要购买什么商品，咨询的问题往往比较含糊，这时，客服人员需要进行精准有效的提问。例如，消费者询问："可以推荐一些好看的包装纸吗？""好看"是一个十分主观的词语，并不容易直接把握，因此客服人员首先要明确"好看"有哪些需求，可以询问消费者要包装多大的盒子（大小）、送给谁（目标人群）、喜欢什么风格（清新可爱、简约大方、朴素典雅）等，通过有针对性的询问了解消费者的详细需求后，再推荐符合消费者需求的商品。

同时，客服人员在回答问题时，应尽量给出解决方案，例如消费者问"有其他形状的包装纸吗"，客服人员如果直接回答"没有哦，亲"，可能会直接造成消费者的流失；但如果回答"亲，具体需要什么形状呢？我们可以提供小剪刀和模板哦"，则可能挽回一个订单。

（2）议价技巧。

当消费者询问能否优惠或打折时，客服人员一般不宜直接回绝或答应。如果商品没有议价空间，不能直接给予优惠或折扣时，客服人员可以适当强调商品质量好、利润微薄等，请求消费者理解。同时，为了提高消费者的心理舒适度，客服人员还可以赠送合适的小礼品或给予少量优惠券等，以弥补消费者的心理落差，促使其购买。

（3）关联推荐。

关联推荐有两种使用情景，一种是消费者的目标商品缺货或不符合预期，客服人员可以通过推荐其他相似的商品挽留消费者，例如消费者想要购买的某款宝宝学步鞋缺货，客服人员可以推荐其他价格相近、款式相似的宝宝学步鞋；另一种是消费者已经明确有购买某商品的意向，客服人员可以推荐与之相关联、相搭配的商品，用给予一定优惠的方式打动消费者，例如消费者想要购买的商品是针织毛衣，可以推荐与之搭配的衬衣。关联商品的推荐要注意商品之间的相关性，一般为上下游商品，或者消费者即将会使用的商品。例如消费者购买待产包，说明其准备待产，对产后修复的商品可能会存在一定的需求，这个时候客服人员可以顺势为消费者推荐产后恢复的收腹带等。

（4）学会倾听。

倾听是客服人员的重要职责之一，通过倾听，客服人员可以更准确地了解消费者的购物心愿和真实需求，了解消费者的购物顾虑或困扰，同时便于自己妥善解决消费者的问题。当消费者说出了自己的真实想法且得到了客服人员的认真倾听和真诚对待后，就会感觉受到尊重，也会更加愿意接受商品。

（5）人设风格。

随着网络的发展，客服人员的沟通风格在不断变化，面对追求新鲜的年轻消费者，有趣幽默的客服人员会比谨小慎微的客服人员更受欢迎。近两年，网上出现了大量个性的客服人员，例如霸气的、可爱的、耿直的，很多消费者甚至专门寻找这样的客服人员聊天。因此，为了增加消费者的好感度，拉近与消费者的距离，客服人员在和消费者沟通的过程中，可以适当地展露一些人格化的色彩，让消费者感受到真实和亲近感，建立起信任基础，促使消费者更加主动地表达自己的真实想法。

6.3.2　订单催付

当消费者下单后，客服人员通过及时跟进服务，解决消费者的疑问，最终促成消费者完成订单支付的过程就称作"订单催付"。订单催付是售中服务中十分重要的环节，"金牌"客服人员的下单付款率可以达到90%，而一般客服人员的下单付款率则在70%左右甚至低于70%。从店铺运营的角度看，如果客服人员的订单催付能力较强，那么提高店铺的销售额将更有保障。

1. 催付前分析

要想完成订单催付，首先要分析消费者未付款的原因，一般有以下几种。

- **心理因素**。大多数消费者未及时付款是受心理因素影响的，例如对商品还存在疑虑，或者觉得商品价格不够优惠。如果消费者对商品存在疑虑，客服人员可以在了解消费者的具体疑虑后进行有针对性的解答。如果消费者觉得商品的价格不够优惠，那么客服人员可以从商品品质的角度出发说服消费者。如果消费者确实接受不了这个价格，但又非常喜欢这件商品，客服人员可以邀请消费者进一步关注店铺后续的优惠信息。

- **支付原因**。部分消费者不会使用线上支付软件或支付软件中余额不足，也有可能忘记了支付密码、遇到网络问题等。客服人员可根据具体情况为消费者提供建议。

- **物流原因**。物流原因包括运费过高、收货地址不在快递服务范围内、消费者指定某个快递公司等，客服人员可根据具体情况为消费者提供建议。

- **其他原因**。其他原因包括发现了更符合心意的商品、同行恶意竞争、新手买家操作不当、冲动消费、忘记付款等。

2. 催付方式

在分析了消费者未付款的原因后，客服人员可以从催付人选、催付时机、催付形式和催付技巧4个方面入手，考虑如何进行催付，如图6-8所示。

| 选择催付人选 | 选择催付时机 | 选择催付形式 | 使用催付技巧 |

图6-8　催付方式

（1）选择催付人选。

催付一般由接单的客服人员进行，遇到未付款的大额订单时，该客服人员可以提前回忆沟通内容，找准消费者未付款的原因，进行有针对性的沟通。

（2）选择催付时机。

催付时机不是固定的，客服人员应根据具体情况选择合适的催付时机。例如拍下商品10分钟后未付款，可直接联系消费者询问情况，或者采用核对地址的方式进行"隐形"催付。如果消费者是静默下单，即未与客服人员沟通就直接下单的情况，客服人员可选择不同的时机进行催付，例如上午下单，当日 12 点前催付；下午下单，当日 17 点前催付；傍晚下单，次日 10 点前催付；半夜下单，次日 10 点后催付等。

需注意的是，一般不宜使用同一种方法重复催付，需要把握好时间和语言的分寸，催付频率亦不可过高，否则容易让消费者反感。

（3）选择催付形式。

催付形式可根据具体情况进行选择，例如可使用电商平台的催付功能和沟通软件进行催付，也可以通过短信、电话等进行催付。

（4）使用催付技巧。

根据催付形式的不同，客服人员可以使用不同的催付技巧。下面分别介绍在线催付、短信催付和电话催付的相关技巧。

① 在线催付技巧。

在线催付一般是指使用平台的沟通软件向消费者发送催付信息，可以分为核对信息和赠送礼品两个环节。在核对信息环节，客服人员可以说："亲，看到您上午拍了一件衣服，跟亲核对一下地址，地址无误的话，亲支付后我们就马上安排发货啦，后天就可以收到了呢"；在赠送礼品环节，客服人员可以说："亲，拍下后 15 分钟内付款可以赠送小礼物呢，您付好款后给您备注哦。"

② 短信催付技巧。

短信催付是指通过发送短信的方式进行催付，一般需注意话术和催付时间。在话术方面，客服人员要仔细准备，应在话术开头简明扼要地列出店铺名称或消费者购买的商品；在催付时间方面，客服人员也要视消费者的情况而定，如果消费者是上班族，适合午休期间或下班前进行催付；如果消费者是学生，适合晚上 10 点前进行催付。

③ 电话催付技巧。

电话催付是指通过打电话的方式进行催付。客服人员在进行电话催付时应尽量提高声音的感染力，要语带微笑、热情真诚。同时，客服人员可以试着分析一下自己的声音特点，发掘更适合自己的语气和语言风格。

3. 催付注意事项

面对具有较强购物需求和购物意向的消费者，恰当的催付很可能会有效提醒或打动消费者，成功挽回一个订单。为了提高催付的成功率，客服人员还需注意以下几个事项。

- 根据店铺情况，选择重要的订单进行催付。
- 根据商品利润空间，选择性价比较高的催付方式。
- 在线催付多使用表情，可以通过核对地址的方式委婉催单。
- 电话催付人员应讲标准普通话，声音好听、感染力强。
- 催付话术应该言简意赅，同时充分考虑消费者的情绪变化。

6.3.3　订单处理

消费者完成订单支付后，客服人员要进行订单处理，包括核对商品信息、核对库存、核对收货地址、核对物流派送区域及客户存档，具体内容如图6-9所示。

图6-9　订单处理的主要内容

1. 核对商品信息

在消费者完成订单支付后，客服人员需要再次与消费者确认商品的规格、颜色、尺码、型号等信息。在订单处理的过程中，偶尔会出现订单信息有误的情况，例如消费者拍下某个尺码的商品，在订单备注中又留下另一个尺码的信息，此时，无论是按照订单发货还是按照备注发货，都有可能导致不必要的售后问题，因此，客服人员应尽可能和消费者确认商品信息后再进行发货。

2. 核对库存

很多规模较小的商家未使用完善的进销库存管理系统，无法随时了解当前的商品库存情况；为了确保消费者的体验，避免在消费者下单后出现缺货的问题，商家需要对库存进行核实，如果库存不足或无库存，客服人员应及时与消费者进行沟通，避免后续消费者进行投诉。

3. 核对收货地址

在实际售卖的过程中，经常会出现消费者要求更改收货地址信息的情况，此时就需要客服人员为消费者的订单修改收货地址。为了使消费者顺利签收商品，优化消费者的购物体验，同时体现客服人员的服务水平，降低商品误发后的物流成本，客服人员也可以主动向消费者确认收货地址信息。现在，部分主流电商平台已经设置了地址确认弹窗，在消费者付款后，系统会自动向消费者发送相关信息，要求消费者进行确认，这在很大程度上减少了因邮寄地址错误而带来的售后工作量。

4. 核对物流派送区域

现在，很多物流公司存在派送区域的限制，如果消费者的收货地址超出派送区域，物流公司往往不会直接送达，而会送至距离消费者最近的快递自提点。因此在发货之前，客服人员需要对物流公司的派送区域进行核对。否则，当物流公司将快递送至相应的取件点后，消费者还需要自己前往取件点签收商品；若该取件点距离消费者较远，则消费者还需要花费很多额外的时间和物质成本，十分影响购物体验。

5. 客户存档

在店铺中，每一个下单购买的消费者都会留下详细的地址与联系方式，这些信息就是店铺非常有价值的数据资产，正确对这些客户数据资产进行管理和运营，可以有效引导消费者进行二次复购，提高店铺的复购率和最终的销售额。因此，客服人员在进行订单处理时，要及时对消费者的信息进行存档整理，完善店铺的客户资料。

6.3.4　物流管理

物流管理也是售中服务中非常重要的环节。每个物流公司都有自己的核心配送区域，这是客服人员在安排发货之前应该提前了解的内容。为了确保物流的时效，降低损耗和成本，商家可以提前进行物流服务的测试，通过模拟将货物从仓库发往全国不同地方，或者选择一部分忠实消费者进行发货，来评估不同物流公司的打包发货速度、物流运输时长、商品运输中的安全性等问题，然后通过实际的反馈优化发货流程，提高物流服务质量。

主流的电商平台对物流的各个环节都有明确的要求，包括在规定时间内发货、及时上传订单号、为消费者提供同步的物流进度等。例如，头条小店的物流规则为：除买卖双方协商一致的情况外，商家需在消费者下单后的 48 个小时内发货。商家完成发货后，需要在系统中及时上传物流单号，标记发货状态；填写真实的物流单号，保证消费者能及时获取物流进度。

在商家发货后，商品处于运送途中或已经抵达消费者手中时，经常会出现各种物流问题，需要客服人员及时跟进和解决。下面介绍常见的物流售后问题。

- 包裹被他人签收。
- 疑难件无法派送。
- 超区件无法送达。
- 遇到自然灾害等不可抗力因素导致包裹不能及时派送。
- 遇到节假日及特殊活动导致派件时间延长。
- 包裹丢失或破损。

遇到以上问题时，客服人员应该摆正心态、耐心倾听、快速反应，帮助消费者解决物流过程中出现的具体问题。不同问题的解决方案如下。

1. 包裹被他人签收

这种情况在快递派送过程中出现的频率较高。非本人签收的情况有很多，例如包裹被物业、门卫代签，或由其他人代收。这时，客服人员首先可以说明代收的实际情况，引导消费者回忆或同家人、朋友进行确认，同时积极联系快递公司，查询实际收件人，并及时向消费者做出反馈。如果短时间内没有取得快递公司或消费者的反馈，可以做好相关记录，并持续跟进。

2. 疑难件无法派送

在快递派送过程中，可能会出现联系不到消费者、地址错误等导致包裹无法被签收的情况。这时，客服人员要及时与消费者取得联系，例如确认手机号码、核对收货地址、明确可收件时间段等，并及时反馈给快递公司，督促其及时送件。

3. 超区件无法送达

超区件即超出派送区域的快件。有些消费者的收货地址所在区域没有设置物流配送的服务网点，未开通快递送货上门服务，因此包裹无法直接送达。这时，客服人员需要确定两个细节，一是能否加价配送或转其他快递公司派送；二是消费者是否可以自提包裹。具体的处理方案，需要客服人员与消费者协商后再做决定。

4. 遇到自然灾害等不可抗力因素导致包裹不能及时派送

洪水、暴雨、暴雪等天气原因，或者社会公共卫生事件造成的特殊情况属于不可抗力因素，在出现这种非人为因素造成的不能及时派送的情况时，客服人员一方面要密切关注事态的发展，另一方面要及时与消费者取得联系、说明原因，并把最新动态分享给消费者。如果问题确实不是商家所能解决的，客服人员应该努力寻求消费者的谅解，并跟进最终的解决处理方案。

5. 遇到节假日及特殊活动导致派件时间延长

在电商"节日"，如"6·18""双十一""双十二"等规模较大的促销活动期间，由于短时间内会产生大量的交易订单，快递"爆仓"的现象经常会出现，导致派件时间延长。此时，如果消费者产生疑问，客服人员应该如实回答快递未按约定时间送达的原因。此外，客服人员更应该在消费者下单前告知此种情况。

6. 包裹丢失或破损

由于快递公司或者第三方不可控因素导致包裹在运送过程中丢失或破损等也是经常会出现的物流问题。消费者在遇到上述情况并进行咨询时，容易出现急躁不满的情绪。这时，客服人员首先需要安抚消费者的情绪，倾听消费者的阐述，然后及时与快递公司确认情况。如果情况属实，客服人员应及时回复消费者，并做好后续的补救工作。

6.4 售后服务

商业流程有交互、交易、交付3个基本环节，在线下的购物场景里，消费者通过与导购的沟通，在付款前就可以充分了解商品的特点和性能，确定商品的价值，从而完成交互和交易的过程。但电商的线上交易流程恰恰与之相反，在商品被送达消费者手中前，消费者主要是通过图片、文字、视频、直播及售前客服人员的介绍获取商品信息的，消费者只有在拿到商品的那一刻，与商品的交互体验才正式开始。

传统意义上的售后服务，是商品出售以后商家所提供的各种服务活动。但从电商层面来讲，售后服务不仅具有传统意义上的功能，而且其本身还是一种促销。好的售后服务不但可以提高消费者的满意度，还可能促成下一次交易。售后服务主要包括退款、退换货处理，投诉处理，评价管理以及消费者回访。本节将对这4个方面的内容进行介绍。

6.4.1　退款、退换货处理

消费者在收到商品时，如果对商品感到不满意，就会产生退款或退换货的行为。一般来说，客服人员处理退款、退换货时的流程如图 6-10 所示。

了解发生退款、退换货的原因 ▶ 退款、退换货确认 ▶ 退款、退换货后台操作

图 6-10　退款、退换货流程

1. 了解发生退款、退换货的原因

商家若想从根本上杜绝退款、退换货等现象，从理论上来讲是不可能的，只能通过提升商品质量和客户服务，最大限度地减少发生退款、退换货的概率。当消费者提出退款、退换货的申请时，客服人员要特别重视消费者在退款、退换货环节的体验，安抚消费者的不满情绪，避免中、差评的出现。要做到这一点，客服人员首先要了解发生退款、退换货的原因。一般来说，其原因主要有以下几个。

（1）物流原因。

如果商品在物流运输过程中，出现逾期不达、商品丢失、商品破损、物流服务质量差等问题，消费者可能会申请退款、退换货。大多数电商平台的后台会对异常物流进行提醒，为了减少因物流原因而产生的售后问题，客服人员需要及时关注物流信息，积极解决物流问题。

（2）商品原因。

除了物流原因，商品本身也是引起消费者退款、退换货的主要原因。如果商品本身质量较好，可以减少售后服务成本；反之，则会增加售后服务成本。在售后服务的过程中，因商品原因引起的退款、退换货，通常包括商品质量问题引起的退款、退换货和商品的使用问题引起的退款、退换货等。

① 商品质量问题引起的退款、退换货主要分为以下几种情况。

- **商品与描述不符**。商品图片的颜色与实物不符、商品文案描述夸张等，会导致消费者收到的商品与预期不符，出现较大的心理落差，从而出现退款、退换货的行为。

- **收到的商品有污损**。商品若出现一定的污损，也可能导致消费者退款、退换货。遇到这种因商品客观质量问题导致的退款、退换货时，客服人员需要保持良好的心态，主动、热情地和消费者沟通，积极解决问题。同时，遇到这类问题时，客服人员可以要求消费者提供文字、照片或者视频等形式的证据。

② 商品的使用问题引起的退款、退换货主要分为以下几种情况。

- **对基本使用方法不了解**。例如功能性较强的商品、刚上市的新品或者比较新奇的商品，如果商家对这类商品的使用方法、功能用途等介绍得不够详细，可能会使一些消费者无法正确掌握商品的使用方法和应用范围，从而出现退款、退换货的行为。其中，部分消费者会向客服人员进行咨询，如果未得到及时回复或者沟通不顺利，就可能会申请退款、退换货。

- **对商品的储存日期和储存方式不了解**。很多农产品商家为了确保商品在储运过程中不被损坏，一般会要求产地选择8成熟左右的商品进行发货。部分商品在消费者签收后还需要在特定的环境下存放几天才能达到最佳口感，例如猕猴桃等。很多消费者在收货之后，发现商品不符合预期，误以为是商品质量的问题，从而提出退款、退换货。

● **没有注意到特殊性商品的使用注意事项**。有些商品的使用方法比较特殊，如果商家没有在商品详情页中明确说明，或者客服人员没有进行提醒，消费者按照自己的方法进行操作，导致使用后产生一些不良结果，也会提出退款、退换货。如果是因类似使用方法而产生的售后问题，客服人员需要提前做好相关准备工作。首先要熟练掌握商品的相关知识；其次，针对特殊的和不容易被消费者理解的使用方法，在完成交易时可以提前录制视频教程发给消费者，以免因消费者错误操作而产生售后问题。

（3）消费者自身的原因。

除了对商品不满意外，消费者自身的原因也可能导致退款、退换货，例如拍错了尺码/颜色、选错了数量、已经拥有同款等。在遇到这种情况时，客服人员可以先尝试引导消费者换货，从而降低退款率、退换货率；如果引导无效，再进行后续的售后流程。

知识链接

除了上述原因外，还有很多不可抗力因素也会导致退款、退换货的发生。在遇到这种情况时，商家应该主动联系消费者，提出切实可行的解决方案，主动进行售后处理。图6-11所示即为消费者申请退货的常见原因。

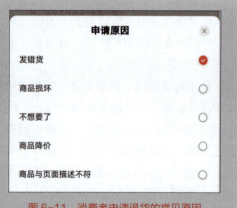

图6-11　消费者申请退货的常见原因

案例分析——生鲜商品的一次物流"危机"

自从进入电商新时代，物流便成为了靖州杨梅的"生命线"。在湖南省靖州县的顺丰快递服务点，快递员来来往往地取货、发货，不停地将一箱箱杨梅送往全国各地，便捷的物流成就了靖州杨梅亮眼的销售成绩。然而，靖州杨梅并不是任何时候都能顺利送出去的。

如果遇到暴雨天，梅农无法出门采摘杨梅，杨梅就无法按时发货，这对杨梅销售的影响非常大。为了解决这一问题，商家及时在店铺的商品详情页中做出了说明，并逐一通过短信、电话等方式通知已经下单的消费者，主动进行售后解释工作，在第一时间与消费者沟通，安抚消费者的情绪。同时，商家还承诺，当天气转晴后，会在当天立即用顺丰快递补发商品，最后还为消费者提供了50元优惠券进行补偿。果然，靖州县天气转晴后，顺丰快递服务点又开始忙碌起来，一箱箱杨梅很快就被送到全国各地的消费者手中。在物流出现问题时，商家及时、主动、恰当的服务，给消费者留下了十分深刻的印象，所以很多消费者成了店铺的忠实客户。

　　分析： 在这个案例中，商家无疑完美地解决了一次店铺的危机。在发现商家无法按时发货时，很多消费者可能会申请退款、退货。水果的储存时间很短，当大量消费者申请退货、退款时，很容易造成商品积压，导致经济损失，而商家也会因此失去这些优质的潜在消费者。但上述案例中的商家针对天气导致的延迟发货问题及时做出反应，主动提供售后服务，不仅避免了损失，还收获了一批忠实消费者。

2. 退款、退换货确认

　　在了解发生退款、退换货的原因之后，客服人员还应注意对退款、退换货进行确认，减少可能出现的问题和损失。

　　（1）退款确认。

　　当确认需要退款时，客服人员首先要确定退款类型，是全额退款还是部分退款。全额退款一般发生在消费者未收到商品或直接退货时，客服人员应注意跟踪商品的物流状态，与快递公司保持联系，避免钱货两空；部分退款情况发生在需返还商品差价，或者消费者收到的商品有缺陷，需要给予补偿时，客服人员应及时与消费者充分沟通。同时，客服人员还要注意是否存在消费者垫付款项的情况，如果存在，应及时与消费者进行沟通，并确认打款账号。如果消费者在购物时使用了优惠券等，那么申请退款后，客服人员还需要针对优惠券做相应的处理。

　　（2）退换货确认。

　　消费者申请退换货时，客服人员应该确认商品的状态，主要确认商品是否影响二次销售。

- **不影响二次销售的商品。** 退换货前，客服人员要和消费者确认需要退回的商品是否影响二次销售，包括但不限于是否剪掉吊牌、是否清洗过、是否使用过等。针对确认不影响二次销售的商品，客服人员可以直接按标准的退换货流程处理，同时在收到退货后要检查商品的完整性。
- **影响二次销售的商品。** 客服人员若发现商品影响二次销售，则通常不能同意消费者退换货。此时，客服人员要注意安抚消费者的情绪，讲清楚不能退换货的理由，尽可能地满足消费者的要求，并给出恰当的处理意见。如果确定是商品的问题，客服人员应该按照店铺制度进行特批处理，或者提供一定的价格补偿，提高消费者对服务的满意度，同时也弥补消费者的损失。

　　客服人员与消费者在核实好商品状态后，还需确认物流问题，包括运费、快递公司的选择等。一般情况下，客服人员会给出推荐的快递公司及基础运费提示。如果需要消费者承担退换货的运费，那么客服人员在沟通时要向消费者清楚说明运费支付的情况，以免消费者因不熟悉退换货流程而造成不愉快。

3. 退款、退换货后台操作

　　在确认退款、退换货后，客服人员要在商家后台进行退款、退换货处理。

　　（1）退款。

在电商的售后服务中，引起退款的原因一般包括不满意退换货处理方案、商品少发或漏发、快递中途丢件、商品有损坏、未收到商品、商品产生差价等。无论是哪种原因引起的退款，客服人员都需要在第一时间与消费者沟通，核实原因，并给出解决方案。

如需退款，消费者可以在已购买商品订单页面中进行申请，客服人员在确认退款金额、退款原因等信息无误后，即可同意退款。

（2）退换货。

在商家后台进行退货和换货操作时，需采用不同的方式和流程，图6-12所示为常规的消费者退换货流程。

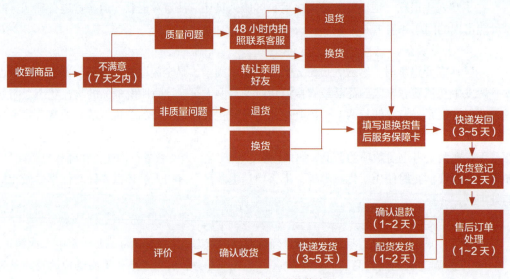

图6-12 常规的消费者退换货流程

① 退货。

在客服人员进行退货操作前，消费者可以在自己的购物后台选择需要退货的商品订单，并申请退货。在消费者提交了退货申请后，商家后台会收到相关的提醒信息，客服人员根据提醒进行操作即可。

一般来说，客服人员对消费者提交的退货申请的处理主要有两种方式：一是同意退货，直接处理对应的退货申请；二是拒绝退货。客服人员在拒绝退货时，一定要提前联系消费者，与其协商并达成一致后再操作，避免产生不必要的纠纷。

在消费者提交退货申请后，客服人员可以在平台规定的时间内进行处理。为了提升店铺的服务质量，退货处理的速度越快越好。客服人员可以在商家后台退货管理页面中进行同意退货的操作，并向消费者发送准确的退货地址。如果客服人员发送的地址有误，导致丢货、货物无法送达、货物被派送到错误地址、货物被人误签等，相应损失需由商家承担。

在退货过程中，客服人员还需要注意以下几点事项。

● 提醒消费者选择可以顺利送达的快递公司，同时还要提前与消费者沟通好快递费用的承担问题。

- 应保证退还商品的完整性，同时还应登记退还商品所附带的信息，例如订单号、消费者购物账号名称、退货信息等。
- 提醒消费者在寄回商品后，务必保存快递底单。保存快递底单的目的有两个，一是用来填写退货物流单号；二是当快递未按预计时间送达时，可以通过快递单号查询商品的物流信息，并与快递公司取得联系。
- 如果消费者没有填写退货物流单号，但是客服人员已经收到退还的商品，此时可以在后台直接进行相应的后续处理。
- 客服人员需要充分了解运费险的索赔方式，以免购买运费险的消费者在进行退货运费的咨询时，无法给出正确、专业的回答。

②换货。

当消费者有意换货时，客服人员可以通过以下两种方式进行处理：一种是要求消费者寄回原商品，在收到原商品后，再寄出退换的商品；另一种是建议消费者直接申请退货并重新下单购买想要更换的商品，这样商家可以立刻发出消费者重新购买的商品，同时等待消费者寄回的商品，等货到后再进行退款。

6.4.2　投诉处理

消费者投诉是指消费者针对商品质量、服务态度等各方面的原因，向商家、电商平台或相关监管部门反映并检举，从而获取解决方案和补偿的一种形式。在电商运营中，消费者投诉不可能完全避免，客服人员应积极处理投诉。

1. 投诉类型

在电商运营中，消费者投诉一般主要集中在商品质量、物流和服务 3 个方面，比较常见的有商品与实物不符、商家未按约定时间发货或物流速度过慢、服务体验较差等。

（1）商品与实物不符。

商品与实物不符是指消费者收到商品的特性与商家在商品详情页中描述的商品特性不相符，包括商品材质、外观、大小、质量、使用效果及商家的承诺保证服务等。例如商家在农产品的商品详情页中描述商品是重量为 × × 千克的"大果"，但是消费者收到的却是重量与之不符的"中果"，这种情况就会引起消费者投诉。

（2）商家未按约定时间发货或物流速度过慢。

一般商家会承诺在一定期限内发货，例如商家承诺 48 个小时内发货，但是消费者在完成订单支付的 48 个小时后仍然没有收到发货信息，可能就会进行投诉。为了避免这种关于物流的投诉，商家在设置运费模板时，应该根据实际情况设定发货时间。例如，如果遇到天气恶劣或节假日等情况，商家需要在商品详情页中进行说明，并且客服人员应在消费者咨询或拍下商品后主动予以解释，避免在后期交易过程中因发货慢而引发消费者投诉。此外，如果商品物流已经发出，但店铺未及时上传物流信息，或者物流运输速度太慢等，也可能会引起消费者投诉。因此，客服人员应该随时关注物流信息，及时对异常物流情况进行处理，避免或减少物流方面的投诉。

（3）服务体验较差。

客服人员在和消费者沟通的过程中，如果出现回复不及时、答非所问、傲慢冷漠、言辞激烈等专业能力和服务意识上的问题，会很容易引起消费者投诉。特别是当消费者对商品、物流等存在疑问，向客服人员反映问题并寻求解释时，如果沟通不顺，很可能会进一步激化消费者的情绪，让事态愈加严重。出现这种情况时，客服人员应该以理智客观的态度进行处理，为消费者提供合理的解决方案，巧妙化解矛盾，从而降低投诉率。

2. 客观看待投诉

部分商家认为投诉是店铺发展的障碍，这种看法是不准确的。从店铺整体发展的层面来看，投诉是促进店铺不断完善的催化剂。投诉并不可怕，可怕的是消费者投诉的问题得不到妥善解决，从而导致店铺声誉受损，给品牌带来负面影响。客服人员要想很好地处理投诉，首先必须端正对消费者投诉的态度，用新的观念看待消费者投诉。面对投诉的不同观念如图6–13所示。

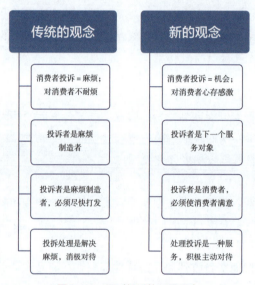

图6-13 面对投诉的不同观念

对于消费者的投诉，客服人员需要认识到以下几点。
- 消费者投诉是客观存在的。
- 消费者投诉是消费者给予店铺第二次表现的机会。
- 处理消费者投诉是维护客户关系的重要组成部分。

3. 投诉层级

根据电商消费者提交投诉申请的对象，可将投诉分为3个层级。

（1）第一层级——商家。

消费者在遇到问题时，一般会先向商家进行投诉。客服人员在接到投诉时，首先应该快速核实原因；其次要明确消费者的投诉诉求，是发泄、赔偿，还是获取尊重。客服人员应先安抚消费者的情绪，再进行投诉处理。如果确实是商家的问题导致投诉，客服人员不能推诿，应在第一时间向消费者道歉，再提出解决方案。

在处理投诉的过程中，客服人员要注意自己的态度和话术，尽可能站在消费者的立场，采用柔和的沟通方式。例如遇到"退货"投诉时，可以采用的话术有"我十分理解您的心情，这确实是 ×× 造成的，真的非常抱歉""在我的权限范围内，我一定给您最满意的解决方案，我再帮您选择几个样式，您挑挑看""请您相信，就我的立场而言，我一定首先让您满意"等。

（2）第二层级——电商平台。

消费者如果向商家投诉后，自身的诉求没有得到满足，就可能会向电商平台投诉。这时，电商平台专门的客诉服务人员会详细了解情况，并对投诉问题进行协调处理。在消费者向电商平台投诉时，建议商家主动与消费者及电商平台取得联系，并给出解决方案，在合理的范围内，尽可能满足消费者的诉求。由于消费者投诉到电商平台后会影响店铺的权重，因此客服人员必须重视第一层级的投诉，及时、合理地进行投诉处理，避免消费者的投诉升级。

（3）第三层级——相关监管部门。

如果消费者遇到的问题对自身造成了很大的伤害和损失，那么就极有可能直接向相关监管部门进行投诉。如果遇到类似投诉，一般需要店铺的高级管理人员出面调解，或者按照事故级别认定专门的处理人员，主动提供相关事实，配合监管部门的调查。同时，商家要给予消费者真诚的道歉和一些必要的精神或物质补偿。但如果遇到恶意投诉，商家也应不卑不亢，不纵容，坚决维护自己的权利。

总之，无论是面对哪一个层级的投诉，商家都应该慎重对待。互联网时代的信息传播速度非常快，如果投诉处理不当，引起消费者不满，就可能会造成比较广泛的影响，那么投诉事件也可能成为品牌的"污点"，在社交平台上被网友讨论和传播，对品牌造成长期负面的影响，带来巨大的损失。因此，客服人员要积极主动、正确、妥善地处理消费者的每一个投诉。

6.4.3　评价管理

电商运营十分注重消费者信任度的培养，尤其是内容电商，更是要通过建立消费者信任度提高店铺的销售额，而评价则是影响消费者信任度的重要因素，甚至直接关系着店铺的销量和利润。因此，在内容电商运营中，必须做好店铺的评价管理。

1. 评价的价值

评价是影响商品后期发展的关键因素，评价较好的店铺，无论是利润、口碑，还是消费者复购率，一般都高于普通店铺。总体来说，评价主要表现出以下几个方面的价值。

（1）提高商品和店铺的转化率。

消费者购物的过程，就是说服自己的过程，消费者的购买决策不仅会受到商品、服务等主要因素的影响，还会受第三方辅助信息的影响，例如其他消费者的评价。其他消费者的评价能够通过不同的维度和视角，有效地把商品的实际使用情况反映出来，对潜在消费者的购买决策产生极大的影响，甚至成为消费者说服自己并做出购物决策的主要影响因素。因此，好的评价可以有效引导消费者快速下单，提高商品和店铺的转化率。

（2）扩大传播，提高营销的投资回报率。

评价是消费者的真实声音，评价较好的商品，说明消费者接受程度比较高。当足够多的消费者认可这件商品时，就会自发对商品进行传播，从而形成积极的影响力。具有较高传播度的商品，营销的投资回报率也相对较高。

（3）沉淀口碑。

好的评价可以为店铺带来销量提升、知名度扩大等直接影响，在这个过程中，店铺的消费者群体也会逐步扩大。消费者群体扩大直接反映在商品购买数量的提高上，商品购买数量越高，商品的人气也就越高，积累的好评也就越多。所以，好的评价可以将商品销售带入一个良性循环的过程，在这个过程中，每一次好评都会为商品积累一定的口碑，口碑不仅有利于提升品牌形象，而且还会为品牌带来更大的间接收益。

（4）增加与消费者之间的互动程度，提高消费者的忠诚度。

消费者对店铺的忠诚度，一定程度上取决于消费者在购物过程中的参与度。如果消费者在购物时或者购物后与店铺发生了除购买以外的互动，例如评价等，并且互动是良性的，那么互动的时间越多，消费者对店铺的信赖度和忠诚度就会越高。很多商家为了提高与消费者的互动，会安排客服人员积极邀请消费者对商品进行评价，甚至会为发表评价的消费者提供一定的优惠或奖品，提高消费者的参与感，拉近消费者与店铺的距离。

（5）降低客服成本和退换货比例。

评价在辅助消费者做出购物决策的同时，也会为消费者解决一些疑问，降低消费者的咨询次数。更为重要的是，如果一件商品的评价数量较多，可以从不同角度对商品进行描述，消费者就可以根据这些真实的评价选择购买更适合自己的商品，从而显著降低商品的退换货比例。例如在购买某连衣裙商品时，消费者 A 无法通过商品参数直观地感受到裙子的长度，但却可以根据评价区中其他消费者的评价选择适合自己的尺码，例如某个消费者的评价"本人身高 165 厘米，55 千克，裙子刚好到小腿肚"提到的情况与消费者 A 类似，其就可以参考这条评价做出选择。

2. 评价的管理方法

在电商平台，消费者评价主要分为好评、中评和差评 3 种类型，商家要尽量避免或减少中、差评。针对不同的评价类型，可使用不同的管理方法。

（1）好评管理。

好评有两种类型，一种是主动好评，另一种是默认好评。主动好评是指消费者在签收商品后，主动对商品做出的五星评价；默认好评是指消费者确认收货后，并未对商品进行评论，由系统自动做出的默认好评。默认好评对其他消费者的引导作用非常微弱，从运营的角度看，商家更需要消费者直接通过图片、文字、视频等形式主动对商品和服务做出的好评。那么消费者在什么情况下会主动给出好评呢？

一般来说，当消费者对商品整体比较满意，或商品超出消费者预期，消费者感到物超所值，使用体验和服务体验良好的时候，会主动给予商品五星好评。当然，并不是所有对商品感到满意的消费者都会主动给予商品好评，很多消费者并没有写评价的习惯，即便他对商品和服务都比较满意，也不会特意返回订单页面给出评价。针对这种情况，商家需要通过一定的方法引导消费者给出好评，即做好好评管理。

引导消费者给出好评的方法比较多，主要有以下几种。

- 可以在商品包装中放一张精美的卡片，邀请消费者对商品进行好评。
- 可以通过赠送小礼物的方式邀请消费者对商品进行好评，例如购买一瓶精油，赠送面膜和小样等，通过这类小惊喜提高消费者的满意度和好感度，促使消费者给出好评。
- 可以在消费者签收订单后，以发送短信的形式提醒消费者相关注意事项，同时引导消费者进行好评。
- 通过优惠活动引导消费者进行好评等。

对于客服人员来说，收获好评并不意味着这个订单就可以完美收尾。对于消费者给出的好评，客服人员还可以进行回复，例如表示感谢，并谦逊地表明店铺的态度和立场等，通过真诚又具有亲和力的回复，加强与消费者的互动，提高消费者的复购率，同时也向其他消费者展示店铺的服务质量，打造店铺的良好口碑。图 6-14 所示为客服人员对消费者好评做出的回复。

图 6-14　客服人员对消费者好评做出的回复

客服人员的回复内容会显示在消费者给出评价的下方。合理又有创意的回复不仅可以维护店铺的消费者黏性，还可以让店铺更加人性化，提高消费者对店铺的好感度。

（2）中、差评管理。

中、差评说明消费者对商品、服务或物流存在不满意的地方，中、差评不仅会影响商品评分，还会影响其他消费者的购物决策。特别是在电商行业竞争日益加剧的环境下，获取消费者的成本不断上涨，因个别中、差评而导致消费者大量流失，对店铺来说非常不利。因此客服人员要处理好每一个中、差评，避免店铺的潜在消费者不断流失。

出现中、差评时，首先需要确认其原因，一般消费者给出中、差评主要有以下几种原因。

- **商品问题**。商品问题主要包括商品数量不对、有破损、有色差、有气味、材质不对、质量不好或不是正品等。商品出现问题是导致消费者给出中、差评的主要原因。
- **消费者主观感受**。尺码不标准、买贵了、不想要了、与预期不符等。
- **服务问题**。客服人员的售前服务和售后服务态度反差大、回复不及时、退货和退款无法达成共识、产生纠纷、消费者诉求未满足等。
- **物流问题**。快递时间太长、配送慢等。

部分电商平台为中、差评设置了一次修改的机会，当店铺出现中、差评时，客服人员一定要第一时间通过消费者的评价内容判断其给出中、差评的原因，并快速给出解决方案，引导消费者对中、差评进行修改。具体的解决方案一般有以下几种。

- **商品问题导致的中、差评**。联系消费者核实商品的具体问题，根据问题的严重程度及消费者的意向，进行退换货或部分退款的处理。在问题解决后，客服人员要引导消费者修改中、差评。对于由商品问题引起的中、差评，如果客服人员态度良好，满足了消费者诉求，消费者可能会对店铺服务形成一个良好的印象，愿意主动修改中、差评。

- **消费者主观感受导致的中、差评**。这种情况一般是由于消费者在收到商品后，发现商品实物与预期不符而造成的。这时客服人员可以联系消费者，提出给予补偿，例如补发、赠送优惠券和店铺红包等，用以弥补消费者的心理落差，并引导消费者修改中、差评。

- **店铺服务导致的中、差评**。对于这种情况，客服人员首先要明确是快递原因还是客服原因。若是快递原因，客服人员一定要对消费者表示歉意，并且及时与合作的快递公司对接；若是客服原因，客服人员一定要及时认错，并且针对客服问题做出改进。为了安抚消费者的情绪，客服人员还可以适当为消费者提供一定的补偿，并引导其修改中、差评。

- **恶意中、差评**。遇到这种情况，客服人员在处理时一定要收集有力的证据，及时反馈给电商平台，交由电商平台处理。

客服人员在引导消费者修改中、差评时，还需要注意以下细节。

- **针对性**。在引导消费者修改评价前，客服人员需要仔细分析与消费者之间的聊天记录，以及消费者的评价内容，了解消费者不满的根本原因，并根据消费者的性格，采用其能够接受的态度和方式进行沟通，选择对应的解决方法。

- **时效性**。当消费者给出中、差评后，客服人员要在最短的时间内与消费者取得联系并解决问题。时间拖得越久，顺利解决的可能性就越小，付出的补偿成本也就越大。

- **时间点**。客服人员应该选择适当的时间联系消费者。上班时间、睡眠时间不适合打扰消费者，最好选择消费者相对空闲的时间进行沟通，降低拒接、挂断，甚至进一步惹怒消费者的概率。

- **适当补偿**。很多商家针对中、差评会有少量的补偿，例如现金补偿、赠送优惠券、提升店铺会员等级、赠送礼品等。客服人员在与消费者沟通时，不能直接提出给予补偿，应该先了解消费者的诉求，再判断补偿的办法。

如果因为联系不到消费者或者与消费者协商不一致等，导致中、差评无法被更改，客服人员就必须对中、差评进行回复。在回复时，客服人员要注意根据中、差评的原因进行有针对性的回复，让看到该中、差评的其他消费者解除相应的顾虑，避免中、差评影响到商品的转化率。图6-15所示为客服人员对差评做出的回复。

图 6-15　客服人员对差评做出的回复

6.4.4　消费者回访

消费者回访是用于进行商品和服务满意度调查、消费者消费行为调查以及维护消费者关系的常用方法。在进行消费者回访时，客服人员往往会与消费者进行比较多的互动交流，从而完善消费者数据库，为进一步实现精准营销打下基础。因此，消费者回访对内容电商运营具有十分重要的意义。

1.　回访渠道

常见的消费者回访渠道主要有短信、电话、社交工具和平台自带的 CRM（Customer Relationship Management，客户关系管理）系统。

- **短信**。消费者在下单时会留下手机号码，所以短信通知是较常用的回访方式。短信回访主要是通过后台批量发送短信给消费者，该方式的优点是成本低、操作简单，缺点是有效反馈率偏低。
- **电话**。电话回访能够通过实时沟通，了解消费者的真实反馈，但操作效率较低，人工成本较大。
- **社交工具**。通过微信、QQ 等社交工具进行回访，优点是效率较高、沟通充分，缺点是操作成本较高，需要提前添加消费者的微信等社交账号。
- **平台自带的 CRM 系统**。很多电商平台自带 CRM 系统，可以对消费者进行回访、分类维护等操作。

2.　做好消费者细分

在进行消费者回访之前，首先要对消费者进行细分。消费者细分的方法有很多，可以根据自己的具体情况进行划分。消费者细分完成后，针对不同类别的消费者，客服人员可以制订不同的服务策略。消费者细分方式主要介绍如下。

- 按照潜在价值：可将消费者细分为高效客户（客单价较高）、高贡献客户（成交量较大）、一般客户、休眠客户等。
- 按照消费者购买商品的周期：可将消费者细分为高价值客户（月）、一般价值客户（季

度 / 半年）、低价值客户（一年以上）。

- 按照消费者的来源：可将消费者细分为在线自主购买客户、微信朋友圈客户、通过广告宣传引来的客户、老客户推荐而来的客户等。
- 按消费者属性：可将消费者细分为合作伙伴、供应商、直接客户等。
- 按消费者的地域：可将消费者细分为国外客户、国内客户；山东客户、北京客户、上海客户等。

根据消费者的细分类型，有针对性地进行消费者回访，可以提高客户服务的质量，从而提高消费者回访的效率。

3. 确定回访的频率与时间

消费者回访应该保持恰当的频率和周期，高频的回访容易打扰到消费者，降低消费者的好感度。根据心理学家艾宾浩斯的遗忘曲线图，可知遗忘的规律是先快后慢。因此，消费者回访的频率应该先密后疏。

就回访时间而言，客服人员可根据商品属性决定回访时间，表 6-2 所示为不同属性商品的回访策略。

表 6-2　不同属性商品的回访策略

回访时间	适合的商品
刚收到货	适合生鲜类及具有使用时间限制的商品，例如熟食类商品，提醒消费者及时收货，告知消费者使用注意事项
收货后 3~7 天	适用于可以交换使用心得的商品，在消费者使用后再进行交流和引导，提高消费者的使用满意度
收货后 15~30 天	适用需长时间才能看到效果的商品，例如面膜、保健品等，可以询问消费者使用感受，提醒消费者进行回购

在回访时，还应考虑以下要点。

- 以一周的时间安排来看，星期一是结束双休的第一个工作日，消费者通常会有很多事情需要处理，例如召开商务会议、布置本周工作等，应尽量避开这一天进行回访。星期二至星期五是正常工作时间，一般也是一周内最适合回访的时间。星期六和星期日是难得的休息日，部分消费者不希望被打扰，可酌情选择。
- 以一天的时间安排来看，12:00-14:00 与 18:00 后，一般是消费者的空闲时间，在这段时间进行回访，效果会好一些。

除此之外，在节假日也要做好消费者关怀，在节日回访消费者时，可以送上一些祝福的话语，以加深与消费者的联系，拉近与消费者的距离。

4. 话术制定

话术会直接体现客户服务品质，是客服人员在为消费者提供服务的过程中较为重要的方面。客服人员在进行消费者回访时，也应该使用规范的话术，提高服务质量。表 6-3 所示为客服人员在进行回访时，常见的两种回访场景及话术模板。

表 6-3　回访场景及话术模板

回访场景	回访话术模板
基于商品体验进行回访	使用一些话术小技巧，让消费者说出自己的真实感受，以杧果为例。 如果杧果已经成熟： "亲，您买的杧果收到了吧？味道是不是挺甜的？××产地的杧果就是果核小、汁水丰富。这个天气挺适合吃杧果的，可以将杧果切成块和酸奶混在一起吃，美味又健康。" 将杧果的食用体验告知消费者，引起消费者的回忆和思考，甚至引起消费者的主动分享。 如果杧果可能出现没熟透的情况： "亲，杧果收到了吧？杧果稍微有点青，放一两天吃正好哦。现在天气有些热，如果杧果太熟，在运输的过程中容易坏。您检查一下收到的杧果中有没有坏果，坏果是可以理赔的，我这边也可以帮您处理。"
基于折扣信息进行回访	向消费者传达"我推荐的商品都是为你谋福利"的思想。 "亲，东西收到了吗？怎么样？质量还可以吧？商家前段时间为了冲销量，折扣力度非常大，你看现在都涨回原价了，上次买的真是超级划算。"

消费者回访是客户开发成本最低、最有效的方式之一，应该坚持做下去。在制订回访计划时，客服人员要明确回访时间、回访消费者类型、回访内容以及回访的次数等，其中核心是回访内容。为了做好消费者回访，客服人员应该不断地更新店铺的消费者数据库，记录详细的回访内容，将消费者回访制度化。通过日积月累的消费者回访，促成店铺和商品的改进，从而有效提高店铺的销售额，同时让商品和品牌增值。

【思考与练习】

1. 选择自己熟悉的一款商品，按照"五星法"设计相关的话术，并将其与同行话术进行对比。

2. 上网查阅关于内容电商商家处理投诉的案例，并分析其做法的优点和缺点。

3. 在头条号"脑洞历史观"的头条店铺中选择一件商品，在该商品的商品详情页中查看评价和客服人员对不同评价的回复，并分析其使用的话术。